Erwachen im Alltag

Koans, die das Leben schreibt

Der Verlag dankt Barbara und Roland Wegmüller für die großzügige Unterstützung der Übersetzung des Buches.

Eve Myonen Marko
Wendy Egyoku Nakao

ERWACHEN IM ALLTAG

Koans, die das Leben schreibt

Aus dem amerikanischen Englisch von Karin Petersen

edition steinrich

Bibliografische Information der Deutschen Bibliothek:
Die Deutsche Bibliothek verzeichnet diese Publikation in der Deutschen Nationalbibliografie; detaillierte bibliografische Daten sind im Internet über http://dnb.ddb.de abrufbar.

www.edition-steinrich.de

Titel der englischen Originalausgabe: *The Book of Householder Koans: Waking Up in the Land of Attachments*
Erschienen bei: Monkfish Book Publishing Company, 22 East Market Street, Suite 304, Rhinebeck, New York 12572, (845) 876-4861
monkfishpublishing.com

Übersetzung: Karin Petersen, Berlin
Lektorat: Carl Polónyi
Umschlaggestaltung: Grafikbüro Dagmar Schadenberg, Berlin
Gestaltung und Satz: Traudel Reiß
Druck: Westermann Druck Zwickau
Printed in Germany

ISBN Print 978-3-942085-77-9
ISBN ebook 978-3-942085-78-6

Für unsere Chan- und Zen-Ahnen,
deren Koans uns als Erstes den Weg gewiesen haben.

Für Taizan Maezumi, der den Ozean
von Angesicht zu Angesicht überquert hat.

Für Bernie Glassman, der tief und weit eingetaucht ist.

Und für alle, die in diesem Land der Anhaftungen
hingebungsvoll in ihrem Alltag praktizieren.

INHALT

VORWORT

Welch eine Freude, dass dieses wunderbare Buch, das im Original *The Book of Householder Koans* heißt, nun auch in deutscher Sprache zugänglich ist.

Bei einem Retreat im Januar 2014 in der Schweiz forderte uns Roshi Eve Marko auf, die Koans unseres Lebens in einem Satz zu formulieren und anschließend zu manifestieren. Wir alle waren Zen praktizierende Laien. Die meisten von uns gehörten seit vielen Jahren zur internationalen Zen-Peacemaker-Familie, einige hatten auch eine traditionelle Koan-Schulung durchlaufen; für die meisten aber war es eine neue Herausforderung, mit einem Koan zu arbeiten.

Während der Meditation horchten wir tief in uns hinein, ob uns ein Koan finden wollte. Erinnerungen kamen hoch, leuchtende Momente, aber auch schmerzhafte Episoden, an die wir uns nicht so gerne erinnerten, ebenso ungelöste Fragen, auf die wir seit vielen Jahren keine Antwort gefunden hatten.

Als wir anschließend die Koans verkörperten – dafür traten wir dann jeweils einzeln in die Mitte des Kreises – wurde deutlich, wie einzigartig jede Person in ihrer Ausstrahlung und Energie war. Sich so zeigen zu können, das setzt Vertrauen und ein sicheres Gefäß voraus. Wir hatten uns im Vorfeld verpflichtet, nichts nach außen zu tragen, was wir von den anderen gesehen und gehört hatten. Diese Regel ist uns auch in den

Kreisgesprächen sehr wichtig. Nach dem Motto »Es braucht ein sicheres Gefäß, um unsichere Sachen zu machen.«

In vielen der vorgestellten Koans habe ich Themen aus meinem eigenen Leben erkannt. Beziehungen, Familie, Alter, Krankheit, Gefühle von Scham, Angst, Depression, Nicht-Wissen ... all diese Bereiche wurden in den lebendigen Verkörperungen im Kreis sichtbar.

Wie wurden die Koans gelöst? Jede Person im Kreis erlebte den Menschen in der Mitte aus einer anderen Perspektive. Darum geht es auch bei der Arbeit mit Koans: Wir entwirren die Geschichte und schauen mit einem neuen, freien Blick auf sie.

Diese neue Sicht fällt uns zu, wenn die Umstände passen.

Jede Person tat ihr Bestes, um ihre innere Erfahrung zu zeigen. Da war immer eine zarte Verletzlichkeit wie ein Leuchten erkennbar. Staunend über diese intime Echtheit, kamen mir die Worte des Buddha in den Sinn, die er uns vor seinem Tod mit auf den Weg gab: »Seid euch selbst ein Licht», das heißt. nehmt das Licht eures Geistes, um euch selbst zu erkennen und entwickelt Weisheit und Mitgefühl.

Mit diesem Buch haben uns die Zen-Meisterinnen Eve Myonen Marko und Wendy Egyoku Nakao ein schönes, neues, zeitgemäßes Werkzeug angeboten, mit dessen Hilfe wir unser Leben und Wirken klarer erkennen können

Möge die Koan-Praxis uns aufwachen lassen, um das Mysterium des Lebens zu erforschen und zu feiern.

Barbara Salaam Wegmüller

www.peacemaker.ch

EINLEITUNG

Die Mutter gibt Anweisungen.
Der Junge tänzelt herum und schaut dabei auf seine Schuhe.
Die Mutter wiederholt ihre Anweisungen.
Der Junge schaut in die Luft und trippelt weiter durchs Zimmer.
Die Mutter gibt ihre Anweisungen zum dritten Mal und wird dabei, frustriert wie sie ist, lauter.
Der Junge trippelt von ihr weg und sagt: »Mutter, warum bist du bloß so eine Zicke?«

Das letzte Wort erreicht die Mutter wie kein anderes. Müde und überarbeitet wie sie ist, hätte sie sehr wohl ausrasten können, als ihr Sohn sie »Zicke« nannte. Stattdessen bewirkte das Wort, dass sie innehielt. Ihre Gedanken und Gefühle, ihr Ärger und ihre Frustration kamen plötzlich zum Stillstand. Was blieb? *Zicke*. Also versenkte sie sich in *Zicke*, ihr Alltags-Koan.

Zen-Koans entstanden im 7. Jahrhundert während der Tang-Dynastie in China in Form von spontanen Dialogen zwischen Lehrern und Schülern, damals fast ausschließlich Mönche. Später, während der Song-Dynastie, wurden sie zu schriftlichen Sammlungen zusammengestellt und in eine literarische Form gebracht. Mit Hinweisen, Kommentaren, Versen und Kommentaren zu den Versen versehen, wurden

Koans zum literarischen Lehrmittel, und die Koan-Literatur war fast so umfassend und ausführlich wie die Literatur zur Rechtsprechung.[1]

Tatsächlich bedeutet der Name *Koan* oder *kung-an*, wie es im Chinesischen heißt, »öffentlicher Aushang«, was darauf hinweist, dass man Zen-Lehrer mit Richtern verglich, die in diesem Fall definierten, was Täuschungen sind, wer ihnen unterliegt und wie man daraus erwachen kann. Damals bezog man sich auf Koans sogar ähnlich, wie wir uns heute auf juristische Präzedenzfälle oder Rechtsurteile beziehen. So konnte ein Koan zum Beispiel mit den Worten beginnen »In der Angelegenheit, welche Nahrung der Dharmakaya zu sich nimmt ...«, und dabei in ähnlicher Weise an ein früheres Koan oder einen Dialog zwischen Lehrer und Schüler anknüpfen, wie man sich in heutigen Gerichtsverhandlungen auf frühere Fälle beruft, zum Beispiel: »In der Rechtsangelegenheit Roe gegen Wade« oder »Im Fall der Citizens United gegen die Federal Election Commission«.[2]

Weiter reichen die Parallelen jedoch nicht. Wenn wir mit Koans arbeiten, indem wir mit Hilfe unseres rationalen Verstandes oder unseres üblichen Denkens nach einer Antwort oder Lösung suchen, bringt uns das keinen Schritt weiter. Koans fordern uns auf, uns tief auf Weisen des Schauens und Antwortens einzulassen, die nichts mit Analysieren oder gedanklicher Erforschung zu tun haben, sondern viel mit Spontaneität, Verspieltheit, Geduld und – am wichtigsten – einem radikalen Annehmen des Lebens, so wie es ist.

Was macht ein Koan aus? Es ist heute ziemlich verbreitet, schwierige Situationen oder Grenzfälle mit Koans zu vergleichen. Unsere Antwort auf diese Frage lautet: Das hängt davon ab, wie du damit arbeitest. Du kannst Situationen, die dich herausfordern, durchdenken, analysieren und aufschreiben und die auf diesem Weg gefundenen Lösungen wiederholt anwenden, sodass sie schließlich zu einem neuen Dogma werden. Tatsächlich geschah genau das in chinesischen und japanischen Klöstern, nachdem die ersten Koan-Sammlungen zusammengestellt worden waren. Die einzelnen Klöster hielten an ihren jeweiligen Antworten fest, die Mönche lernten diese auswendig und Generationen von Lehrern gaben sie an Generationen von Schülern weiter.

Um diese Koan-Praxis geht es uns hier nicht.

Eine Lebenssituation wird dann zu einem Koan, wenn sie deine Denkgewohnheiten erschüttert und dich aus dem dualistischen Modus von Beobachter*in und Beobachtetem, an den wir uns so gewöhnt haben, herauskatapultiert. Sie wird dann zur Koan-Praxis, wenn du über die Situation nicht länger nachdenkst, sondern stattdessen die Kluft zwischen Subjekt und Objekt und damit zwischen dir und dem, womit du konfrontiert bist, schließt.

Statt die Umstände deines Lebens zu betrachten, tauchst du ein in dessen Klang, Geruch, Geschmack und spürst, wie es sich anfühlt. Du bleibst auch dann dabei, wenn die Versuchung groß ist, dich in die Sicherheitszone des Beobachtens und Kommentierens zu flüchten. Dabei können dich anfangs, wie auch beim Meditieren, viele Geschichten und Gefühle überfluten, doch mit der Zeit sowie mit Geduld und Beharrlichkeit zeichnet sich eine andere Form von Erkenntnis ab, die aus dem Mark der Dinge entsteht und nicht aus oberflächlichem Denken.

Was sind die grundlegenden Zutaten unseres Lebens? Veränderung, wechselseitige Abhängigkeit, Ursache und Wirkung und die fließende Natur alles Existierenden, die wir als Leerheit bezeichnen. Es handelt sich hier nicht nur um zeitlose buddhistische Prinzipien. Vielmehr beruht darauf unsere Existenz als menschliche Wesen, Tag für Tag, Stunde für Stunde. Alles, was wir erleben, ist davon durchdrungen: *Mein Sohn ist drogenabhängig, was soll ich tun? Ich werde immer älter, fühle mich einsam und habe Angst vor der Zukunft.* Wenn wir an solche Lebensumstände als Koans herangehen, sind wir aufgefordert, unser subjektives Leben einschließlich aller Anhaftungen und Wunschvorstellungen in Einklang zu bringen mit dem Leben, so wie es ist und sich ständig weiter entfaltet. Das heißt, hier tut sich eine Lücke auf, und wenn wir uns in diese Lücke hineinbegeben, kommen wir in spürbare Berührung mit Unbeständigkeit, Karma, Nicht-Ich und der Verbundenheit allen Lebens.

Statt auf unseren Vorstellungen davon, wie die Dinge sein sollten, zu beharren, lernen wir auf der Grundlage dessen, was ist, weise zu unterscheiden. »Schließe die Kluft zwischen Selbst und dir selbst«, hat Taizan Maezumi, Begründer des Zen-Center von Los Angeles, gesagt.[3] Wenn du bei dir selbst ankommst, wächst und reift deine Fähigkeit, zu lieben und mit Leid – deinem wie dem von anderen – umzugehen.

So wie wir im Zen unterschiedliche Übungswege kennen, gibt es verschiedene Wege, mit Koans zu praktizieren. Das galt auch für China und Japan. Die Entwicklung der hier verbreiteten Formen der Praxis brauchte Hunderte von Jahren, von der Veränderung durch wandernde Bettelmönche bis zum Bau erster Klöster. In deren Umfeld entstanden zahlreiche verschiedene Regeln, die das Klosterleben in allen Bereichen bestimmten. Dazu gehörten auch ein rigider, täglich viele Stunden umfassender Zeitplan für Meditation und Arbeit, der Gehorsam gegenüber älteren Schülern und Einzelbegegnungen mit dem Lehrer. Üblich für das Koan-Studium war ein tägliches Einzelgespräch mit ihm, gelegentlich auch bis zu viermal am Tag.

Wie sieht unser Übungsweg im Westen aus? Es ist ein Irrtum zu glauben, dass nicht auch wir heute, so wie die damals in China und Japan Praktizierenden, viel Zeit brauchen und noch brauchen werden, um ein Übungssystem zu entwickeln. Tatsächlich stehen wir erst am Anfang der Entfaltung unseres Weges. Trotzdem zeichnet sich schon jetzt einiges deutlich ab.

Die überwiegende Mehrheit der Menschen, die ernsthaft Zen praktizieren, übt zu Hause und nicht in Klöstern. Das heißt, die meisten Zen-Priester*innen und Zen-Lehrer*innen (Priester wie Laien) erfüllen ihre Aufgaben als Lehrende und für den Tempeldienst, während sie zugleich Familie haben, in Partnerschaften oder auch allein leben und vielfach einem Beruf nachgehen. Sie führen ein reiches, erfülltes Leben mit vielen Verpflichtungen und müssen im Beruf und in ihren sozialen Beziehungen oft vielen verschiedenen Anforderungen gerecht werden. Meistens leben und arbeiten sie nicht mit anderen Praktizierenden zusammen und sind froh, wenn sie es einmal in der Woche ins Zendo schaffen. Welches Übungssystem wäre hier geeignet? An welchen Koans beißen diese Menschen sich die Zähne aus?

Die klassischen Zen-Koans sind aus dem Klosterleben hervorgegangen: aus der Arbeit im Garten, in der Küche und auf dem Feld, dem Putzen des Klosters, Meditations-Retreats und Einzelgesprächen mit dem Lehrer. Manche entstanden auch durch den Austausch unter den Mönchen oder mit Meistern, die sich als Einsiedler in die Berge zurückgezogen hatten.

Die in diesem Buch von uns vorgestellten Koans stammen von Menschen aus vier verschiedenen Ländern, die zu Hause praktizieren. Hier geht es um Liebe, Familie (vor allem Kindergroßziehen), Beziehungen zu Freund*innen und Nachbar*innen, Hetze und Hektik bei der Arbeit, die Beziehungen zwischen Männern und Frauen, die Versorgung der Alten und Kranken und die Vorbereitung auf den Tod.

Die von uns verfassten Kommentare zeigen, wie du mit entsprechenden Situationen als Koan arbeiten kannst. Wir heben für jedes Koan den wichtigen Punkt (oder die Punkte) hervor, der in ihm angesprochen wird, und legen dabei mehrere Dinge zugrunde, vor allem die Frage, was uns an der jeweiligen Geschichte hat wach werden lassen. Manchmal zeichnen sich diese Aspekte klar ab, manchmal scheinen sie im Verborgenen zu liegen, verleugnet oder ignoriert zu werden. Wenn wir den wichtigsten Punkt oder die wichtigsten Punkte eines Koans herausgefunden haben, lassen wir den persönlichen Kontext der Person, die es beigesteuert hat, beiseite und machen die Geschichte zu unserer eigenen. Im Weiteren gehen wir vor wie mit klassischen Koans: Wir versenken uns in die verschiedenen Aspekte, ringen damit und werden selbst zu dem Koan. Je mehr wir uns für bestimmte Facetten eines Koans öffnen, desto besser können wir uns damit in unserem Alltagsleben anfreunden, und das gilt auch für die Koans, mit denen wir anfangs glaubten, gar nichts anfangen zu können. So wird das Koan zu einem Tor, dessen Durchschreiten uns wach macht für die reiche Fülle menschlicher Erfahrungen.

Wahrscheinlich würde sich eine andere Person anderen Elementen der Geschichte zuwenden, um damit zu ringen. Ein Koan gleicht einem Zimmer im Haus: Wie du damit arbeitest, hängt davon ab, wo in diesem Zimmer du stehst. Es kann durchaus sein, dass du das Zimmer als solches wie auch das ganze Haus, das Grundstück, auf dem es steht, und die weitere Umgebung völlig in Frage stellst.

Wie können Menschen, die zu Hause praktizieren, die froh sind, wenn sie einmal in der Woche ihre Lehrerin, ihren Lehrer sehen und hin und wieder ein Retreat machen können, mit diesen Koans arbeiten? Wie wandelst du heutige alltägliche Situationen in eine Koan-Praxis um – sei es, dass dich ein Kleinkind mit seinen Koliken Tag und Nacht auf Trab hält, der Nachbar über dir homophob ist, ein Kind auf tragische Weise umgekommen ist oder dir gekündigt worden ist? Gibt es einen festen Bezugspunkt, zu dem wir von Zeit zu Zeit zurückkehren können? Können wir über das, was wir bereits wissen, hinausgehen? Können wir dem Leben, das uns gegeben ist, vertrauen und es bedingungslos annehmen, ohne irgendetwas falsch oder richtig, gerecht oder ungerecht zu nennen? Können wir jeden Augenblick einer Situation, der wir uns zuwenden, in seiner Einzigartigkeit ergründen als Segen, den wir schließlich sogar zu schätzen wissen?

»Verwirkliche dein Leben als Koan«, hat Taizan Maezumi gesagt.

Worauf wartest du noch? Spring!

Eve Myonen Marko
Wendy Egyoku Nakao

ZUHAUSE

Ensho:
Der Kreis schließt sich

Mutter, Mutter, wo bist du?
Mein ganzes Leben sehne ich mich nach dir.
Wie kann ich mich jemals vollständig fühlen?
Bitte, bitte, sag mir, was ich tun soll.

Koan

Enshos Mutter starb, als er keine zwei Jahre alt war. Dieser Verlust prägte sein ganzes Leben – als scharfer Schmerz der Sehnsucht nach der Mutter, die er nie wirklich kennengelernt hatte. Siebzig Jahre nach dem Tod der Mutter bekam die Familie eines Tages ihre Asche zurück. Ensho hielt die Asche in den Händen und verstreute sie dann behutsam auf dem Boden. *Jetzt kenne ich dich!* Dann ließ er seinen Körper in tiefer Verneigung auf die Erde sinken, dreimal.

Warum verbeugte sich Ensho?

Betrachtung

Während seines Heranwachsens spürte Ensho tief in seinem Inneren, dass ihm etwas Kostbares und Grundlegendes fehlte. Sein Leben lang hatte er die Mutter, die er niemals kennengelernt hatte, schmerzlich vermisst. Er versuchte vieles, um diesen Schmerz zu heilen: Er meditierte, doch dabei begann er am ganzen Körper zu zittern. Er machte ohne nennenswerte

Ergebnisse diverse Therapien und experimentierte auch mit alternativen Körpertherapien, was ihm jedoch nur vorübergehend Erleichterung brachte. Als er tief in einer spirituellen Krise steckte, begegnete er eines Tages seinem Zen-Lehrer.

Den Namen *EnSho* erhielt er, als er formal Zuflucht zum buddhistischen Weg nahm. Mit diesem Namen, der *Kreis der Vollkommenheit* bedeutet, wies der Lehrer ihn auf die spirituelle Wahrheit hin, dass Ensho selbst ein Kreis der Vollkommenheit war, der alles enthielt, was sein Leben ausmachte, auch den Tod seiner Mutter und das damit verbundene Leid. Wie lebt ein Mensch diese Vollkommenheit, wenn er ein unbewältigtes Leid verspürt?

Spirituelle Lehrerinnen und Lehrer sagen uns, wir seien so, wie wir sind, vollständig und ganz. Und doch scheint *etwas zu fehlen* – und der Schmerz, dass da *etwas fehlt*, kann zum starken Antrieb für die spirituelle Suche nach Vollkommenheit werden.

Was heißt es, ein Kreis der Vollkommenheit zu sein? Zen-Meister*innen lieben es, Kreise der Vollkommenheit zu zeichnen, die auf eine grundlegende Wahrheit hinweisen: Das Leben als solches ist leer. Geburt und Tod sind ein solcher Kreis – nicht im Sinne eines Vakuums, sondern sie sind ohne jeden festen Bezugspunkt in der großen Runde des Lebens. Die grundlegende Natur des Lebens ist fließend und trotzdem ist alles, wie es ist, und kann nicht anders sein. Kannst du das akzeptieren?

Zen-Meister Dogen sagt, Leben und Tod seien das Leben des Buddha.[4] Sämtliche Aktivitäten und Umstände unseres Lebens – wie schmerzlich sie auch sein mögen – sind das Leben des Buddha. Es schmerzt, wenn wir die Dinge anders haben wollen, als sie sind, und auch dieser Schmerz ist ein Kreis der Vollkommenheit. Kannst du aufhören, die Dinge anders haben zu wollen, als sie sind, und alles so sein lassen, wie es ist?

Eines Tages kam, wie ein Blitz aus heiterem Himmel, mit der unerwarteten Rückkehr der Asche seiner Mutter die Vergangenheit zu Ensho zurück – siebzig Jahre nach ihrem Tod. Der Kreis der Vollkommenheit schlägt mysteriöse Wege ein. Doch vielleicht kommt uns das auch nur so vor, weil wir nicht sehen können, wie vielschichtig und zeitlos er wirkt. Zen-Meister Unmon hat gesagt: »Die ganze Welt ist Medizin.«

So kehrte die Mutter auf geheimnisvolle Weise zu Ensho zurück, und ihr Sohn kehrte zu ihr zurück, wenn auch nicht in der Form, wie wir es erwarten und uns vorstellen würden. Die Resonanz, die Ensho in diesem Augenblick verspürte, erfasste sein ganzes Wesen: *Jetzt kenne ich dich!* Sag mir, was hat Ensho erkannt? Er fand einen wunderschönen Ort im Wald, wo er das Häufchen Asche eine Weile in den Händen hielt und dann behutsam verstreute. Er ließ sich auf den Boden nieder, erst auf die Knie, dann auf die Ellenbögen, bis seine Stirn die warme Erde berührte. So verbeugte er sich dreimal.

Als sein Lehrer das später erfuhr, sagte er: »Ich verbeuge mich neunmal.«

Unmon hat gesagt: »Die ganze Welt ist Medizin.« Wie verstehst du das? Wie wirst du es nutzen?

Yakushi:
Die Frau, die ich liebe

Im Diamant-Sutra heißt es:
»Alle zusammengesetzten Dinge sind wie ein Traum,
ein Phantom, ein Tautropfen, ein Blitz.
So meditiert man über sie,
so betrachtet man sie.«[5]

Oh je! Wen lieben wir dann?

Koan

Yakushi ist seit vielen Jahren mit derselben Frau verheiratet. Sie teilen vieles: eine große Familie, ein Zuhause, einen Meditationsraum und eine Meditationspraxis. Außerdem helfen sie Geflüchteten, die sich in der Stadt, in der sie leben, niedergelassen haben. Yakushi war bewusst, dass viele Menschen ihn um seine Ehe beneideten. Trotzdem lautet das Koan, mit dem er seit vielen Jahren arbeitet: Warum hasse ich die Frau, die ich liebe?

Betrachtung

Ist es nicht erstaunlich, wie eng Liebe und Hass miteinander verbunden sind? Es fühlt sich so an, als verliefe zwischen beiden nur eine haarfeine Trennungslinie. Wie sonst sollen wir uns erklären, dass wir einen Menschen den einen Tag innig lieben und dieselbe Person am nächsten Tag und manchmal schon eine Stunde später hassen?

Ganz gleich, wie liebevoll wir miteinander umgehen, ganz gleich, wie stark die Anziehung zwischen uns ist, unsere Beziehung braucht einen Garten jenseits von richtig und falsch, von *ich liebe dich / ich hasse dich, das ist großartig / das ist schrecklich*. Es geht hier nicht um Gegensätze, sondern um Offenheit und Neugier, sodass wir nicht nur den Raum zwischen uns spüren, sondern den Raum, der wir *sind*.

Heute Nacht auf dem Berg
begegnen sich der Vollmond
und die volle Sonne –
genau das könnte der Augenblick sein,
in dem wir zerbrechen
oder ganz werden.[6]

Ganz werden ist gut. Zerbrechen mag auch gut sein. Wenn wir zerbrechen, wirkt sich das auch auf die mentalen und emotionalen Konstrukte aus, die bestimmen, wie wir die Welt erleben. Ist dir schon einmal aufgefallen, wie oft du, wenn du jemanden ansiehst, nach etwas Bestimmtem Ausschau hältst? Wie beim Blick aus dem Fenster, um zu sehen, wie das Wetter ist. Vielleicht prüfst du den Himmel, die Wolken und das Licht. Oder dir fällt plötzlich etwas ganz anderes ein, doch wenn du nach etwas Bestimmtem Ausschau hältst, entgeht dir fast alles andere.

Wenn wir also sagen, dass wir einen geliebten Menschen anschauen, sehen wir dann tatsächlich diese Person, oder sind wir auf etwas anderes aus wie Zuwendung, Liebe oder Anerkennung? *Schenkt er mir wirklich seine Aufmerksamkeit? Hört sie mir wirklich zu oder ist sie in Gedanken ganz woanders? Ist das wirklich die Frau, die ich liebe?* Wenn wir finden, wonach wir Ausschau halten, lieben wir unseren Mann oder unsere Frau dann? Und hassen wir diese Person, wenn wir nicht finden, was wir bei ihr suchen? Wann hast du deinen Partner zuletzt völlig ohne Erwartungen angeschaut und dich ganz auf ihn eingelassen, so wie er ist, statt insgeheim danach zu suchen, was du zu brauchen glaubst?

Ob wir nun seit einer Woche oder 50 Jahren zusammenleben, wir brauchen diesen Raum der Neugier und Offenheit, wo wir die Person, die uns gegenübersitzt, anschauen und uns zum tausendsten Mal fragen: *Wer bist du eigentlich?*

Und dann warte einfach. Versuch nicht, sofort neue Bezeichnungen oder Etiketten für dein Gegenüber zu finden. Kannst du dieser Person deine Aufmerksamkeit schenken, ohne etwas Bestimmtes zu suchen, entspannt und kritiklos, voller Offenheit und Neugier? Kannst du zulassen, dass du gesehen wirst, statt dass du den geliebten Menschen siehst?

Im Johannesevangelium sagt Jesus: »Und wer mich sieht, sieht den, der mich gesandt hat.«[7]

Was für ein Sehen ist das?

Wenn du den Menschen anschaust, den du liebst, wonach schaust du dann wirklich? Was geschieht, wenn du es findest oder nicht findest? Was geschieht, wenn du endlich aufhörst, nach Schätzen zu suchen?

Laurie:
Das. Ist. Es!

Wenn dich spitze Dornen stechen, geh einfach weiter.
Wenn du rücksichtslos herumgeschubst wirst, geh einfach weiter.
Wenn deine Partnerin dich nicht versteht, geh einfach weiter.
Wenn du an eine Kreuzung kommst, beschreite sie!

Koan

Laurie und Cathy waren beide Rentnerinnen. Cathy machte keinen Hehl aus ihrem Ärger darüber, dass Laurie so viel Zeit im Zen-Zentrum verbrachte. Jedes Mal, wenn Laurie das Haus verließ, brummelte Cathy in ihrer Sofaecke: »Jetzt geht sie da schon wieder hin.«

Eines Freitagabends kam Laurie, beladen mit ihrem Reisegepäck, zur Haustür herein. Cathy, die wieder auf dem Sofa saß, fragte: »Na, Laurie, hast du den Sinn des Lebens endlich gefunden?«

Ohne zu zögern antwortete Laurie: »Ja, Cathy: Das. Ist. Es!«

Cathy schwieg.

Betrachtung

Der Weg des Zen ist tatsächlich mysteriös und die Praxis noch mysteriöser, vor allem für Menschen, die keinerlei Neigung verspüren, ihn zu gehen. Hast du jemals vergeblich versucht, jemandem zu erklären, warum du Zen oder eine andere Form von Meditation praktizierst, und hattest dabei das Gefühl, noch selbstbezogener zu wirken als sonst? Für deine Partnerin oder deinen Partner kann es eine große Herausforderung sein, wenn sie oder er mitbekommt, dass dein Herz auf der Suche ist. Und das bleibt wahrscheinlich auch so, bis deine Praxis Wurzeln schlägt und du eine bessere Partnerin wirst.

Ein berühmtes Koan erzählt von einer alten Frau, die am Weg zum Berg Wutai, dem Sitz des Bodhisattva Manjushri, welcher die höchste Weisheit verkörpert, Tee verkaufte. Immer wenn ein Mönch an ihrem Stand Halt machte, um Tee zu trinken, fragte er die alte Frau: »Welches ist der Weg zum Berg Wutai?«, und sie antwortete jedem: »Geh einfach immer geradeaus.« Wenn der Mönch nur wenige Schritte entfernt war, gab sie so laut, dass er es hören konnte, ihren Kommentar ab: »Ein feiner junger Mönch ist das, aber auch er schlägt wieder diesen Weg ein.«[8]

Wer ist »die alte Frau« in deinem Leben? Lassen wir einmal beiseite, ob du diese alte Frau für erleuchtet hältst oder nicht. Die »alte Frau« zu Hause bei Laurie stichelte ständig: »Ach, da geht sie schon wieder in ihr Zen-Zentrum.« Wie viele von euch kennen solche Bemerkungen von ihrer Partnerin oder ihrem Partner? Ach, da zieht er wieder ab, und ich, na klar, ich bleibe zu Hause und kümmere mich um die Kinder, erledige die Gartenarbeit und wasche seine Hemden oder ihre Blusen.

Was suchte Laurie? Was suchst du? Man könnte denken, dass Laurie, die als Rentnerin ein gutes Einkommen hatte und ein eigenes Haus besaß, nach nichts mehr suchen müsste. Jedenfalls dachte das ihre Partnerin. Was also bewegt die eine, stundenlang auf einem Meditationskissen zu sitzen, während die andere den ganzen Tag auf dem Sofa sitzt? Welche von beiden bist du? Wie bist du so geworden, wie du bist?

Das Zusammenleben von zwei Menschen als Paar ist ein ständiger Tanz. Jeder ist ein einzigartiges Individuum, und doch sind die beiden eng miteinander verbunden und bewältigen zusammen ihren Alltag. Im Klosterleben verzichten Mönche und Nonnen auf Paarbeziehungen. Wer hingegen als Laie zu Hause praktiziert, lebt meistens in einer Ehe oder Zweierbeziehung mit einem anderen Menschen, eingebettet in einen Familien- und Freundeskreis.

Wir wissen nicht, wie unser Leben sich entfalten wird. Es gibt keine Gewissheiten außer denen von Geburt, Älterwerden, Krankheit und Tod. Selbst die besten Pläne gehen schief. Lauries suchendes Herz machte sich erst bemerkbar, als sie sich aus einem Beruf zurückzog, den sie vierzig Jahre lang ausgeübt hatte. Wenn sich das suchende Herz regt, sind wir gezwungen, ihm zu folgen – ohne anderen dazu Erklärungen abzugeben. Ignorieren wir es, wächst unser Unbehagen. Natürlich wächst unser Unbehagen auch, wenn wir unserem Herzen folgen, denn wir können dem Ruf nach der Erfüllung unserer tiefsten Sehnsucht, ein Zuhause in uns selbst zu finden, nun nicht mehr entkommen.

Wie verhältst du dich in deinen Beziehungen, wenn sich der den Weg suchende Geist innerlich so stark bemerkbar macht? Die alte Frau sagte: »Geh einfach geradeaus.« Doch was heißt »geradeaus« in unseren Beziehungen? Kannst du dir deinen

Weg durch das Dickicht von Erwartungen, Zu- und Abneigungen bahnen und dich trotzdem den Bedürfnissen deines Partners, deiner Partnerin zuwenden und deiner Beziehung geben, was sie braucht? Kannst du inmitten der Vielschichtigkeit des Lebens, das du lebst, deinen Weg in das Herz des Lebens finden, dorthin, wo das allumfassende Herz des Bodhisattva der nicht geteilten Weisheit wohnt?

Während sie tiefer in die Meditation eintauchte, lernte Laurie, das Dickicht dessen, was sie war, zu durchdringen und Frieden in sich zu finden. Man könnte sagen, dass ihre innere alte Frau zufriedengestellt war. Doch da es zu Hause nicht weniger anstrengend wurde, musste sie mit der »alten Frau« auf ihrem Sofa ringen. Schließlich schwanden ihre Abwehrhaltung und ihr Ärger beträchtlich und sie fand sich in einer heilsamen Aktzeptanz wieder, die ihre Partnerin und ihre gemeinsame Situation einschloss. Und so kam es, dass Laurie eines Abends, als sie die Schwelle ihrer gemeinsamen Bleibe überschritt und die »alte Frau« wieder fragte: »Na, Laurie, hast du den wahren Sinn des Lebens endlich gefunden?«, ihr aus den Tiefen dieses Mysteriums antwortete: »Ja! Das. Ist. Es.«

Das. Ist. Es.

Kannst auch du so zuversichtlich antworten?

Welche Rolle spielt deine Partnerin oder dein Partner in deiner Praxis? Es heißt, dass die augenblicklichen Umstände deines Lebens das perfekte Umfeld für deine Praxis sind. Wie siehst du das?

Nena kümmert sich um ihren Bruder

Wenn du loslässt, was ist dann los?
Wenn du nirgendwohin musst, was passiert dann?
Wenn ein Berg an einem Fluss entlangläuft,
bade deine Füße in den kühlen Wassern.

Koan

Nenas heiß geliebter Bruder hatte als Intellektueller sehr vielversprechende Aussichten. In ihrer Familie war er der Star, aber er vermochte sein Potenzial nicht zu verwirklichen. Fast sein ganzes Leben lang war er heroinsüchtig, und die Droge drohte ihn zu zerstören. Im Grunde war er von Nena abhängig. Auf der Suche nach Hilfe für ihn fragte sie Therapeut*innen, Familienmitglieder und Freund*innen immer wieder: »Was soll ich tun? Was soll ich bloß tun?«

Viele der Befragten gaben ihr den Rat: »Streich ihn aus deinem Leben.«

War das die Antwort?

Betrachtung

Ein Zen-Koan fordert uns auf: »Bewege einen Berg.«[9]

Welchen Berg?

Menschen, die in ihrem Alltag praktizieren, bewegen sich in einem Geflecht familiärer Beziehungen. Für Nena war die größte Herausforderung die Beziehung zu ihrem problembeladenen Bruder. Es ärgerte sie schrecklich, dass er sein Potenzial vergeudete, und doch fühlte sie sich aufgefordert, sein Chaos zu ordnen, ohne von seinen Freund*innen auch nur die geringste Anerkennung dafür zu bekommen, dass sie ihn praktisch am Leben erhielt. Der Versuch, ihrem Bruder dadurch zu helfen, dass sie sich bemühte, ihn zu etwas zu bringen, was er nicht tun wollte oder konnte, war so mühsam, wie einen Berg zu bewegen. Es war ein ständiges anstrengendes Ringen darum, den Berg von Selbstzweifeln, Ärger, Groll und Angst zu bezwingen, und immer wieder stürzte sie dabei ab. *Was, wenn ich einen Fehler mache? Was, wenn ich nicht herausfinde, was das Richtige ist?* Sie wusste, dass ihre Verbindung zu ihm nie abreißen würde. Der Rat, ihn aus ihrem Leben zu streichen, klang für sie nicht stimmig. Mit ihrer verbissenen Entschlossenheit, ihrem Bruder zu helfen, stand Nena vor dem Berg ihres Selbst.

Was machst du, wenn es keine Lösungen gibt?

In der Zen-Praxis sind wir aufgerufen, inmitten unseres Leids das Allerschwerste zu tun: zu sitzen wie ein unbeweglicher Berg. Sitze in den Tiefen deines Selbst still und lausche. Es erfordert Beharrlichkeit und große Geduld, mitten im Leid still zu sitzen, ohne Antworten zu haben. Manchmal, wenn wir uns zum Meditieren hinsetzen, schlafen wir sofort ein. Dann wieder spült unser Denken den ganzen Bodensatz unserer Sorgen und Ängste an die Oberfläche. Wie um alles in der Welt, könntest du dich fragen, höre ich mitten in diesem Chaos mir selbst zu, wenn ich doch kaum präsent bleiben kann?

Mein Wurzel-Lehrer sagte gern: »Poco a poco, immer

schön langsam.« Ganz allmählich schleifen sich Widerstände ab, runden sich scharfe Ecken und Kanten und das Selbst leert sich. Nena erlebte, wie ihr innerer Konflikt nach und nach an Schärfe verlor. Sie entwickelte die Weisheit, ihren Bruder sein zu lassen, wie er war, und ihn nicht retten oder ändern zu wollen. *Loslassen* und *aus dem Leben streichen* sind nicht das Gleiche. Nena ließ langsam ihre Vorstellungen los, wie das Leben zu sein hatte, damit sie es akzeptieren konnte. Sie setzte ihren eigenen Rettungsmanövern Grenzen und fand Frieden in der Beziehung zu ihrem Bruder. Auch ihrem Bruder fielen diese Veränderungen auf. So konnte sie die Früchte genießen, die sie erntete, indem sie den Berg bewegte – Frieden, Akzeptanz und eine Fürsorge für sich selbst und ihren Bruder, die für beide Seiten segensreich war.

Je häufiger du Bergen lauschst, desto näher kommst du deinem inneren Berg. Es ist erstaunlich, was du dabei alles hören kannst: feine Geräusche, nuanciert abgestimmte Echos, die unendlichen Möglichkeiten, die Berge eröffnen. Du machst die Erfahrung, dass du den offenen Raum und die Stille des Berges nicht ausfüllen musst. Jeder Atemzug ist ein Atemzug des Leerwerdens, jeder Schritt ein Schritt des Leerwerdens. Lass deine Ideen und Vorstellungen beiseite; lass beiseite, wie du die Dinge haben willst. Gib dein Bedürfnis auf, einen anderen Menschen oder eine Situation zu verbessern, gib die Kontrolle auf.

Mein Wurzel-Lehrer, dessen Name, Taizan, *Großer Berg* bedeutet, pflegte zu sagen: »Lass mitten im Festhalten los.« Als Praktizierende im Alltag können wir uns darin täglich üben.

Wie sieht Nichtanhaften aus? Rigide und eng? Unsentimental? Kalt und unberührt? Über den Dingen stehend? Versuchst du dem Bild zu entsprechen, das du dir von einem Menschen machst, der inmitten des täglichen Chaos an nichts festhält? Mein Lehrer hat gesagt: »Sei die, die du bist, nicht wer du glaubst, sein zu müssen, sondern wer du wirklich bist.« Was musst du verlernen?

Die Weisheit ihres Körpers sagte Nena, dass die Antwort nicht darin bestand, ihren Bruder aus ihrem Leben zu streichen. Es gab keinen Grund, sich von den Meinungen und Ratschlägen anderer sowie der Selbstverurteilung und Selbstkritik, die sie sich angewöhnt hatte, unterkriegen zu lassen. Ganz gleich, wie schwierig die Beziehung zu ihrem Bruder war, ihre grundlegende Verbundenheit würde niemals abreißen. Sie konnte ihm die Schwesternschaft nicht aufkündigen. Das ist der innerste Kern dessen, was wir »den Berg bewegen« nennen: sich auf Nähe und Verbundenheit tief einlassen und dabei der Melodie des Herzens vertrauen.

Welches Handeln zieht es nach sich, wenn wir uns leer machen und tief in uns hineinlauschen? Wie diese Erfahrung aussieht, bleibt offen. Die einzigartige Antwort kann nur in dir aufkommen, nur du weißt sie.

Lausche!

Lausche!

Wie kannst du von etwas Unerträglichem Zeugnis ablegen? Kannst du bei der Frage, was zu tun ist, auf das Nichtwissen vertrauen, aus dem deine eigene Weisheit entstehen kann?

Judith:
Die ältere Schwester als Spiegel

»Spieglein, Spieglein an der Wand, wer ist die Schönste im ganzen Land?«
»Du glaubst, es gibt zwei von euch?«

Koan

Jane besuchte ihre ältere Schwester, die sie fünfzehn Jahre lang nicht gesehen hatte und die auf der anderen Seite der Erdkugel lebte. Kaum war sie angekommen, stillte sie ihr Baby und erläuterte, welche Vorteile das Stillen auf Reisen habe. Sofort blaffte ihre Schwester sie an, wie Jane es von früher kannte: »Sei bloß still! Du hast doch keine Ahnung.«

Betrachtung

Jane beschrieb, wie schockiert sie damals auf diese Zurechtweisung reagiert und geantwortet hatte: *Ich habe sehr wohl Ahnung. Ich habe jahrelange Erfahrungen mit Kindern. Meine Kinder sind lebendige, kreative und zufriedene Geschöpfe und haben rosige Wangen. Du bist es, die keine Ahnung hat! Wie arrogant du bist, wie verächtlich und voller Urteile. Du hast mich ständig runtergemacht und warst dir immer so sicher, dass du es besser weißt.*

Heute lacht sie über ihre damalige Aufgebrachtheit, doch die Frage bleibt: Wie reagieren wir, wenn jemand von oben herab mit uns spricht oder uns auf andere Art feindselig und verächtlich behandelt? Vielleicht zahlen wir es ihm mit gleicher Münze heim oder flüchten uns in einen gereizten, stummen Groll. Möglicherweise versuchen wir auch, solchen unangenehmen Situationen aus dem Weg zu gehen oder zu verleugnen, was sie in uns aufrühren, vor allem an eigenen Gefühlen.

Viele Menschen, die eine spirituelle Praxis verfolgen, entscheiden sich für Letzteres: *Ist doch nicht weiter wichtig, was sie sagt, ich verzeihe ihr das, noch während sie spricht. Ich lass das einfach los. Es ist ja bloß mein Ego, das da verletzt wird, also zählt das nicht weiter.*

Alles ist wichtig. Wenn wir innerlich mit den Zähnen knirschen und es verleugnen oder uns wünschen, unser Groll möge von selbst verschwinden, ist das so, als würden wir sagen, die Schmerzen in unserem linken Daumen oder unser entzündetes Kniegelenk seien nicht weiter wichtig.

Dieser Eine Körper manifestiert sich in einer Muskelzerrung, einem Augenzwinkern, einer Schürfwunde am Ellenbogen oder dem bitteren Geschmack einer boshaften Bemerkung, die wir herunterschlucken. Nichts davon ist abzulehnen. Jeder Augenblick zeigt den Einen Körper in Aktion: ein Kind, das genussvoll an seinem Eis leckt; eine Familie, die durch einen betrunkenen Autofahrer umkommt; ein Fisch, der auf dem Sandstrand um sein Leben zappelt; eine verwelkte Rose; ein Blatt im Wind oder ein Mensch, der mich abkanzelt. Wenn wir das klar sehen, warum sollten wir dann mit Urteilen, mit Empfindlichkeit oder Verleugnung reagieren?

Und doch mag es zu den schwierigsten Momenten in unserem Leben gehören, wenn jemand uns zurechtweist, uns Vorwürfe macht oder verächtlich behandelt. Dann kommt unsere Kindheit hoch, in der die Erwachsenen uns ausgeschimpft und uns Vorhaltungen gemacht haben, ohne dass wir uns dagegen wehren konnten. Jetzt sind wir älter – und doch können wir immer noch nicht viel dagegen tun. Meistens blaffen wir zurück, verstecken uns oder verleugnen unsere Gefühle.

Wir können aber auch aufmerksam werden, die alten Geschichten und den damit verbundenen Kummer und Ärger auf sich beruhen lassen und hier und jetzt vollkommen präsent sein. Wenn wir uns so verhalten und im Raum des Nichtwissens weilen, sind wir imstande, solchen herausfordernden, ganz lebendigen Situationen freundlich und sogar humorvoll zu begegnen. Wir öffnen uns nicht nur für die Person, die uns zurechtweist, sondern auch für unsere eigenen Reaktionen: Wir nehmen unseren Körper wahr, spüren, wie unsere Augen sich verengen und vor Ärger aufblitzen und unsere Lippen sich vor lauter Groll zu einem schmalen Strich zusammenziehen. Nimm die Person wahr, die sich so schnell von einem Menschen bedroht fühlt, der ganz anders ist als sie und der ihr unerwartet einen Hieb versetzt. Nimm wahr, wie diese Person prompt aggressiv reagiert: *Aber ich kenne mich sehr wohl damit aus! Du bist es, die keine Ahnung hat.*

Ein möglicher Rat lautet: Macht euch eure Gemeinsamkeiten klar: *Ihr seid Schwestern! Ihr stammt aus ein und derselben Familie.* Eine Zen-Lehrerin würde dir vielleicht vorschlagen, das zu erforschen, was jenseits eurer Gegensätzlichkeit und eurer Gemeinsamkeit liegt. Und das ist genau dieser Moment voller Zwietracht, der über Parteiergreifen, Selbstverurteilung, Selbstbeschimpfung, Schuldzuschreibung und Versteckspielen hinaus eine unendliche Fülle birgt.

Wenn wir so im Augenblick leben, ist das ein enormer Akt des Loslassens, bei dem wir im Nichtwissen verweilen. Doch kannst du so weit loslassen, dass du wirklich loslässt? Kannst du spüren, wie der Raum pulsiert und das vibrierende große Ganze sich in zwei gegensätzlichen Kräften, zwei gegensätzlichen Energien manifestiert?

»Verkauf deine Schlauheit«, heißt es bei Rumi, »und kauf dir dafür Verwirrung.«[10]

»Sei bloß still! Du hast doch keine Ahnung.« Witzigerweise benennen diese Worte genau den Raum, den wir uns erschließen wollen, einen Raum des Forschens und der vollkommenen Offenheit. Was kann ich sagen oder tun, um die andere Person einzuladen, diesen Raum mit mir zusammen zu betreten, die alten Verhaltensmuster loszulassen und mit aufrichtiger Neugier zu fragen: Was *passiert hier eigentlich? Worum geht es?* Du bist nicht aufgefordert zuzustimmen. Du bist einfach nur eine Besucherin, die neugierig durch das Haus zieht, in dem sie zu Gast ist, und über alles staunt, auch über die ungemachten Betten und das dreckige Geschirr in der Spüle.

Dabei können wir vielleicht entdecken, dass das Intimste, Vertrauteste weder Übereinstimmung und Gleichklang noch Versöhnung und Frieden sind, sondern das immer tiefere Einlassen auf das Nichtwissen.

Was passiert, wenn du mit einem Familienmitglied sprichst, das du dein Leben lang kennst? Wiederholst du die alten Muster? Weißt du schon vorher, was sie/er gleich sagen wird? Was brauchst du, um diesem Menschen wirklich zuhören zu können?

Myogetsu:
In Stille sitzen

Inmitten der Töpfe und Pfannen, der alltäglichen Anforderungen
und des damit verbundenen Stresses gibt es etwas ganz
Wunderbares.
Was ist es?

Koan

Myogetsu wollte ihre Sitzmeditation zu Hause gerne vertiefen. Auch ihr Mann saß gern in Stille, die beiden meditierten jedoch nicht zusammen.

Eines Abends sagte sie zu ihm: »Weißt du, ich finde, wir sollten zusammen meditieren. In der Stille passiert so viel Kommunikation. Vielleicht können wir samstagmorgens eine Viertelstunde zusammen sitzen.«

»Lass uns zwei Stunden sitzen!«, erwiderte er begeistert.

Betrachtung

Myogetsu führte ein sehr aktives Leben: Sie war Vollzeit berufstätig, hatte viele Enkelkinder, und der Haushalt sowie die Versorgung ihrer Schwiegermutter nahmen sie sehr in Anspruch. Liebend gern hätte sie wie früher wieder in einer Gruppe meditiert, doch der Tod ihrer erwachsenen Tochter und die daraus erwachsenen Aufgaben füllten ihre Tage ganz aus. Als sich die Situation beruhigte, konnte sie zumindest wieder im Zen-Zentrum zusammen mit der Sangha sitzen. Doch der Weg dorthin war für sie ziemlich weit, und sie sehnte sich danach, zu Hause nicht nur allein, sondern auch mit ihrem Mann zu sitzen.

Wie ist das bei dir?

In einem Koan über den berühmten Zen-Meister Pai Chang aus der Zeit der Tang-Dynastie fragt ihn ein Mönch: »Was ist das Allererstaunlichste überhaupt?« Meister Pai Chang erwidert: »Allein auf dem Berg Ta Hsiung zu sitzen.«[11] Beschwören diese Worte nicht das Bild einer Person herauf, die ganz allein majestätisch auf einem Berggipfel sitzt und dort oben weit entfernt von alltäglichen Kämpfen und Anforderungen meditiert?

Hast du auch manchmal das Gefühl, dass es nicht reicht, zu Hause allein zu meditieren? Sag mir, wo befindet sich der Berg Ta Hsiung in diesem Augenblick?

Menschen, die ihre eigene Sitzpraxis entwickeln, finden es oft gewöhnungsbedürftig, mit anderen zusammen im Zendo, dem gemeinschaftlichen Meditationsraum, zu meditieren. Sie fühlen sich dort befangener, so berichten sie, und empfinden die Anwesenheit der anderen Praktizierenden als unerwünschte Ablenkung. Manche Menschen wiederum können nicht allein sitzen und brauchen andere, um mit ihnen zusammen zu meditieren. Wovon ist deine Meditationspraxis abhängig? Stell dir einmal folgende Fragen, ganz gleich, welche Bedingungen für dich erfüllt sein müssen, damit du meditieren kannst: Bewirkt das Meditieren bei dir eine gewisse Verhärtung deines Selbst, oder wirst du innerlich leer und spürst, wie dein Herz sich, wo auch immer du gerade bist, für das Leben, so wie es ist, öffnet?

Wie tief kann deine Praxis zu Hause sein?

Im Zendo, wo Menschen seit Jahren praktizieren, kannst du die einzigartige Energie von Meditation spüren. Das gleiche Energiefeld kannst du auch zu Hause schaffen, wenn du dort kontinuierlich meditierst. Wie sieht der Ort aus, wo du sitzt? Leer und aufgeräumt, um dich daran zu erinnern, auch deinen Herz-Geist von Überflüssigem zu leeren? Oder sitzt du vor einer Wand, die dich mahnt, über die Wände, die du in deinem Leben errichtet hast, hinauszublicken? Vielleicht steht an diesem Platz auch eine Schale mit Wasser, um dir die fließende Natur dieses Elements, das keinen Widerstand leistet und Leben spendet, bewusst zu machen. Oder du meditierst nachts neben dem Bett deines Kindes.

Myogetsu sehnte sich danach, mit ihrem Mann zusammen Stille zu erleben. Sie bat ihn nicht, die Meditationshaltung einzunehmen, die sie sich angewöhnt hatte, sondern einfach so dazusitzen, wie er es wünschte, um mit ihr zusammen in die Stille zu gehen. Wie ist das mit einem Paar, das zusammen in Stille sitzt – keiner Stille voller Groll und unbewältigter Konflikte, sondern der reichen Stille des Herz-Geistes zweier Menschen im Einklang mit dem, was über *Myogetsu* und *Ehemann* hinausgeht?

Was und wo ist dieses Darüberhinaus?

Als der chinesische Zen-Meister Yaoshan einmal in Meditation saß, fragte ihn ein Mönch: »Wenn Ihr in Meditation sitzt, was denkt Ihr dann?« Yaoshan erwiderte: »Denke Nicht-Denken.« Der Mönch fragte weiter: »Wie denkt Ihr Nicht-Denken?« Yaoshan antwortete: »Jenseits des Denkens.«[12] Wie wäre es, wenn du dich mit dem Menschen, mit dem du deinen Alltag teilst, mitten in eurem Haus oder eurer Wohnung an diesen Ort *jenseits des Denkens* begeben würdest? Mit anderen Worten: Könnt ihr euch jenseits eurer Gedanken begegnen, jenseits deines eifrig denkenden Geistes? Jenseits davon, was du am anderen magst und nicht magst?

Myogetsu sagte: »In der Stille passiert so viel Kommunikation.« Das ist die Stille vollkommener Empfänglichkeit. Was für eine Kommunikation ist das, die nicht auf dem Austausch von Gedanken, Worten oder Berührungen beruht? Was teilen zwei Menschen oder tauschen sie aus, wenn sie einfach in Stille sitzen, in ein und demselben Raum die gleiche Luft atmen, sich gegenseitig ganz auf ihr So-Sein einstimmen? Sind in der Intimität dieser Stille und des gemeinsamen Energiefeldes nicht alle Dinge so, wie sie sind, vollkommen: ganz, vollständig, ohne dass irgendetwas fehlte? Was ist das für eine Stille, die da ist, bevor deine Vorlieben und Abneigungen hochkommen?

Ist es überhaupt möglich, jemals *allein zu sitzen*?

Myogetsus Mann erwiderte: »Lass uns zwei Stunden sitzen!« Was für ein eifriger Gefährte – er wusste bereits um das erhabene Geschenk der Stille. Welche Wertschätzung für die eigene Ehefrau kommt in dem Wunsch zum Ausdruck, Seite an Seite mit ihr in Stille zu sitzen, die eigene Ichbezogenheit aufzugeben und zuzulassen, dass ihre Herzen gemeinsam aufblühen. Wenn die Meditation endet, seid ihr einen Augenblick lang weder eins noch zwei; alles ist voller Wunder.

Verzweifele nicht, wenn dein Ehemann oder deine Partnerin keine entsprechenden Neigungen verspürt. Schließlich hat der Meister dem Mönch, als dieser sich nach seiner Antwort in Dankbarkeit vor ihm verneigte, einen Schlag versetzt: Wupps! Dieses Wunderbarste auf der Welt ist nicht das Exklusivrecht von Mönchen, die auf Berggipfeln meditieren, von Eheleuten, die Seite an Seite in die Stille gehen, von Menschen, die allein sitzen, oder wie auch immer du dir die idealen Bedingungen für das Meditieren vorstellst.

Genau hier, genau jetzt birgt dein eigenes Sein, dein eigener Haushalt etwas ganz Erstaunliches. Es dringt durch Wände und Fenster, Teppiche und Vorhänge, Tassen und Teller.

Siehst du?

Wupps!

Was wird in der Stille kommuniziert, auch wenn du allein sitzt? Genau hier, genau jetzt ist der Ort des ganz Erstaunlichen. Wie siehst du es?

Mary:
Der Würger

Dieses Geräusch mag ich nicht; jenes aber mag ich.
Wenn ich in der Falle meiner Vorlieben und Abneigungen
feststecke,
Uuuuuwüüürrrrggg!

Koan

Nur eine dünne Wand trennte Marys Schlafzimmer in der neuen Wohnung von dem ihres Nachbarn, dem sie noch nicht begegnet war. Jeden Morgen nach dem Aufwachen gab der Nachbar würgende Geräusche von sich. Seine unaufhörlichen, nervigen Geräusche hörten sich an, als wären sie direkt in Marys Ohr. Sie verurteilte ihn dafür scharf, abfällig nannte sie ihn »den Würger«.

Wie es der Zufall wollte, befand sich auch Marys Meditationsplatz in der Ecke ihres Schlafzimmers, wo die Wand zwischen ihnen verlief. Auch wenn sie meistens lange, bevor der Nachbar aufwachte, in Zazen saß, stand er eines Morgens auf, während sie meditierte, und röchelte und würgte so laut, als wollte er sämtliche inneren Organe erbrechen.

An diesem Morgen aber hatte sich in Mary bereits eine tiefe Ruhe und Stille ausgebreitet. Das würgende Geräusch erreichte sie ungefiltert.

»Jemand leidet«, sagte sie. Spontan wurde in ihr Mitgefühl für ihn wach.

Betrachtung

Das Erwachen geschieht durch die Sinne – Augen, Ohren, Zunge, Körper und Geist sind die Tore.[13] Die meisten Berichte schildern, wie es durch das Hören passiert. Kyogen erwachte beim Geräusch eines Steins, der auf Bambus traf. Sei-Kenko von Cho erwachte bei einem Donnerschlag und Ching Ch'ing beim Klang von Regentropfen. In jenem Augenblick gab es nur das Geräusch: alles andere fiel weg – es gab keine Ursache für das Geräusch und niemanden, der es hörte. Da waren nur das *Tok* des Bambus, das *Tropf-Tropf* des Regens, das ohrenbetäubende *Krawumm!* des Donners.

Es gibt viele Koans, die vom Einssein mit Geräuschen und Klängen erzählen: *Stoppe den Klang der Tempelglocke in der Ferne*; *das Geräusch einer klatschenden Hand* oder *der Klang von MU*. In diesem Koan geht es um das würgende Geräusch, das der Nachbar macht. Dort, wo ich in Los Angeles praktiziere, hören wir oft den Song »Turkey in the Straw«, den der Eiswagen vor dem Haus ständig dudelt, oder das schrille *Tatütata* der vorbeirasenden Notfallwagen. Oft sage ich zu meinen Schüler*innen: »Seid ihr einmal wirklich eins mit einem Geräusch, auch dem, was ihr als Krach abtut, werden Geräusche euch nie wieder stören. Ihr könnt dann sofort im Gehörten verschwinden.«

Das Universum bietet uns so viele Geräusche und Klänge – wie hörst du sie? Du kannst sie als Lärm bezeichnen, als Störung oder irritierende Ablenkung. Du kannst darin auch Hindernisse für deine Meditationspraxis sehen. Oft erzählen mir Schüler*innen, der Straßenlärm halte sie vom Meditieren ab. Ich muss dann immer lachen und sage: »Wo ist die Ruhe?« Kannst du sie im Geräusch selbst finden? Ein wunderbares chinesisches Sprichwort lautet: *Der große Einsiedler lebt in der Stadt*. Ja!

Wir können nicht wissen, wann das Erwachen passiert – es passiert einfach. Vielleicht denkst du manchmal: *Wenn ich lange genug sitzen, oft genug Retreats machen oder mehr Zeit im Zendo statt mit meiner Familie verbringen würde, dann würde ich erwachen.* Tatsache ist jedoch, dass das Leben ständig passiert, deine Sinne ständig arbeiten, sodass die Bedingungen für das Erwachen immer gegeben sind.

Mary hatte sich angewöhnt, täglich in einer Ecke ihres Schlafzimmers zu meditieren. Sie hatte im Sitzen eine gewisse Stabilität und innere Weite entwickelt, ohne dass ihr das wirklich bewusst war. Verstrickt in ihre Mutmaßungen über den Nachbarn, nannte sie ihn immer nur »den Würger«, obwohl sie ihm noch nie persönlich begegnet war. Vielleicht weißt du auch, wie es ist, in solchen gedanklichen Spurrillen festzustecken, denn unser Denken ist darauf konditioniert, Urteile zu fällen und innere Szenarien zu entwerfen, statt die Dinge direkt zu erforschen. Und selbst wenn dir diese Tendenz bewusst ist, kann es dir schwerfallen, damit aufzuhören.

Als Mary eines Morgens meditierte, wurde ein Geräusch lebendig – ein ungefilterter Klang, vor jedem Gedanken und jeder Wahrnehmung und bevor sie sich in Geschichten über dieses Geräusch verwickeln konnte. Statt wie bislang ihre üblichen Gedanken über »den Würger« abzuspulen, wurde Mary für einen Augenblick lang selbst *wüürrrgg* und erkannte dieses Geräusch als Ausdruck eines Menschen, der leidet. In der Ruhe und Stille, die durchdrungen war von diesem Leiden, spürte sie spontan Mitgefühl für ihren Nachbarn in sich wach werden.

In der Stille der Meditation ist ein Geräusch einfach ein Geräusch. Das Große Wesen des Mitgefühls, Kanzeon (bekannter unter dem Namen Kwan Yin), heißt auch *Die, die den Klang der Welt hört*. Wer ist dieses Große Wesen? Verkörpere es jetzt!

Wo bist du, wenn du eins wirst mit einem Geräusch? Der Klang des Leidens ist jenseits von Vorlieben und Abneigungen. Wie klingt Leiden? Wie gehst du damit um?

Daian:
Die Kletterrose

Wenn Ranken dich umschlingen, kannst du dich nicht bewegen.
Wenn Dornen dich stechen, nimmt nichts dir den Schmerz.
Wenn keine Hilfe in Sicht ist, wie befreist du dich dann?
Wenn das ganze Universum lacht, lachst du mit?

Koan

Eines Tages beschnitt Daian sorgfältig die Kletterrose, die er dazu gebracht hatte, am Wasserrohr an der Vorderseite des Hauses hochzuranken. Dabei brach der alte Baumstumpf, auf dem er auf Zehenspitzen stand, unter ihm auseinander. Die Dornenranken der Rose wickelten sich um seine Beine und Arme und hielten ihn fest. Er konnte sich nicht bewegen. So von der Kletterrose gefangen gehalten, konnte er nicht aufhören zu lachen und fragte sich: »Wo war ich vorhin, damit ich weiß, wo ich jetzt bin?«

Betrachtung

Woher weißt du, ob du ganz präsent bist?

Manchmal verlierst du dich vielleicht in Gedanken oder Gefühlen. Zu anderen Zeiten magst du dich präsent fühlen, doch wenn du genauer hinschaust, fällt dir auf, dass du viele Dinge direkt vor deinen Augen nicht wahrgenommen hast. Als der Baumstumpf unter ihm wegbrach, fragte sich Daian:

»Wo war ich vorhin, damit ich weiß, wo ich jetzt bin?« War er denn nicht präsent gewesen, als er die Kletterrose sorgfältig beschnitt? Zu denken, du seiest präsent, ist das nicht das Gleiche, wie tatsächlich präsent zu sein – total präsent als Kletterrose, Dornen und morscher Baumstumpf.

Es ist nützlich zu wissen, auf welcher Grundlage du stehst. Wenn wir davon ausgehen, dass alles in ständiger Veränderung begriffen ist, stellt sich die Frage, ob es irgendwo einen festen Boden gibt. Menschen halten sich an verschiedenen Dingen fest – an einem Sparkonto für das Rentenalter, der Familie oder dem Hausbesitz. Wer spirituell praktiziert, weiß jedoch: Ganz gleich, wie tröstlich das alles sein mag, nichts davon ist wirklich sicher, weil alles in ständigem Wandel ist. Was du für fest hältst, zerfällt schon während du diese Worte liest.

Wenn du dich in den Ranken einer Kletterrose verfängst und die Dornen des Lebens dich stechen, auf welche Grundlage könntest du dich dann verlassen? Worauf zählst du? Ein Freund von mir benutzte den Atem als Anker, doch als er lungenkrank wurde, konnte er sich nicht länger auf den Atem verlassen. Für eine andere Person war gesunde Ernährung die Grundlage für ihr Wohlbefinden, doch als sie herzkrank wurde, verlor sie diese Illusion. Mein Vater verließ sich auf die Stabilität einer lebenslangen Ehe, doch als seine Frau, meine Mutter, starb, setzte er seinem Leben ein Ende. Gibt es eine spirituelle Praxis, durch die du so viel Widerstandskraft entwickelst, dass du in allen Lebenslagen Zugang zu Ressourcen hast, die dir helfen, Leidvolles auszuhalten? Selbst dann, wenn du in den Ranken einer Kletterrose festhängst und Dornen dich stechen?

Der Schock der großen Übergänge im Leben katapultiert uns in die Gegenwart, ähnlich wie Daian es erlebt hat, als er in die Kletterrose gefallen ist. Und wie ist es im alltäglichen Einerlei des Lebens, wo wir leicht in eine dumpfe Selbstzufriedenheit verfallen, ohne es überhaupt zu merken? Was weckt dich auf? Ganz in die Gegenwart eintauchen wie Daian in seine Kletterrose heißt das JETZT unmittelbar erleben. Vielleicht glaubst du, es erfordere viel Anstrengung, präsent zu sein, aber es ist so leicht, wie von einem morschen Baumstumpf zu fallen. Als Daian sich in den Dornenranken verfing und nicht mehr bewegen konnte, gab er sich dem JETZT ganz hin. Die Gegenwart ist, *wie sie ist*. Du kannst niemals nicht in der Gegenwart sein, und doch musst du hineinspringen!

Daians Gegenwart bestand darin, dass er in Rosenranken festhing und Dornen ihn stachen. Er konnte nicht aufhören zu lachen. *Hier bin ich!* Nur wenige Erfahrungen sind selbstloser als spontanes, nicht enden wollendes Lachen. Aber sag mir, was ist daran so verdammt lustig? Wenn du darauf wirklich eine Antwort hast, ist dein Leiden beendet.

Welches Lachen hallt im ganzen Universum wider? Wo stehst du im Augenblick? Wohin setzt du deine Füße in einem Leben, das sich unablässig ändert?

Gemmon:
Schatten

Wie reagieren, wenn es an der Haustür klopft?
Triff Vorkehrungen:
Installiere eine Überwachungskamera.
Installiere eine Gegensprechanlage.
Besorge dir eine Kette mit Sicherheitsschloss, wenn du nicht schon eine hast.
Schaff dir einen Hund an.[14]

Koan

Die Schatten meiner Eltern klopfen an die Tür. Soll ich öffnen oder abschließen?

Betrachtung

Klopf! Klopf!
Wer ist da?
Duma.
Duma wer?
Du machst immer was falsch!

Vielleicht mögen wir Witze, die mit *Klopf! Klopf!* anfangen, denn an unsere inneren Türen scheinen ständig Schatten zu klopfen: Erinnerungen an unsere Familie, an unsere Eltern und längst vergangene Situationen mit den Großeltern, an unsere Kinder, als sie noch klein waren, an uns selbst, als wir jung waren. Ganz gleich, ob schon tot oder noch am Leben, wenn diese Menschen anklopfen, sind sie direkt hier, unmittelbar jetzt anwesend.

Öffne ich die Tür oder schließe ich sie?

Sie haben mein Leben lang an meine Tür geklopft. Es war immer eine heikle Entscheidung, ob ich Grenzen setzen oder ihnen offen begegnen sollte, ganz gleich, ob ich die Rebellin, das gehorsame Kind oder die gesunde Erwachsene von heute bin.

So verschieden wir auch sind, die meisten von uns gehen nach Schema F vor, wenn es um unsere Vergangenheit geht: *Ich wurde geboren in ______ Meine Eltern waren ______ und ______; ich hatte __ Geschwister, ______ und ______. Meine Kindheit war ______, aber auch ______. Als Teenager habe ich ______. Als Erwachsene habe ich ______ und dann ______. Eine Folge von alledem ist, dass ich _____ wurde und ______.*

Gilt für uns alle praktisch das gleiche Drehbuch? Auch wenn wir wissen, dass die Dinge nie so einfach sind, glauben wir an dieses Schema. Wir nehmen uns diese dürftige Geschichte ab.

Ist der Scheinwerfer, den du auf dein Leben richtest, groß genug, siehst du, dass es nichts im Universum gibt, was hier nicht dazugehört und dich in irgendeiner Weise beeinflusst hat. Wenn uns das klar wird, greifen wir nicht mehr so schnell auf Schema F zurück. Wir betrachten unsere Geschichte ein wenig offener, vielleicht auch liebevoller.

Doch selbst wenn wir das tun: *Klopf! Klopf!* Eine schmerzliche Erinnerung kommt hoch und droht uns zu überwältigen.

Wir können eine größere, interessantere Geschichte daraus machen. Oder wir lassen sie einfach, wie sie ist, beobachten, wie sie kommt und geht, tun niemals so, als gäbe es sie nicht, machen jedoch auch kein Drama daraus. So verschwindet die Erinnerung von selbst, kehrt aber manchmal zu einem späteren Zeitpunkt zurück – *Klopf! Klopf!* –, und wir müssen wieder damit umgehen.

Mit der Zeit können wir spüren, dass der Schmerz versickert wie Wasser. Von der aufgesogenen Nässe bleibt nur ein wenig Feuchtigkeit zurück.

Wenn wir beim Praktizieren die Haltung des Nichtwissens einnehmen, findet die innere Arbeit im gegenwärtigen Moment statt, nicht in der Vergangenheit, wo wir oft Opfer sind und fast immer Recht haben. *Klopf! Klopf! Wer ist da?* Sind das wirklich deine Eltern, die sich aus ihrem Grab melden, oder bist du das? Spüre deinen Atem in diesem Augenblick, die Luft, die über dein Gesicht streicht, den Boden unter deinen Füßen, den Strahl der Nachmittagssonne, der schräg auf die Wand fällt. Die Geschichten aus deiner Vergangenheit finden genau hier statt, in diesem Augenblick, und das heißt, alle diese Stimmen sind auch deine – selbst die deiner Eltern – und auch das *Klopf! Klopf!* an der Tür.

Wenn du vom gegenwärtigen Moment Zeugnis ablegst, erlebst du ihn ganz als deinen. Dazu gehören Generationen von Familienangehörigen und deine Ahnen. Sie alle sind in deinem Körper-Geist präsent. Du kannst ihnen nicht entkommen.

Ist das nicht ein verblüffender Perspektivwechsel? Wie oft empfinden wir unsere familiären Bindungen als Ketten, die uns versklaven? Wie oft möchten wir unsere Familiengeschichte am liebsten abschütteln? Manche von uns begeben sich genau aus diesem Grund in ein Zen-Zentrum. Und was stellen wir fest, wenn wir zu praktizieren beginnen? Dass wir unsere Familie sind. Dass unsere Familiengeschichte ebenso Teil von uns ist wie die physischen Moleküle, aus denen unser Körper besteht.

Wie gehst du mit deinem Körper um? Du kümmerst dich um ihn. Du ernährst ihn, kleidest ihn und schenkst ihm deine Aufmerksamkeit. Du behandelst ihn wie dich selbst, denn er ist du selbst.

Der Buddhismus ist eine sehr praktische Tradition. Er fragt nicht nach der Wahrheit, sondern nach dem, was gut funktioniert und wirkt, das heißt, was unser Leiden verringert. Anders gesagt: Wie sorgen wir für dieses Wirken? Deinen Eltern die Tür öffnen ist dann ein geeigneter Weg, wenn du dabei aufmerksam und liebevoll bleibst. Es kann dazu führen, dass du mehr Verantwortung für dein Leben übernimmst. Oder dass du dir deiner Abstammung bewusster wirst und deine Vorfahren und die vielen Gaben schätzen lernst, die diese an dich weitergegeben haben.

Wenn du deine Eltern nicht hereinlässt, kann auch das der geeignete Weg sein, denn vielleicht ist es Zeit, mit dem Hund rauszugehen oder zu meditieren. Und es kann auch sein, dass die alten Geschichten gar nicht mehr so interessant sind.

Klopf! Klopf! Wer klopft an der Tür? Wer ist die Türsteherin oder der Türsteher? Und ist es eine feste Tür oder ein torloses Tor?

Clemens:
Die Scheiße bleibt

»Immer bist du so!
Nie machst du das!
Immer! Nie! Immer! Nie!«
Ach, diese Turteltäubchen!

Koan

Clemens, total verstrickt in Liebe und Hass, fragt sich: Wie kann ich die Beziehung zu meiner Liebsten genießen, wenn wir beide gefangen sind in einem Käfig voller Scheiße? Obwohl die Fenster und Türen unseres Käfigs weit offenstehen, verschwindet der Scheißdreck nie.

Betrachtung

Ein Freund von mir, der auch Zen-Lehrer ist, räumt nach jedem Arbeitstag seinen Schreibtisch auf und lässt ihn tadellos zurück. Auf meinem Schreibtisch stapeln sich Tag und Nacht Bücher, Kladden, Papiere. Einmal die Woche rücke ich ein paar Stapel beiseite, wische um sie herum Staub und schiebe sie wieder an ihren Platz.

Gleichen Beziehungen nicht eher meinem Schreibtisch als dem meines Freundes? Sind sie nicht tatsächlich wie Vogelkäfige? Den ganzen Tag ertönt Gezwitscher, während die Vögel den Käfig vollscheißen. Am Ende des Tages nehmen wir den

Sand mit all den Häufchen aus Samenhülsen und Vogelscheiße heraus, streuen frischen auf den Käfigboden und decken den Käfig ab, damit der Vogel schlafen kann, und am nächsten Tag beginnt das Gezwitscher und Scheißen wieder von vorn. So geht es selbst in Ehen zu, die reifer und glücklicher nicht sein könnten.

Zen lehrt uns, dass wir kein permanentes, autonomes Selbst haben; dass die Essenz dessen, wer wir sind, relational ist und in Verbundenheit mit allem, was existiert, entsteht. Das heißt nicht, dass da nichts wäre – natürlich haben wir bestimmte persönliche Eigenschaften und beziehen uns auf unsere ganz individuelle, eigene Art und Weise auf die Welt. Doch diese Merkmale sind fließend und dynamisch, und wir können darauf nicht festgenagelt werden. Sie sind unser Gesang, der Bass und Sopran unseres Lebens, die endlos neue Melodien hervorbringen. Manchmal klingen sie harmonisch, manchmal atonal oder sogar dissonant. Ist Letzteres der Fall, sagen wir oft, dass sie grässlich klingen, wirklich wie Scheißdreck.

Und lauschen wir so nicht auch den Liedern der Menschen, die uns umgeben – Familienangehörigen, Freund*innen und vor allem unseren Liebsten? Innerlich machen wir aus ihren ständig wechselnden Liedern einen Titelsong, der, mit wenigen Abweichungen, immer gleich klingt, und nennen ihn dann *Er und Sie*. Wir erfinden Geschichten über diese Menschen, sammeln Eindrücke und geben Beschreibungen von ihnen, die klar und dauerhaft gültig zu sein scheinen, und biegen sie uns so zurecht, dass sie für uns greifbar sind. Aber sind sie all das tatsächlich? Sind wir das tatsächlich?

Ich kann nur erforschen, wer ich in diesem Augenblick bin. Wer ist dieses *Ich*, das mit dem Mann oder der Frau zusammenlebt, die ich liebe? Eine Person, ein Energiefeld, ein Augenblick? Und wer ist *Er* oder *Sie*, die ich liebe, auf die ich aber im Moment ziemlich wütend bin? Jedes Mal, wenn du glaubst, du wüsstest, wer diese Person ist, irrst du dich bereits, denn der Moment ist schon wieder vorbei und die Umstände haben sich geändert, sodass auch du und sie oder er sich verändert haben. Niemand ist eine feste Größe, also können auch deine Meinungen nicht dauerhaft gültig sein.

»Mama, ich höre immer so gern deine Stimme«, sagte ich einmal am Telefon zu meiner Mutter, die weit von mir entfernt wohnt. »Weißt du«, erwiderte sie, »das kommt auf das Ohr an, das zuhört.« In meinen Ohren war ihre Stimme wie ein wohlklingendes Lied; während eine andere Person sie vielleicht als jammernd, klagend oder sogar schrill empfinden mochte.

Das Leben ist lebendig und dynamisch. Wenn wir auf unserer festen Meinung über einen Menschen beharren – *immer beschwerst du dich; nie tust du, was ich dir sage* –, ist das, als wollten wir seine frei sprudelnden Kräfte in einen Käfig sperren. Und sperrst du damit nicht auch dich selbst ein? Sperrst du nicht deine Beziehung ein?

Wenn für die Turteltäubchen der Abend kommt, säubern wir den Käfig von der Vogelscheiße, indem wir den Sand wechseln, der auf dem Käfigboden liegt. Wie räumst du den Müll weg, der täglich in deiner Beziehung anfällt? Wenn wir unsere festen Meinungen von der Person, die wir lieben, loslassen, verlieren unsere Zuschreibungen an Rigidität und werden fließender. Wenn wir unser Herz öffnen, werden wir neugierig auf unser Gegenüber und möchten diesen Menschen erforschen: Was ist das?

Es kann ein Gesang sein, ein Kreischen oder alles Mögliche dazwischen. Und da es ständig in Bewegung ist und sich verändert, kann es innerhalb kürzester Zeit auch das alles sein. Was können wir bestenfalls sagen? In diesem Augenblick ist es so.

Doch im nächsten Augenblick? Und im übernächsten?

Was fängst du mit dem Müll an, der sich in deiner Beziehung ansammelt? Es hilft, Türen und Fenster zu öffnen, doch wie gehst du mit deinen Meinungen um?

Selena:
Unvoreingenommen

Das geht nicht,
Jenes geht nicht.
Das nicht geht auch nicht.
Jenes nicht geht auch nicht.
Hilfe!

Koan

Selena und ihre Frau waren nach Los Angeles umgezogen und hatten dort die ideale Wohnung gefunden. Jetzt freuten sie sich auf das Zusammenleben als verheiratetes Paar. Doch als sie eingezogen waren, mussten sie feststellen, dass der Nachbar über ihnen die ganze Nacht lang laut über ihrem Schlafzimmer hin und her stapfte und dabei eine Litanei von rassistischen, sexistischen und homophoben Meinungen von sich gab. Selena war innerlich ständig mit diesem Mann beschäftigt, grollte ihm und ging ihm möglichst aus dem Weg. Als sie eines Tages nach Hause kam und auf den Nachbarn traf, der im Gemeinschaftsgarten die Rosen schnitt, rief er sie zu sich und sagte: »Ihre Frau mag ich lieber als Sie.«

Erstaunt hörte Selena sich sagen: »Das geht mir genauso.«

Dabei begegneten sich ihre Blicke und beide brachen in Gelächter aus. Sie klatschten sich ab und Selenas Abwehr schmolz dahin.

Betrachtung

Selena lebte mit der Frau, die sie liebte, in ihrer Traumwohnung, doch das Verhalten des Nachbarn über ihnen war in vieler Hinsicht eine Herausforderung für sie. Ist das nicht typisch für unser konditioniertes Ich? Es gibt immer diese eine Ausnahme, diese eine Sache, die verhindert, dass wir innerlich Frieden finden. Es passiert schnell, dass wir uns auf das fixieren, was uns unzufrieden macht: *Wenn da nur nicht dieser Nachbar wäre, könnten wir unser Zusammenleben in dieser Wohnung ungetrübt genießen.* Unser Gehirn ist programmiert auf Abwärtsspiralen, die mit »wenn … nur« beginnen: *Wenn ich nur mehr Geld hätte; wenn nur mein Mann keinen Herzinfarkt gehabt hätte; wenn mein Chef nur nicht ein solcher Idiot wäre.*

Selena spürte, dass der Nachbar trotz seines Verhaltens hinter seiner rauen Fassade im Grunde ein gutmütiger Mensch war. Außerdem hatte er ihnen offen eingestanden, dass ihm neue Mitbewohner nicht so angenehm seien, da er sich erst an sie gewöhnen müsse. Und er hatte auch freimütig bekannt, wie sehr er den früheren Nachbarn gemocht hatte. Selena hatte keine Ahnung, wie sie mit ihm umgehen sollte. Sie hatte sich im engmaschigen Netz ihrer Abwehr verfangen und tat alles, um ihm aus dem Weg zu gehen. Innerlich kanzelte sie ihn als »Stampfer« und »homophob« ab.

Womit schlägst du dich innerlich herum? Wann warst du zuletzt so verstrickt in Überlegungen, wie du reagieren sollst – so geht es nicht und so geht es auch nicht –, dass du weder vor noch zurück wusstest? Selbst wenn du auf den anderen einen

Schritt zugehen willst, weißt du nicht wie. Stattdessen beißt du dich fest und bist offenbar nicht imstande, mit der anderen Person, die auch nur ein Mensch wie du ist, in Kontakt zu treten. Selena, bei der dieser Nachbar alle Knöpfe bis zum Anschlag drückte, wusste einfach nicht weiter.

Sie bemühte sich, im Einklang mit ihrer spirituellen Praxis mit offenem Herzen und offenem Geist und der Haltung des Nichtwissens statt der Reaktivität an die Situation heranzugehen. Doch der Nachbar rührte mit seinem Verhalten genau an die Gefühle, die Homophobie und Rassismus in ihr auslösten. Und je stärker diese Gefühle wurden, desto weniger war sie imstande, ihm und sich selbst offen und unvoreingenommen zu begegnen.

Das ging so bis zu dem Tag, als er sie sah, bevor sie ihm ausweichen konnte, und ansprach. Wir alle kennen solche Situationen – plötzlich taucht genau die Person vor uns auf, die wir meiden wollen, und diesmal ist es zu spät, sich zu verstecken. Hier stand Selena also genau dem Menschen gegenüber, dessen Habitus in ihren Augen so unangenehm war.

»Ich mag Ihre Frau lieber als Sie!«, erklärte er.

»Ich auch«, schoss es da aus ihr heraus. Es blieb keine Zeit für ihre üblichen Gedankenketten, keine Zeit, auf ihre gewohnten Denkmuster zurückzugreifen.

Stattdessen ein Augenblick der Transzendenz: Ein Funke sprang über. Eine gesunde Verbindung. Ein großes Gelächter. Ein gegenseitiges Abklatschen. Keine Widerstände mehr. Nichts ist vergleichbar mit solchen Schocks, die uns aus unseren Spurrillen herauskatapultieren.

Was verändert sich für dich in einem Augenblick wie diesem, in dem aller Schein und alle Voreingenommenheit von dir abfallen? In der Unmittelbarkeit dieser überraschenden Begegnung waren sein Kampf und ihr Kampf wie ausgelöscht.

In diesem Augenblick war Selena plötzlich vorbehaltlos, innerlich weit und frei.

Wie begrüßt du einen Menschen, dessen Anwesenheit du als bedrängend erlebst, wenn deine üblichen Reaktionsmuster wegfallen? Lausche tief in dich hinein und beobachte dich genau: Begib dich an den Ort jenseits der Voreingenommenheit. Wo befindet er sich?

Herman:
Weinen

Glück, Glück, großes Glück.
Kummer, Kummer, großer Kummer.
Tränen fallen und das Herz öffnet sich von selbst.
Warum weint ein großes Lebewesen?

Koan

Immer wenn Herman von einer Reise zurückkehrte, weinte seine Mutter beim Wiedersehen vor Freude. Brach er dann wieder auf, weinte seine Mutter vor Kummer. Herman war das höchst unangenehm, vor allem, wenn sie am Flughafen vor all den Leuten weinte.

Herman sagte dann immer zu ihr: »Mutter, bitte wein doch nicht so. Wenn du damit nicht aufhörst, komme ich nicht mehr nach Hause.« Aber seine Mutter weinte trotzdem.

Eines Tages stellte Herman fest, dass er ebenfalls weinte.

Betrachtung

Wenn wir regelmäßig meditieren, kann es sein, dass ungebetene Gefühle hochkommen – Wut, Traurigkeit, Einsamkeit und nicht selten eine Flut von Tränen.

Viele Schüler*innen sagen dann zu mir: »Irgendetwas stimmt nicht mit meiner Praxis.«

»Warum sagst du das?«, frage ich.

»Weil ich ständig weinen muss«, lautet die Antwort oft. Meditation setzt Emotionen frei – sie ist keine Trockenübung. Wenn wir in der Meditation Gefühle zulassen, erleben wir das als natürliche Entlastung und Reinigung. Eine Schülerin, die jedes Mal, wenn sie mich sah, weinen musste, sagte einmal zu mir: »Warum lehrst du mich nicht etwas?« Ich erwiderte: »Du musst weinen, dein Körper-Geist heilt sich selbst.« Weinen bereitet den Boden, damit die Samen des Erwachens keimen können.

Meditieren bringt unsere Menschlichkeit zum Vorschein. Wir lernen, in der Haut des Menschen zu leben, der wir sind, und uns wie ein menschliches Wesen zu verhalten, das nun einmal Ärger, Einsamkeit und Traurigkeit verspürt, lacht und weint. Je nachdem welche Gefühle wir aufgrund unserer familiären oder gesellschaftlichen Konditionierung bislang unterdrückt haben oder wie tief das Trauma geht, das wir erlitten haben, kann uns das verkehrt vorkommen oder peinlich sein. Weinen ist jedoch eine natürliche und gesunde menschliche Antwort auf das Leben.

Ist dir Weinen unangenehm? Unterdrückst du deine Gefühle? Wenn deine Meditation sich am Bild einer ernsthaft Praktizierenden orientiert, die über das Ringen um menschliche Emotionen erhaben ist, bist du in großen Schwierigkeiten. Kannst du dieses Bild loslassen und innerlich Platz machen für deine ganz natürlichen Gefühle und Empfindungen, oder versuchst du, dem Bild zu entsprechen, das du dir von einem Menschen machst, der meditiert? Wo ist in der spirituellen Praxis Raum für Gefühle?

Herman war ein energischer und vernünftiger Mensch, der sich zum Ziel gesetzt hatte, Ingenieur zu werden. Auch wenn er tiefe Gefühle hatte, fiel es ihm nicht leicht, sie zum Ausdruck zu bringen. Dass seine Mutter so hemmungslos weinte, war ihm peinlich. Er versuchte, sie zu ändern, und ging damit noch mehr auf Distanz zu seinen eigenen Gefühlen. Wie ist das bei dir? Wie sieht deine Strategie aus?

Zazen, in Stille sitzen und offen sein, ist zutiefst heilsam. Es erstaunt mich immer wieder, was zum Vorschein kommt und sich löst durch den simplen Akt des stillen Sitzens in empfänglichem Gewahrsein, in dem wir offen sind für alles, was auftaucht. Das Sitzen ist in einem grundlegenden Sinne allumfassend: Genau dieser Körper-Geist atmet das ganze Universum ein und atmet das ganze Universum aus. Du selbst wirst von allem geatmet. Wie kann da auch nur irgendetwas im Verborgenen bleiben? Die Praxis ermöglicht dir, Emotionen ohne Angst zu begegnen. Emotionen sind Energien, die dir Kraft und Widerstandskraft verleihen, wenn du sie nicht unterdrückst.

Meditation schenkt uns die Erfahrung, unmittelbar zu fühlen, da wir uns nicht auf die übliche Weise einmischen. Durch das Sitzen entwickelst du Festigkeit, innere Weite und disziplinierte Aufmerksamkeit. Diese drei Eigenschaften zusammen versetzen dich in die Lage, inmitten starker Emotionen zu sitzen, ohne sie auszuagieren oder zu unterdrücken. Du lernst, direkt zu spüren, was in deinem Körper passiert: die Anspannung im Unterleib, die aufwallende Hitze im Brustkorb, die warme Feuchtigkeit der Augen. Wir sind so konditioniert, dass wir schnell zu dem, was wir wahrnehmen, Geschichten erfinden. Kannst du die Erzählung abbrechen, bevor sie die Empfindungen, die in deinem Körper hochkommen, verwässert? Kannst du die Energie unmittelbar spüren? Das muss nicht heißen, dass die Umstände und Gründe für deine Empfindungen unwichtig wären, sondern lediglich, dass du auf Situationen häufig angemessener eingehen kannst, wenn du einen Schritt zurücktrittst und direkt im Körper spürst, was sich da innerlich gerade regt.

Herman hatte in Bezug auf das Weinen seiner Mutter eine ausgetüftelte Strategie entwickelt. Eines Tages stellte er fest, dass er zusammen mit seiner Mutter weinte – ein schönes, gemeinsames Erlebnis. Es ist eine Sache, allein in unserem Zimmer zu weinen, und eine ganz andere, zusammen mit einem anderen Menschen zu weinen. Ich weiß noch, wie Rabbi Don Singer, als mein Wurzellehrer Taizan Maezumi Roshi starb, sagte: »Jetzt wissen wir, dass diese Sangha überleben wird, weil wir alle zusammen geweint haben.«

Nachdem Herman gemeinsam mit seiner Mutter geweint hatte, wurde ihm klar, dass er überhaupt nicht versuchen musste, sie zu ändern. Es gab nichts zu verbessern. Als er begriff, dass ihre Tränen ein Ausdruck ihrer Liebe für ihn waren, konnte auch er seine natürliche Zärtlichkeit und Berührbarkeit zulassen. Wie ist das mir dir? Sag mir: Wie weint eine erwachte Person?

Erlebst du deine Emotionen unmittelbar als reine Energie, oder versuchst du, davor zu flüchten, indem du sie ausagierst, unterdrückst oder Geschichten darüber erzählst? Versuchst du, dem Bild einer streng meditierenden Person, die über Gefühle erhaben ist, zu entsprechen?

Emma:
Voller Liebe

Vergilbte Zeitungen und Zeitschriften stapelten sich.
Alte Kleidung quoll aus Pappkartons.
Papiertüten, Plastiktüten, Geschenkpapier und Schleifen,
verstaubte Hochglanzmagazine und Bücher –
oh je! Welche innere Verfassung zeigt sich hier?

Koan

Emma war eine Sammlerin. Eines Nachts hatte sie in ihrer winzigen, total vollgestopften Wohnung einen Traum. Ein Mann kochte für sie und eine Frau half ihr beim Saubermachen. Emma sah einen großen Stapel Postkarten durch. Plötzlich fühlte sie sich von Liebe durchströmt. Emma sagte: »Ich bin frei. Warum klammere ich mich an dieses ganze Zeug? Es gibt endlos viele Möglichkeiten.«

Beim Aufwachen erklärte sie laut: »Ich bin voller Liebe, und das gilt auch für alle anderen.« Als sie in den nächsten Tagen hin und wieder aus dem Fenster sah, hörte sie die Bäume, das Gras und die Hauswände zu ihr sagen: »Liebe, Liebe.«

Sie suchte ihre Lehrerin auf und fragte: »Was passiert, wenn dieses Bewusstsein wieder verschwindet?«

Die Lehrerin erwiderte: »Auf Liebe umschalten ist so einfach wie Lächeln.«

Betrachtung

Emma hatte bis weit in ihr siebtes Lebensjahrzehnt mit der hartnäckigen Überzeugung gelebt, nicht liebenswert zu sein. Obwohl sie in ihrem Leben viel erreicht hatte, hatte sie sich sehr in sich zurückgezogen und ihre Wohnung war mit lauter Dingen vollgestopft. Sie war einfach nicht imstande, den ganzen Kram auszusortieren und wegzuwerfen. Sie ahnte die Gründe für dieses Verhalten, hatte aber das Gefühl, dass es zu schwer sein würde, daran etwas zu ändern.

Vielleicht steckt in uns allen eine eifrige Sammlerin. Benutzt du Dinge, um einen Schutzwall um dich zu errichten? Manche Menschen horten auch Sachen, weil sie das Gefühl haben, dass es ihnen an etwas Wesentlichem mangelt. Sie fühlen sich innerlich hohl, und keine Liebe der Welt kann dieses Loch stopfen. Manchmal redet uns eine innere Stimme, mal im Flüsterton, mal laut und deutlich vernehmbar, ein: *Du bist nicht liebenswert.*

Vielleicht packt auch dich hin und wieder die unterschwellige Angst, nicht liebenswert zu sein. Ganz gleich, wie lange du schon meditierst, dir selbst und anderen liebende Güte schickst oder eine Psychotherapie gemacht hast, das Gefühl, nicht liebenswert zu sein, ist nach wie vor da. Möglicherweise hast du mit Übungen zur Selbstoptimierung experimentiert, deine Lebensumstände verändert oder dir berufliche Höchstleistungen abverlangt, um diesen Mangel auszugleichen.

Eines Nachts träumte Emma, sie sei ganz und vollständig. Sie sah, dass sie voller Liebe war. Emmas Einsicht erinnert mich an den Mönch Seizei, der sein Armutsbewusstsein loswerden will. Er sucht Meister Sozan auf und bittet ihn um Hilfe. Meister Sozan sagt daraufhin zu ihm: »Du hast bereits drei Gläser vom besten Wein getrunken und sagst immer noch, du hättest nicht einmal deine Lippen befeuchtet.«[15] Wie kommt es, dass du selbst der beste Wein bist und es immer noch nicht weißt?

Wenn du immer wieder die eingefahrenen Wege gehst, die alten Geschichten, die von Angst, Selbstzweifeln und Selbsthass erzählen, in deinem Kopf kreisen lässt, verstärkst du deine Ichbezogenheit. Stell dir stattdessen vor, mit all diesen Gefühlen einen Komposthaufen zu errichten. Übe dich darin, diese Eigenschaften zu akzeptieren, ohne dich in ihnen, wie du es gewöhnt bist, zu verlieren, und wende diesen Haufen. Tu das immer und immer wieder und übe dich mit großer Geduld darin, dich mit allem, was dich ausmacht, zu akzeptieren, auch deine Gebrochenheit und das Horten von Dingen. Schick deiner Gebrochenheit Liebe. Wenn du dein Leiden auf diese Weise liebevoll annimmst, kann der Komposthaufen dem Boden, auf dem dein Erwachen erblühen wird, reichlich Nährstoffe liefern.

Emma stellte fest, wie befreiend es war, in dieser Liebe zu ruhen. Das bekam ihr bei Weitem besser, als sich in Ängste und Gedanken zu verstricken, die ihr nicht guttaten und sie behinderten. Als sie erkannte, dass es ganz grundlegend keine Beschränkung gab, konnte sie sich immer wieder für die Liebe entscheiden, sie von Moment zu Moment leben und dabei voll und ganz akzeptieren, was auch immer in ihrem Leben geschah. Nach einer Weile jedoch bekam sie Angst, auch diese

Liebe wieder zu verlieren. »Was dann?«, fragte sie ihre Lehrerin. Die Lehrerin sagte: »Liebe ist so leicht wie Lächeln.«

Liebe ist immer da, genau jetzt. Kurz nach ihrem Traum traf Emma eine große Entscheidung: Sie sortierte ihre Sachen aus und zog in einen anderen Bundesstaat.

Schalte um!

Lächele!

Wovon bist du voll? Wie sieht der Schutzwall aus, den du um dich errichtet hast, um das Leben auf Abstand zu halten? Zeig mir, wie du deinen Komposthaufen mit all den zerbrochenen Teilchen umschichtest!

Jackie macht ein Geschenk

Die Gebende ist leer,
Der Empfangende ist leer,
Das Geschenk ist leer –
Warum leide ich dann so?

Koan

Als Jackie die zen-buddhistischen Gelübde empfangen sollte, sagte ihre Lehrerin, zu der Zeremonie gehöre es auch, dass sie sich vor ihren Eltern verbeuge. Da platzte Jackie damit heraus, dass sie ihrem Vater vor Jahren hundert Dollar geschickt habe. Ihre Mutter hatte sie immer gewarnt, ihm Geld zu schicken, weil »er es nur versaufen würde«. Als ihr Vater das Geld erhielt, kaufte er sich davon eine Kiste Whisky. Er trank die ganze Kiste leer, kam ins Krankenhaus und starb. Jackie verbrachte daraufhin jahrelang viele Stunden auf der Couch einer Psychotherapeutin.

Die Lehrerin hörte ihr zu und sagte mit einem leichten Nicken: »Das war Geben.«

Als Jackie das hörte, war sie geheilt.

Betrachtung

Mit welchem Herzen gibst du? Mit welchem Herzen empfängst du?

Jackie machte ihrem Vater ein Geschenk, und was er damit

anstellte, bereitete ihr jahrelang Kummer. Die Zehn Großen Gelübde des Zen mahnen uns immer wieder, nicht nur selbst keinen Alkohol zu trinken und uns den Geist zu vernebeln, sondern auch anderen keine Gelegenheit zu geben, sich sinnlos zu betrinken. Es war also verständlich, dass Jackie sich für den Tod ihres Vaters verantwortlich fühlte und Schuldgefühle hatte. Was an der Antwort ihrer Lehrerin – *Das war Geben* – bewirkte ihre Befreiung von diesem jahrelangen Kummer?

Im Zen heißt es, Gebende, Geschenk und Empfänger seien leer von einem fest umrissenen *Du* und *Ich*, von Erwartung und Erfüllung. Die grundlegende Natur des Lebens kennt kein *Du*, das gibt, kein *Du*, das empfängt, kein Geschenk, das gemacht wird – es existiert nur ein Zirkulieren von Energie. Ein Geben, das auf Eigennutz beruht und persönliche Anliegen verfolgt, ist unweigerlich mit Leid verbunden. Durch bedingungsloses Geben hingegen kommen wir in Einklang mit dem dynamischen Fluss der Lebenskraft, der alles mit allem verbindet und über *ich* und *du* hinausgeht.

Was heißt das für uns, wenn wir geben? Um passende Geschenke zu machen, überlegen wir natürlich, wann wir wen beschenken, wie die Lebensumstände dieser Person aussehen und wie groß oder klein unser Geschenk sein sollte. Doch auch wenn wir so wohlüberlegt schenken, müssen wir das Gefühl für subtilen Eigennutz wach und diszipliniert im Auge behalten. Vielleicht setzt das Thema Schenken bei dir einen inneren Dialog in Gang, der so quälend ist, dass er dich verrückt machen könnte: *Wie stehe ich da mit diesem Geschenk? Was verliere ich, wenn ich dieses Geschenk mache? Werde ich es vielleicht bedauern, ihm oder ihr das geschenkt zu haben?* Sag mir, wie kannst du dich beim Schenken ganz zurücknehmen? Hat Jackie einen Fehler begangen, als sie ihrem Vater hundert Dollar schenkte? Waren diese hundert Dollar das falsche Geschenk für ihn? Hat ihr Vater einen Fehler gemacht, als er mit diesem Geschenk so verfuhr, wie er es tat?

Als ich einmal in einem Restaurant saß, kam ein Obdachloser herein und bettelte an jedem Tisch um Geld. Während mein Blick ihm auf seinem Weg durch das Restaurant folgte, legte ich ein paar Münzen auf meinem Tisch bereit. Als er bei mir ankam, nahm er die Münzen, wir nickten uns beide zu und dann verließ er das Restaurant. Daraufhin kam der Inhaber zu mir an den Tisch und brüllte: »Warum haben Sie diesem Mann Geld gegeben? Wissen Sie nicht, was er damit anstellt?« »Nein«, entgegnete ich. »Ich weiß es nicht und will es auch gar nicht wissen.« »Was?«, schrie der Mann höchst irritiert. »Sie wollen es gar nicht wissen?« Frustriert und entrüstet stürmte er davon. Während die anderen Gäste sich wieder ihrem Essen widmeten, saß ich da, überrascht von meiner eigenen Antwort.

Wann wird ein Geschenk wirklich zum Geschenk? Wenn wir es geben, wenn jemand es empfängt oder wenn es weitergegeben wird? Die Natur ist wahrscheinlich das beste Beispiel für Selbstlosigkeit. Die Luft zirkuliert frei auf der ganzen Erde, der Regen fällt unterschiedslos auf alle Pflanzen, und der Sauerstoff, den sie produzieren, steht uns allen kostenlos zur Verfügung. Mit unserem Leben erhalten wir das Leben anderer Lebewesen und umgekehrt. In diesem ununterbrochenen Kreislauf von Geben und Nehmen sind wir auf natürliche Weise im Einklang mit dem, was grundlegend für das Leben eines Bodhisattva ist: die Vollkommenheit reinen Gebens. An welchem Punkt wird unser Geben ein bedingtes?

Wissen wir jemals wirklich, was ein Geschenk alles nach sich zieht? Als die junge Kuhhirtin Sujata einen leidenden Asketen sah, schenkte sie ihm eine Schale Milchreis. Der Asket aß sie, setzte sich unter den Bodhibaum und wurde erleuchtet, ein Buddha. In den nächsten vierzig Lebensjahren des Buddha, in denen er andere zum Erwachen führte, wirkte dieses Geschenk weiter. Hier und jetzt, Jahrhunderte später, schenkt diese Schale Milchreis dir und mir weiterhin Leben. Die Reise des Geschenks besteht darin, dass wir es dankbar empfangen und mit anderen teilen. Jackies Lehrerin nutzte es, um ihre Schülerin zu befreien. Vielleicht ist die Reise dieses Geschenks erst beendet, wenn alle Wesen befreit sind. Möge es so sein.

Welche Bedingungen knüpfst du ans Schenken? Mit welcher inneren Haltung nimmst du Geschenke entgegen? Und Geschenke vom Leben selbst? Welches Geschenk hat dich verwandelt? Kannst du den Weg verfolgen, den es genommen hat?

Carlos:
Ein Phantom

Sag mir bitte, was ich tun soll.
Gib mir Anweisungen, die ich mir leicht merken kann.
Ich möchte sie dick an die Wand pinseln.
Sie sollen für alle gelten.
Huch!

Koan

Carlos fragte: »Mutter, jemand aus der Nachbarschaft war heute richtig gemein zu mir. Wie soll ich mich ihm gegenüber verhalten?«

Seine Mutter fragte zurück: »Wer war das? Sag es mir. Ich kann dir keine Ratschläge für den Umgang mit einem Phantom geben.«

Carlos hatte eine Einsicht.

Betrachtung

Carlos überlegte sich gern Regeln und konkrete Strategien für sein Verhalten. Er hoffte, Schwierigkeiten zu vermeiden, wenn er wusste, an welche Vorgaben er sich zu halten hatte. So glaubte er, unangenehme Begegnungen verhindern zu können und immer zu wissen, was das Richtige war.

Diese Haltung ist typisch für Menschen, die eine Vorliebe für präzise Anweisungen haben und sich eine Art Handbuch für den richtigen Umgang mit dem Leben wünschen. Tu einfach dies und unterlasse das, um auf keinen Fall Risiken einzugehen. Diese Haltung lässt keinen Raum für die Komplexität konkreter Situationen, die uns so chaotisch vorkommen, dass wir glauben, wir könnten sie nicht bewältigen. Doch das Leben ist generell vielschichtig und widersprüchlich.

Für das Studium der Zen-Gelübde gibt es verschiedene Herangehensweisen. Manche nehmen sie wörtlich: *Tue dies, unterlasse das.* Andere relativieren die Anweisungen: *Tue dies, unterlasse das, je nach den Umständen.* Da Regeln auf vergangenen Erfahrungen beruhen, sind sie entsprechend unlebendig. Das muss sie nicht wertlos machen, lässt aber die Frage aufkommen, inwieweit sie für eine konkrete Situation hier und jetzt angemessen sind. Wenn wir stur an Regeln festhalten, entgehen uns möglicherweise die Besonderheiten der konkreten Situation, die wir gerade erleben. Das Leben aber ist keine Verallgemeinerung.

Was tust du, wenn du nicht weißt, was du tun sollst?

Ich habe einmal ein Beratungsgespräch mit einem Paar geführt, das sich auf seine Hochzeit vorbereitete. Sie hatten die zen-buddhistischen Gelübde zu Gelübden für ihr Leben umformuliert, mit denen sie hofften, ihre Beziehung und ihr Zusammenleben möglichst gut zu regeln. Als sie später in Schwierigkeiten gerieten, suchten sie mich noch einmal auf. Während ich ihnen zuhörte, wurde mir klar, dass die Frau ganz genaue Vorstellungen davon hatte, was sie in ihrem Leben tun und lassen musste. Ihm hingegen machte es nichts aus, wenn Situationen widersprüchlich waren und er sich die entsprechenden Zusammenhänge und Umstände genauer anschauen musste, um sie zu klären.

In welche Richtung tendierst du? Was bringt dich in Verwirrung?

Carlos Mutter wusste, dass die konkreten Einzelheiten einer Situation und die Einzigartigkeit der daran Beteiligten wichtig sind. Oft suchen Menschen mich auf, um mit mir als Leiterin unseres Zen-Zentrums ihre Schwierigkeiten mit anderen Mitgliedern unserer Gemeinschaft zu besprechen. Diese Gespräche verlaufen häufig sehr ähnlich wie das von Carlos und seiner Mutter. Wenn diese Menschen zögern, Einzelheiten über die betreffende Person oder Situation mitzuteilen, ist das zwar verständlich, macht es mir aber schwer, ihnen wirklich zu helfen. Schließlich sind die Situationen, mit denen wir in unserem Leben konfrontiert sind, nichts Hypothetisches. Du und die andere Person, ihr seid besondere Menschen mit ganz einzigartigen, individuellen Eigenschaften, die wir nur dann wirklich berücksichtigen können, wenn wir bereit sind, uns aufeinander einzulassen. Solche Situationen abstrakt darstellen heißt ihnen ihre Lebendigkeit nehmen, was weder klug noch hilfreich ist.

Natürlich kannst du über deinen Anteil an einer schwierigen Situation nachdenken. Selbstreflexion ist schließlich ein zentraler Aspekt des spirituellen Lebens. Doch wie viel Selbstbesinnung ist angemessen? Mir fällt auf, dass Menschen, die zur Selbstreflexion tendieren, oft Anzeichen von Ichbezogenheit zeigen. Ihre Überlegungen kreisen oft zu stark um die eigene Person. Gilt das auch für dich? Schließlich ist ja zumindest noch ein weiterer Mensch beteiligt. Wie lässt du dich auf ihn ein und bleibst dabei offen, ohne dein Gegenüber in ein Schema zu pressen?

Wer ist dieser andere Mensch? Ich weiß noch, dass mein Zen-Lehrer, als er seinen Schüler*innen bei deren Dharma-Vorträgen zuhörte, einmal sagte: »Ihr redet alle über Gleichheit, die essenzielle Natur von uns allen. Sagt mir, wie geht ihr mit den Unterschieden um? Unterschiede sind wichtig.« Wie erkennst du Unterschiede? Wenn du deine Projektionen und Vorurteile einmal beiseitelässt: Wer steht dann vor dir? Das ist für mich immer noch etwas sehr Lebendiges: Woher kommt diese Person, was ist ihr Hintergrund? Welche einzigartigen Eigenschaften bringt sie in die Situation ein? Wie kann ich von diesem Menschen lernen und ihm offen und neugierig statt voller Vorurteile begegnen?

Bernie Glassman, der Gründer der Zen-Peacemaker, pflegte zu sagen: »Wenn du Einheit erfahren willst, musst du Unterschiede erkennen.« Carlos' Mutter war weise genug, um zu erkennen, wie wichtig Unterschiede sind. Sie wusste, dass das Leben nicht allgemeinen Regeln folgt, sondern von deutlich wahrnehmbaren Unterschieden geprägt ist. Für sie waren diese Unterschiede kein Problem, drückte sich das Leben darin doch auf einzigartige Weise aus, und genau das müssen wir erkennen, um angemessen auf andere eingehen zu können. Wenn du das nicht sehen kannst, hast du es tatsächlich mit einem Phantom zu tun.

Zeig mir jetzt, in diesem Augenblick, den Unterschied!

Wenn du auf jemanden reagierst, auf welche Andersartigkeiten oder speziellen Eigenschaften springst du dann an? Wer stünde vor dir, wenn du deine Vorurteile aufgeben würdest?

KINDER GROSSZIEHEN

Salaam:
Es ist nie genug

Ein kleiner, zwei kleine, drei kleine Indianer (das reicht schon!) –
Vier kleine, fünf kleine, sechs kleine Indianer (du meinst, es
gäbe noch mehr?) –
Sieben kleine, acht kleine, neun kleine Indianer –
*HILFE!**

Koan

Salaam hatte fünf kleine Kinder, in einem Zimmer ihrer Wohnung war der ganze Boden mit Matratzen ausgelegt. Die jüngsten, Zwillingsbabys, lagen dicht neben ihr, damit sie sie stillen konnte, sobald sie Hunger hatten. Gleichzeitig konnte sie ihrem Mittleren die Flasche geben und die beiden Ältesten konnten sich an sie schmiegen, denn auch sie brauchten ihre Mutter. Das war anstrengend genug, aber zumindest musste sie nicht jedes Mal in ein anderes Zimmer gehen, wenn sie sich um das nächste Kind kümmern wollte. Trotzdem fragte sie sich Tag und Nacht: Tue ich wirklich genug?

* Ein bekanntes amerikanisches Kinderlied. Der hier verwandte Begriff »Indianer« bezieht sich auf Native Americans.

Betrachtung

Eine Frau, fünf kleine Kinder.

Füttern, auf den Arm nehmen, Windeln wechseln, streicheln, küssen, zuhören, schmusen, kitzeln, gurren, Schlaflieder singen, wiegen, stillen, hüpfen lassen, kochen, waschen, bügeln, wischen, spielen, summen, putzen, die Geschirrspülmaschine ausräumen, die Kinder baden, einseifen, einkaufen, bürsten, staubwischen, fahren, tätscheln und Bäuerchen machen lassen. Ganz zu schweigen vom Ehemann, der ebenfalls Zuwendung braucht, den eigenen Eltern, die sich fragen, warum du nicht häufiger anrufst, den Retreats, die du nicht machen kannst, den Elternabenden in der Schule, zu denen du immer zu spät kommst, und den Freundinnen, mit denen du dich nie triffst, die dir aber sagen, du solltest gut auf dich achten.

Ja, wie denn?

Was tue ich, wenn ich mit einer endlosen Reihe von Bedürfnissen und Ansprüchen konfrontiert bin? Nie ist die Arbeit fertig, nie bekomme ich genug Ruhe. Jeden Abend beim Zubettgehen weiß ich, dass der morgige Tag genauso aussehen wird und auch der danach und der danach. Eine Mutter erzählte mir: »Wenn ich morgens die Augen aufschlage und daran denke, was alles auf mich zukommt, möchte ich mich am liebsten wieder unter der Bettdecke verkriechen und weiterschlafen.«

Salaam fragte: »Tue ich genug?« Woran messen wir, ob es *genug* ist? Dass ein Kind uns einmal anlächelt? Oder fünf-

oder zehnmal? Oder jedes Kind dreimal? Ein Kriterium könnte sein, dass deine Kinder in einer sicheren Umgebung leben, sauber und satt sind und ein Zuhause haben. Aber was ist mit der Aufmerksamkeit, die sie brauchen? Was ist mit Liebe?

Wie lautet deine Antwort? Wie auch immer sie ausfällt, kannst du sie loslassen? Kannst du sehen, wie fließend die Übergänge zwischen *genug/nicht genug* sind und lockerer damit umgehen?

Vielleicht stammen deine Vorstellungen aus den vielen Büchern, die du über Kindererziehung liest. Vielleicht gehen sie auch auf das Gefühl zurück, dass du von den eigenen Eltern nicht genug Zuwendung und Anerkennung bekommen hast. Möglicherweise beruhen sie aber auch darauf, dass du mitbekommst, wie eine Freundin, die du idealisierst und der du nacheifern willst, ihre Kinder großzieht. Woher diese Vorstellungen stammen, ist nicht weiter wichtig, wichtig ist, dass du »im Reinen Land frei spielen kannst«, wie es in einem unserer buddhistischen Lieder heißt. Für deine Kinder kann das für ihre Sandkastenspiele gelten, für Eltern aber geht es darum, nicht an den eigenen Vorstellungen davon, was *genug* ist, kleben zu bleiben.

Nach welchen Kriterien be- oder verurteile ich mich selbst und hindere mich daran, meine Bemühungen zu bezeugen und als solche anzuerkennen?

»In der Hetze und dem Druck des modernen Lebens äußert sich wahrscheinlich die am meisten verbreitete Form von Gewalt, die dieser Lebensform innewohnt. Wenn wir uns dem Hin und Her einander ständig widersprechender Anliegen zu beugen versuchen, allen Anforderungen an uns gerecht werden wollen, uns zu vielen Projekten widmen und allen möglichen Menschen bei allen möglichen Dingen helfen wollen, fügen wir uns dieser Gewalt.«[16] Der katholische kontemplative Denker und Aktivist Thomas Merton richtet sich mit diesen Befürchtungen an soziale Aktivist*innen, aber er könnte auch viele von uns, die ständig denken und wünschen, sie würden mehr tun, damit meinen. Das Leben ruft uns und wir antworten nach bestem Vermögen darauf – zum Beispiel mit der Kreativität und dem Mitgefühl, die darin zum Ausdruck kommen, dass wir ein Zimmer mit Matratzen auslegen.

Das englische Wort *overwhelm* (überwältigen, überfordern, Anm. d. Ü.) stammt von dem altenglischen Wort *whelm*, das so viel wie *bedecken* bedeutet. Wenn ich überwältigt oder überfordert bin, fühlt sich das an wie eine schwere Last, die mich zu Boden drückt oder unter sich begräbt, sodass ich kaum noch atmen kann. Aber worin besteht diese Last? Ist es mein Leben, oder sind es die Vorstellungen und Ideale, an denen ich festhalte?

Können wir nicht in dem, was wir tun, das Positive sehen und bejahen, statt uns mit der Frage »Was ist genug?« in eine Sackgasse zu bugsieren? Können wir nicht jeden Augenblick als einen begreifen, in dem wir diesem Kind unsere Liebe zeigen? Ein Zimmer, dessen Fußboden mit Matratzen ausgelegt ist, verrät das aktive Wirken von Kreativität, Klugheit und Mitgefühl. Wie wunderbar, wenn alle Kinder in einem Raum zusammenkommen können! Jeder Augenblick bringt alle und alles zusammen, ganz gleich, wie unvollständig er sich für uns anfühlen mag, weil wir bestimmte Ideen oder Vorstellungen im Kopf haben.

Sei ganz in deinem Körper-Geist anwesend. Eine halbe Stunde, in der wir mit Herz und Seele wirklich aufmerksam und präsent sind, schafft mehr Raum für Fülle und Liebe, als wenn wir uns abhetzen, um allen Grundbedürfnissen gerecht zu werden. Und wenn du dich überfordert fühlst, seufze und kehre zum Atem zurück.

Ein Kind ist kein lineares Hinzufügen, wie wenn man einem fertigen Haus ein Zimmer hinzufügt: Es verändert das ganze Haus. Das Gleiche gilt für ein zweites Kind und ein drittes und ein viertes. Wie gehst du damit um?

»Von Anfang an wurde nichts vorenthalten«, sagte Eihei Dogen, Begründer der Soto-Zen-Tradition. Wenn das so ist, woran mangelt es dann in deinem Leben? Wovon gibt es zu viel oder zu wenig? Wenn du glaubst, es zu wissen, kehre zum Nichtwissen zurück.

Myokan:
»MAMA!«

Zhaozhous »Mu!« ist nichts im Vergleich zu dem Kinderwort
»Mama!«
Beim ersten Wort löst sich die Welt auf.
Beim zweiten tut sich der Abgrund auf –
Nicht einmal, sondern Hunderte von Malen.
MAMA! MAMA! MAMA! MAMA! MAMA!

Koan

MAMA! Ich habe heute für die Schule keine saubere Unterwäsche!

MAMA! Können wir gleich mal bei der anderen Mama vorbeifahren und meine Lacrosse-Sachen abholen?

MAMA! Ich habe niedrige Blutzuckerwerte!

MAMA! Ich habe den Schulbus verpasst!

MAMA! Diese Osterglocke ist für dich! Ich habe sie im Nachbargarten gepflückt!

Betrachtung

Ich liebe dich! Ich hasse dich! Ich habe mir ein Loch in den Pullover gerissen! Ich brauche jemanden, der mich fährt! Meine Nase blutet! Ich gehe nicht in die Schule! Ich liebe mein Handy! Ich esse kein Fleisch! MAMA! PAPA! MAMA! PAPA!

Ein Ding nach dem anderen, Tag für Tag für Tag.

»Ich habe früher jeden Morgen gesessen«, sagte ein Vater. »Als wir dann Kinder bekamen, stand ich morgens immer früher auf, um zu meditieren und saß immer kürzer. Heute habe ich Glück, wenn ich zehn, fünfzehn Minuten sitzen kann. Bevor ich fertig bin, rufen die Kinder schon nach mir.« *Was gibt's zum Frühstück? Kann ich fernsehen? Der Hund muss raus! Wer fährt mich zum Fußball?*

Als Eltern sollten wir für das Sitzen lieber kurze als längere Zeiten einplanen, damit es machbar ist. Die Praxis der Meditation besteht jedoch darin, in jedem Augenblick für das, was gerade passiert, aufmerksam zu sein. Gilt das dann nicht auch für den restlichen Tag?

Der Buddhismus kennt viele Geschichten von Menschen, die draußen in klirrender Kälte auf scharfkantigen Felsen oder unter tröpfelndem Wasser sitzen, um fokussiert und aufmerksam zu bleiben. Auch heute noch säubern japanische Zen-Mönche die vielen Stufen im großen Eihei-ji täglich mit Zahnbürsten, eine Praxis, die Hunderte von Jahren alt ist. Ähnlich sind auch heutige Eltern aufgerufen, sich Stunde um Stunde, von Moment zu Moment ihren Kindern aufmerksam zuzuwenden und deren Bedürfnissen nachzukommen, eine Praxis mit gnadenlosem Zeitplan.

Mama! Ich komme.
Papa! Ich bin gleich da.
Mama! Ich bringe dich zur Schule.
Papa! Ich mache dir etwas zu essen.

Und vergiss nicht, es sind nicht nur die Kinder, die unsere Aufmerksamkeit verlangen, alles ruft ständig nach uns. Jeden Tag aufs Neue rufen die Blätter nach der Sonne, suchen die Wurzeln der Bäume nach Feuchtigkeit, picken die Vögel Würmer, jagen die Falken andere Vögel, ruft unser Herz nach Blut und unsere Lunge nach Luft.

Die Welt ruft und die Welt antwortet. Wenn unsere Kinder noch klein sind und sich nicht selbst versorgen können, übernehmen wir das, doch das Leben hat sie schon lange vor ihrer Geburt mit Sauerstoff für die Lungen und einem unvorstellbar komplexen System, das aus Trillionen von Zellen besteht, versorgt. Wie sehr wir uns auch bemühen, diesen Aufwand könnten wir nicht betreiben. Die Wünsche und Bedürfnisse unserer Kinder – *Wo ist meine Brotdose? Das Telefon klingelt! Liest du mir eine Geschichte vor?* – sind die leckeren Saucen bei einem Festessen, dessen Zubereitung Millionen von Jahren gebraucht hat und das schon lange serviert wird.

Daraus folgt nicht, dass wir uns nicht um unsere Kinder kümmern, macht aber deutlich, dass ihre Versorgung nur zu einem geringen Teil wirklich von uns abhängt.

Die meisten liturgischen Lieder im Zen enden mit einer Widmung; eine davon lautet:

Das absolute Licht, dessen Leuchten das ganze Universum erfüllt, unfassbare Vortrefflichkeit, die alles durchdringt.

Wann immer diese hingebungsvolle Einladung ausgesprochen wird, wird sie empfangen und auf subtile Weise beantwortet.

Jede Bitte, jeder Ruf wird empfangen und auf subtile Weise beantwortet. Wir stehen aufrecht und der Boden trägt uns.

Meine Finger betätigen einen Schalter und Licht durchflutet den Raum. Ich drücke eine Klinke und die Tür öffnet sich. Kwan yin, die Mutter des Mitgefühls, wird oft mit vielen Händen dargestellt, weil sie in ihrem Tun nie innehält, und ich bin eine ihrer unzähligen Hände.

Mein Lehrer und Ehemann, Bernie Glassman, sagte oft: »Wenn wir schon vorher wüssten, wie viele Atemzüge wir tun müssen, um bis ans Ende unserer Tage zu leben – und das können Hunderte von Millionen sein –, würden sich einige von uns bereits entmutigt fühlen, bevor sie überhaupt anfangen zu atmen.« Anfangen aber müssen wir und einen Atemzug nach dem anderen tun, Tag für Tag.

Und atmen wir in diesem Wissen superschnell, um die vielen Atemzügen möglichst bald zu erledigen? Fangen wir an zu hyperventilieren?

Dass Menschen sich bei den vielen Anforderungen, die an sie gestellt werden, wie verrückt abhetzen und möglichst viel auf einmal tun wollen, ist sehr verbreitet. Mein Großvater, ein alter Rabbi aus dem Rumänien vor dem Holocaust, schaute seiner kleinen, manisch aktiven Enkeltochter über seinen Bart hinweg oft zu und sagte mit warnend erhobenem Zeigefinger: »Selbst Engel können jeweils nicht mehr als eine Sache tun.« Ganz gleich, wie viele Anforderungen das Leben an uns stellt, letzten Endes können wir immer nur jeweils eine Sache tun. Da unser System so angelegt ist, dass uns mehr nicht möglich ist, stresst es uns, wenn wir ständig versuchen, uns mehr abzuverlangen.

Frühstücke, wasch dein Geschirr ab, hol Wasser, hack Holz, lauteten vor mehr als dreizehnhundert Jahren grundlegende Zen-Regeln für ein erfülltes Leben. Du kannst versuchen, Dinge schnell und flüchtig zu erledigen, und von einer Sache zur anderen hetzen. Oder du nimmst einen tiefen Atemzug, sagst *Ja / Nein*, schaust deinem Kind in die Augen und bist ganz hier. MAMA! wird dann zum Klang der Glocke, die dich ruft, dich ihm aufmerksam zuzuwenden und ganz im Moment zu sein, jetzt.

Kannst du dir täglich eine Stunde – oder eine halbe – Zeit nehmen, um deinem Kind deine ganze Aufmerksamkeit zu schenken? Wenn andere Dinge auftauchen, kehre mit deiner Aufmerksamkeit immer wieder zurück zu deinem Kind.

Saras Wäsche

Wäsche waschen, Spielsachen wegräumen, das Haus putzen,
Mittagessen kochen – sind das illusionäre oder erleuchtete
Tätigkeiten?
Wenn du denkst, es sei leicht, Nein zu sagen, versuche, Ja zu
sagen.
Jenseits von Nein und Ja: Wo ist die Dharma-Halle in einem
chaotischen Haus?

Koan

Sara hört ihren Sohn aus einem anderen Zimmer rufen.

»Ich komme gleich!«

Sie geht durch den Flur und tritt auf einen Legostein. »Autsch!« Sie biegt um die Ecke und rutscht fast auf dem Umhang von Superman, der auf dem Boden liegen geblieben ist, aus. »Puh!«

Sie schiebt den großen Stapel Wäsche auf dem Sofa beiseite, setzt sich, schaut ihrem Sohn in die Augen – und hat eine Einsicht.

Betrachtung

Wir ordnen unser unordentliches Leben gern nach Kategorien wie *Ziele, Schlampereien, Fehler, Erfolge, Hindernisse* und so weiter. Auch wenn diese Bezeichnungen uns helfen, Hindernisse, Herausforderungen, Routinen und so weiter zu verstehen, und uns sogar ein Gefühl der Kontrolle geben, schneiden sie uns von der tatsächlichen Erfahrung ab.

Autsch! und *Puh!* erinnern uns daran, dass wir lebendig sind. Die berühmten Legosteine mit ihrem Stecksystem eignen sich nicht nur wunderbar als Bausteine, sondern, wenn wir auf sie treten, auch als Wachmacher: *Autsch!* Ich dachte, ich hätte es eilig, ins andere Zimmer zu meinem Sohn zu kommen und – *Autsch!* Oder ich rutsche bei meinem Sprint nach nebenan beinah auf Supermans Umhang aus, der auf dem Fußboden liegt, wo er nicht hingehört, und kann gerade noch das Gleichgewicht halten, um nicht selbst auf dem Boden zu landen: *Puh!*

Bei *Autsch!* und *Puh!* vergessen wir uns und unsere Gedanken, unsere Pläne und unsere Zerstreutheit. Diese Ausrufe haben eine ähnliche Wirkung wie der Schlag mit dem flachen Holzstock auf die Schultern der Schüler*innen, die in der Meditationshalle Zazen praktizieren. In den alten Koans stößt der Lehrer manchmal einen Schrei aus oder teilt Schläge aus, um die Meditierenden aus dem Kopf und ins JETZT! zu bringen. Bieten dir die alltägliche Versorgung deiner Familie und dein Haushalt nicht ähnliche Möglichkeiten? Das heiße Wasser in der Dusche wird plötzlich kalt, die Waschmaschine gibt mitten im Waschgang ihren Geist auf, dem Hund passiert ein Missgeschick im Flur, den du gerade gewischt hast. Bevor wir Zeit haben, zu reagieren, ziehen solche Erfahrungen uns den Boden unter den Füßen weg und bringen unsere Überzeugungen und Gewissheiten ins Wanken, und sei es nur für einen Augenblick. In solchen Momenten kommen wir aus unserem Denken heraus und sind wirklich hier.

Wie schnell verflüchtigen sich solche Erfahrungen und wir reagieren wieder? Wir schnell sind wir wieder im Kopf?

Die Frage ist nicht, wie wir in unserem Leben Fallgruben und Überraschungen vermeiden können, denn sie sind unvermeidbar. Das Leben ist voller Härten, Missgeschicke und überraschender Wendungen – und es ist lebbar. Durch unser ständiges Kritisieren, Bedauern und trauriges Kommentieren fügen wir uns selbst viel zusätzliches und unnötiges Leid zu: *Warum muss mir das passieren? Wie konnte er mir das antun?*

»Wie gehst du auf einem engen Pfad mit 99 Kurven geradeaus?«, fragt ein klassisches Koan. Die Antwort liegt in der Frage selbst verborgen. Wie Sara zeigt, gibt es keine Kurve, die nicht zu nehmen wäre. Ein Legostein, Supermans Umhang, Stapel schmutziger Wäsche, eine unerwartete Tragödie, Krankheit, Tod – das alles existiert nicht losgelöst von diesem engen Pfad, es *ist* dieser enge Pfad. Und jede dieser Erfahrungen kann ein Tor sein, eine Aussicht, eine Gelegenheit, Nähe, Intimität, zu erleben.

Niklaus Brantschen, ein Schweizer Jesuit und Zen-Lehrer, war äußerst sportlich und bestieg noch Berge, bis er weit über 70 Jahre alt war. Als er 80 wurde, entdeckte man, dass er Krebs hatte, sein Magen und große Teile seines Dickdarms wurden operativ entfernt. Niklaus blieb guter Dinge. »Weißt du, ich muss jetzt lernen, ganz anders zu essen«, sagte er staunend. »Ich muss ohne Magen essen. Stell dir vor, ich esse wie ein Vogel, winzige Mahlzeiten, über den ganzen Tag verteilt. Wer hätte gedacht, dass ich in meinem Alter noch so viel lerne? Ich bin sehr dankbar für diese neue Praxis.«

»Neugierig sein, nicht herumkritisieren«, empfahl eine Freundin. *Was ist das?* fragen, statt: *Wie konnte das passieren?* Unser Leben bietet uns unzählige, immer wieder neue Gelegenheiten für diese Praxis.

Tag für Tag kehren die Eltern dieser Welt mit ihrer Aufmerksamkeit und ihrem Gewahrsein immer wieder zurück – nicht zu ihrem Atem, zu *Mu* oder dem Zählen, sondern zu ihren Kindern. Sie stolpern über Spielsachen oder rutschen darauf aus, rufen *Autsch!,* wenn sie die Milch kosten, die zu heiß geworden ist, zittern vor Kälte (*Brrrr!*), wenn sie mit Schneebällen attackiert werden, sagen staunend *Ahhh!*, wenn sie sehen, dass ihr Lauflernkind oben auf der Treppe sehnsüchtig darauf gewartet hat, dass sie nach Hause kommen. Und haben eine Einsicht.

Wirst du jemals dein Ziel erreichen, wenn der Weg so viele Kurven und Stolpersteine hat? Was ist dein Ziel?

Christine:
Das Kind ruft

Wir alle haben unseren Platz im Leben; wir alle haben Dinge zu tun.
Das große Wunder ist nicht, dass ich aus dem Bett stürze, wenn mein Kind ruft,
Sondern dass ich mich in die Horizontale begebe, wenn Schlafenszeit ist,
Und in die Vertikale, wenn ich aufstehe.

Koan

Warum springst du mitten in der Nacht aus dem Bett, wenn dein Kind ruft?

Betrachtung

Vieles tun wir ungeplant. Tatsächlich müssen wir bei den meisten Dingen, die wir tun, überhaupt nicht nachdenken. Wenn der linke Fuß einen Schritt nach vorn macht, folgt der rechte ihm wahrscheinlich, ohne dass sich die beiden absprechen müssen. Wenn mich plötzlich ein anderer Wagen schneidet, tritt mein Fuß meistens automatisch auf die Bremse. Diese Aktionen sind kinderleicht, sage ich manchmal, denn wir müssen dabei nicht nachdenken. Wie auch bei unserer Verdauung nicht, die keine Anweisungen von uns braucht. Beim Schreiben dieser Worte wissen meine Finger genau, wie sie sich auf der Tastatur bewegen müssen, und wenn ich auf dem Bildschirm lese, was ich geschrieben habe, hebt sich mein rechter Arm und mein Ellenbogen stützt sich auf dem Schreibtisch ab, damit ich meinen Kopf in die Hand betten kann. Woher weiß der Arm, dass ich beim Lesen gern diese Haltung einnehme? Weil dieser Ablauf kinderleicht ist.

Wissenschaftler*innen sagen, es handele sich hier um angelerntes Verhalten, ob es nun zurückgeht auf unsere Fahrstunden vor fünfzig Jahren oder auf bruchstückhafte Erinnerungen, die unsere DNA vor Millionen von Jahren abgespeichert hat. Es läuft auf das Gleiche hinaus: Wir handeln in jedem Augenblick, ohne bewusste Anweisungen zu geben oder Entscheidungen zu treffen.

Was geschieht also, wenn dein Kind plötzlich mitten in der Nacht ruft? Wahrscheinlich springst du aus dem Bett, um nachzuschauen, was ihm fehlt. Du hältst nicht inne, um dich zu fragen, ob du überhaupt aufstehen sollst, ob du dazu nicht viel zu müde bist oder wie du morgen früh aus dem Bett kommen wirst, um pünktlich im Büro zu sein. Vielleicht spürst du die Erschöpfung später und fragst dich dann, wie du den morgigen Tagen überstehen kannst. Doch in dem Augenblick, in dem du dein Kind rufen hörst, springst du aus dem Bett.

Tust du das jedes Mal? Mein Mann ruft mich, während ich gerade mitten in einer Tätigkeit bin; während ich noch im Bett liege, jault der Hund und will sein Frühstück; eine Freundin lädt mich ins Kino ein. In Situationen wie diesen, wo ich unsicher bin oder zögere, beginne ich nachzudenken.

Eine Freundin vergleicht das mit einem Besuch in einer

Bücherei. Wir können dort einiges lernen, doch bei vielen Dingen wissen wir auch so, wie wir sie angehen müssen. Unsere Unsicherheit gilt den Fragen, die wir der Bibliothekarin oder uns selbst stellen. Eine Obdachlose bittet mich um ein Almosen – was soll ich tun? Mein Vater, der noch gar nicht so alt ist, zeigt Anzeichen von Alzheimer – was soll ich tun? Jemand sagt zu mir: *Ich liebe dich* oder *Ich liebe dich nicht mehr* – was soll ich tun?

Wir sind Teil eines ununterbrochenen Fließens von Fragen-und-Antworten. Folgen wir diesem Fluss natürlich und entspannt, ohne Hindernisse zu errichten, dann kämpfen wir nicht an gegen unsere Gedanken und Gefühle und damit nicht gegen uns selbst, sondern tun einfach, was ansteht, ohne uns ablenken zu lassen.

Es gibt ein berühmtes Koan über eine Tempelfahne, die im Wind flatterte. Zwei Mönche gerieten in Streit darüber, ob die Fahne sich bewege, wie der eine behauptete, oder der Wind, worauf der andere beharrte. Als Huineng, ein Chan-Meister des 7. Jahrhunderts, das im Vorbeigehen hörte, sagte er: »Weder der Wind noch die Fahne bewegt sich. Was sich bewegt, ist euer Geist.«[17]

Das Leben zeigt sich. Der Wind macht sein Ding, die Fahne macht ihr Ding und unser Geist gerät in Aufruhr. Er liefert uns Namen, Bezeichnungen und Beschreibungen – *Der Wind bewegt sich! Nein, die Fahne bewegt sich!* – und gerät darüber mit sich selbst in Streit.

Was verwirrt uns? Nicht die Dinge als solche, sondern unsere Gefühle, Urteile und Vorlieben, die sich aufblähen wie große Luftballons und uns davontragen. Siehst du nicht viel klarer, wenn der Geist zur Ruhe kommt? Fühlt sich ein fließendes Tun nicht natürlich und organisch an?

Manche Menschen versuchen krampfhaft, alles zu durchdenken, weil sie überzeugt davon sind, dass sich das am Ende auszahlt. Ungeachtet dessen geht das Leben seinen Gang. Die Frage ist: Wo bist *du*? Lebst du es, das Leben, oder liegst du damit innerlich im Streit?

Als ich einmal in Southwest Yonkers in einem Armenviertel wohnte, bettelten mich auf dem Heimweg unweigerlich Menschen um Geld an. Am häufigsten bekam ich zu hören, sie bräuchten das Geld dringend, um Windeln für ihr Baby kaufen zu können. Ich wusste nie, wie ich mich verhalten sollte. Zu viele Dinge waren da im Spiel: der Gedanke, großzügig zu geben, die Tatsache, dass ich wenig Geld hatte, Ärger auf die Menschen, weil ich sicher war, dass sie mir etwas vormachten, das Wissen um den starken Drogen- und Alkoholkonsum in meinem Wohnviertel, meine Schwierigkeiten, Nein zu sagen.

Als ich eines Tages den Hügel hochlief, hielt mich – wie konnte es anders sein? – wieder einmal eine Frau an und bat mich um Geld für Windeln. »Sie erzählen mir Tag für Tag die gleiche Geschichte. Ich glaube Ihnen kein Wort!«, sagte ich schließlich.

Sie grinste und sah mir frech ins Gesicht. »Gut, aber könnten Sie mir trotzdem einen Fünfer leihen?«

Ich sah ihr direkt ins schnippische Gesicht – und lachte. Ihre wenigen Worte befreiten mich aus der inneren Verstrickung in Schuldgefühle und Verwirrung und katapultierten mich ganz in die Gegenwart, in der wir uns begegneten und in die Augen sahen.

Ich weiß nicht mehr, ob ich ihr Geld gab oder nicht, nur dass mein Lachen spontan und leicht wie ein Kinderspiel war, das weiß ich noch heute.

Warum stehst du auf, wenn du dein Baby rufen hörst? Warum läufst du zur Haustür, wenn es klingelt? Warum ziehst du im Winter einen Mantel an? Warum gelobst du, alle Lebewesen zu befreien?

Myotai:
Kleine Bodhisattva

Ein dreizehnjähriges Mädchen predigt das Dharma,
Ohne Robe, Glocke und Verneigungen.
Sie öffnet ihre Arme, ihre Mundwinkel heben sich zu einem
Lächeln –
Wie gehst du damit um?

Koan

Myotai brachte ihre dreizehnjährige Tochter zu Bett und deckte sie zu.

»Oh, Mama«, sagte Kai. »Du duftest wie Meditation. Ich liebe es, wenn du mich nach dem Meditieren mit der Gemeinschaft zudeckst.«

Myotai fragte: »Was meinst du damit?«

Kai sagte: »Nun, erst einmal mag ich dich, Mama, und gleichzeitig mag ich aber auch all die Menschen, mit denen du sitzt, deine Leute sind meine Leute. Sie wissen es nur noch nicht.«

Plötzlich sahen die Dinge für Myotai anders aus.

Betrachtung

Wie weit reicht deine Meditation?

Als Kais Mutter, die gerade vom Sitzen mit ihrer Meditationsgruppe zurückkehrte, ihre Tochter umarmte, spürte diese die umfassende Weite der Meditation, die keine Grenzen kennt. Wie ist das mit dir? Wie weit wirst du beim Meditieren?

Mit anderen Worten: Wo ziehst du deine Grenzen?

Für viele Menschen ist die Haut die Grenze der Person, die sie zu sein glauben. Andere errichten geistige Barrieren, indem sie ausschließlich rational und logisch denken. Wieder andere ziehen eine Grenze in ihrem Herzen. Sie sind nur für Menschen offen, die sie mögen, und schließen alle aus, die sie nicht leiden können. Wir alle identifizieren uns mit der einen oder anderen Grenze und erleben uns innerhalb davon als begrenzte Wesen, die sich abschotten, um sich vor allem zu schützen, was sich außerhalb davon befindet. Viele Menschen gehen davon aus, dass ein Innen und ein Außen existiert, und betrachten das Äußere als nicht zu sich gehörig oder gehen davon aus, dass es nur entfernt mit ihnen zu tun hat. So erschaffen wir *den Anderen*, der *nicht ich* ist, und verstärken das Empfinden von *ich, mir* und *mein*.

Was passiert mit dieser Sichtweise, wenn du die Erfahrung der Meditation machst?

Als ich anfing zu meditieren, wich mein Empfinden, ein getrenntes, unverbundenes, individuelles Wesen zu sein, immer mehr der Erfahrung, Teil der umfassenden Dynamik eines Netzwerks gegenseitiger Verbundenheit zu sein. Die Grenzen, an denen ich bislang festgehalten hatte, begannen sich aufzulösen, und ich spürte, wie mein Ich durchlässiger wurde. Dieses Netz, das die Buddhist*innen Indras Netz nennen, zieht keine Grenze zwischen innen und außen und dehnt sich unendlich aus. Jeder seiner Knoten ist ein Verbindungspunkt, in dem sich sämtliche anderen Knoten spiegeln und einander beeinflussen.

Schließ für einen Moment die Augen und stell dir vor, ein Knoten in diesem grenzenlosen Netz zu sein. Über diese grenzenlose, allumfassende Verbundenheit sagte mein Lehrer, Bernie Glassman, mit einem Lächeln: »Früher gab es Indras Netz. Jetzt gibt es das Internet.« Das ist prinzipiell das Gleiche. Jetzt sag mir, wo du deine Grenzen ziehst?

Lass dich nicht verwirren. Auch wenn das Leben als solches grundlegend grenzenlos ist, hebt das nicht die Notwendigkeit gesunder Grenzziehungen in unserem täglichen Austausch mit anderen Menschen und der Welt auf. Die entscheidende Frage ist: Sind deine Grenzen lebensbejahend oder schaden sie dir oder bestimmten Menschen oder Gruppen? Manche Menschen müssen erst lernen, gesunde Grenzen zu setzen, andere müssen lernen, rigide Grenzen loszulassen. Wo immer du dich in diesem Spektrum befinden magst, im Reich des Essenziellen gibt es keine Grenzen, im Reich der Beziehungen gibt es nichts als Grenzen.

Als Kai von ihrer Mutter umarmt wurde, hatte sie durch die warmherzige und vertraute Berührung und den mütterlichen Geruch das Gefühl, dass alle Menschen, mit denen ihre Mutter an diesem Abend meditiert hatte, sie umarmten. Für Kai gab es da keine Grenzen. Die ganze Gemeinschaft der Meditierenden umarmte sie. Sie spürte das grenzenlose, alles durchdringende Wesen ihrer Praxis. Kai sagte, sie wisse das einfach, aber wussten es die Meditierenden ebenfalls?

Zen-Praktizierende chanten jeden Morgen das Herz-Sutra, das wahrscheinlich berühmteste Sutra im Buddhismus, das die

Natur der Wirklichkeit erforscht. Darauf folgt eine Widmung, die so beginnt: »Hier und jetzt durchdringt die Buddhanatur das ganze existierende Universum.« Und weiter heißt es: »Wann immer diese Einladung voller Hingabe erfolgt, wird sie empfangen und auf subtile Weise beantwortet.« Wie hörst du diese Worte und welche Bedeutung haben sie für dich? Auch deine Meditation durchdringt das ganze Universum. Alle und alles empfängt sie und antwortet darauf, ob es ihnen oder dir bewusst ist oder nicht.

Wenn wir meditieren, ist die gesamte Struktur des bedingten Ich, das sogenannte *ich, mein, mir,* in Frage gestellt. Was ist dieses sogenannte *Ich*? Wo sind seine Grenzen? Daraus ergibt sich die grundlegende spirituelle Frage: *Wer bin ich?* Du musst keine psychologischen oder philosophischen Forschungen betreiben, um sie zu beantworten, obwohl du dort vielleicht als Erstes nach Antworten suchst. Die spirituelle Suche kann in jeder Richtung beginnen. Langfristig jedoch finden die grundlegenden Fragen eines spirituellen Lebens durch die eigenen unmittelbaren Erfahrungen eine Antwort.

Und im unmittelbaren Erleben gibt es keine Grenzen, nirgendwo.

Kai wurde am Abend von ihrer Mutter umarmt – dabei atmete sie die Meditation ihrer Mutter ein und atmete die Meditation ihrer Mutter aus; atmete die Meditation aller ein und atmete die Meditation aller aus; atmete das ganze Universum ein und atmete das ganze Universum aus. Auch wenn du glaubst, in irgendeiner Weise begrenzt zu sein, fließt alles durch das Gefäß, das du bist. Erlebst du das so?

Wie weit reicht deine Meditation? Zeig es mir! Wenn du nicht deine Grenzen bist, wer bist du dann? Und zugleich: Wie gesund sind deine Grenzen?

Martina:
Schreckliches Monster

Es gibt Buddhas und es gibt fühlende Wesen.
Gibt es da einen Unterschied?
Es gibt Monster und es gibt fühlende Wesen.
Gibt es da einen Unterschied?

Koan

Wer ist dieses schreckliche Monster, das mich anbrüllt?

Betrachtung

Wie wache Mütter und Väter wohl wissen, können Kinder Monster sein. Mit all seinen brillanten Trickfilmzeichner*innen und seiner technischen Zauberkraft hat Hollywood nicht annähernd solche Monster geschaffen, wie unsere eigenen Kinder sie sein können. Niemand drückt unsere Knöpfe stärker, niemand ärgert uns mehr oder bereitet uns größere Schmerzen, und niemand macht uns so verrückt wie sie.

Abbildungen von Buddha Shakyamuni zeigen ihn oft mit einem heiteren Lächeln. Von meinem jüdischen Hintergrund aus betrachtet, sind mir Menschen, die ständig lächeln, verdächtig. Der Buddha hat doch gesagt, das Leben sei Leiden. Wenn ich zwei kleine brüllende Kinder vor mir habe und beide auf den Arm wollen, kann ich mit meinen zwei Armen nur eins hochheben und trösten, während das andere dann wahrscheinlich noch lauter schreit und später viel Geld für Therapiestunden ausgeben muss.

Lächele ich? Bleibe ich gelassen?

Viele von uns möchten das Geheimnis des ewig lächelnden Buddha ergründen, um in jeder Situation und bei jedem Stress Ruhe und Gelassenheit zu bewahren. Oft spielen sich entsprechende Situationen bei uns zu Hause ab. Wenn uns dann unser Lächeln entgleist und wir aus der Fassung geraten, fühlen wir uns als buddhistische Versager*innen.

Gemäß der historischen Überlieferung wünschte Shakyamuni keine Statuen von sich, und tatsächlich entstanden in den ersten Jahrhunderten nach seinem Tod auch keine. Erst viel später fertigten Künstler*innen Buddhastatuen an und ließen sich dabei von dem Bild leiten, das sie vom Buddha hatten. Oder sie orientierten sich an Idealen, die sie und andere gern in ihm verkörpert sehen wollten – einen in jeder Situation heiter und gelassen bleibenden Menschen.

Ist das möglich? Meistens haben wir nur zwei Arme und Beine, und die reichen nicht, um uns um das gesamte Universum zu kümmern, und manchmal, wenn wir müde sind, noch nicht einmal, um auch nur ein Kind zu trösten. Scheint unser Leben beim gnadenlosen Gebrüll eines Monsters nicht manchmal aus den Fugen zu geraten?

Wir können darauf mit Ärger, Frustration und Vorwürfen reagieren, vor allem mit Selbstvorwürfen. Oder wir können diese Gefühle loslassen und zur stillen Zeugin der vielen Facetten unseres Menschseins werden – dem Gebrüll des Monsters, seiner komischen Donald-Duck-Kappe, der eigenen Müdigkeit und dem Lechzen nach Schlaf, der Sonne, die fröhlich scheint, dem kochenden Wasserkessel, all den unterschiedlichen Leben und Bedürfnissen, die hier aufeinanderprallen und sich auf scheinbar chaotische und sogar gewalttätige Weise kreuzen.

Biester können sich in Nullkommanichts in Schönheiten verwandeln und umgekehrt. Wie gehst du um mit solchen raschen Stimmungswechseln – von Zuneigung zu Ärger, zu Schmollen, zu Liebe und Küssen, zu Wut und Empörung?

Viele Meditierende haben in einem Zimmer oder einer ruhigen Ecke ihrer Wohnung einen Altar. Manchmal stehen dort eine kleine Buddhastatue, Blumen, Kerzen, Steine oder Räucherstäbchen. Wenn sie aufgeregt oder aufgebracht sind, setzen sie sich gern vor den Altar, und sei es nur für wenige Minuten, um tief durchzuatmen, Kraft zu schöpfen und neue Klarheit zu gewinnen.

Aber nicht immer ist ein Altar in der Nähe, wenn unser Leben aus den Fugen zu geraten droht – was also tun? Du kannst deine Aufmerksamkeit auf den Atem lenken, auf den Boden unter deinen Füßen, die Erde, die alles trägt und aufrichtet, auch dich und den Buddha, der sich in ein Monster verwandelt hat. Tatsächlich kann selbst das Zimmer des kleinen Monsters samt der Dinge, die dort herumliegen, zum Altar werden: der Teddybär auf dem Bett, das schmutzige T-Shirt des Buddha auf dem Fußboden, das Handy, das am Ohr des Buddha festzukleben scheint.

Und wenn du so schaust, nimmst du dann nicht wahr, wie es in dir stark und stetig zu pulsieren beginnt? Da ist niemand mehr, der zu schützen oder auf den einzugehen wäre, denn dieses Pulsieren schließt nicht nur dich, sondern auch das Monster ein sowie alles, was sonst noch im Universum existiert. Dem lauschend, kannst du entscheiden, was du tun willst. Vielleicht sprichst du freundlich und beruhigend mit dem Monster. Vielleicht kochst du ihm sein Lieblingsessen, schaust dir mit ihm zusammen seine Lieblingssendung an oder ihr geht ins Einkaufszentrum.

Vielleicht überlässt du das Monster aber auch sich selbst. Eine Schülerin erzählte mir von Zahnarztbesuchen mit ihrer Tochter. Sie regten das Kind immer schrecklich auf, und auf dem Rückweg schrie und kreischte es die ganze Zeit. Schließlich parkte die Mutter den Wagen in der Nähe eines kleinen Parks, stieg aus und setzte sich auf einen großen Stein. Sie richtete ihre Aufmerksamkeit auf den Atem, beobachtete die Vögel und spürte die Wärme der Sonne auf dem Rücken. Hatte sich der Aufruhr im Wagen dann gelegt, stieg sie wieder ein und fuhr mit ihrer Tochter nach Hause.

Wenn unsere Monster tanzen, sind wir aufgefordert, mitten in diesen schwierigen Situationen unseren Weg nach Hause zu finden. Welches Zuhause ist hier gemeint? Vielleicht unsere grundlegende Menschlichkeit. Manche Menschen sprechen von unserer Buddhanatur, andere von unserem grundlegenden Gutsein. Ob ein wütendes Kind, ein gemeiner Chef oder ein Ereignis, das uns bis auf den Grund unserer Seele erschüttert – genau das sind Anlässe, um innezuhalten und ganz präsent zu sein.

Je häufiger wir uns darin üben, desto weniger abstoßend und beängstigend wird das Monster. Unsere Grenzen und Empfindlichkeiten, die uns daran hindern, das Leben so anzunehmen, wie es ist, werden fließender, sodass wir sogar im Auge des Zyklons flexibler agieren können. Mit der Zeit wächst auf diesem Weg eine große Offenheit – nicht nur für ein brüllendes Monster, sondern auch für das Geschrei vieler Monster und sogar für die Schreie der Welt.

Wo suchst du Zuflucht, wenn das Monster in deinem Leben dich anbrüllt?

Liz' Blindheit

Ich sehe es, wenn ich es glaube.

Koan

Liz war von Geburt an blind und hatte das Gesicht ihrer Tochter nie gesehen. Eines Tages machte sie mit ihrem iPhone ein Foto von ihrer Tochter, die sehen konnte, zeigte es ihr und fragte: »Wie sieht das aus?«

Ihre Tochter erwiderte: »Mama, das sieht aus, als hätte es eine Blinde gemacht.«

Liz entgegnete: »Nein!«

Betrachtung

Es gibt viele Möglichkeiten zu sehen, nicht nur mit unseren Augen. Liz hatte einmal versucht, einem jungen Mann zu zeigen, wie er gehen konnte, ohne seine Augen zu benutzen. Er befand sich im oberen Flur ihres Hauses, den er zum ersten Mal betrat, und sie verband ihm die Augen. Schon bald machte er die Erfahrung, dass er, wenn er wirklich aufmerksam war, die Wände des Flurs ertasten konnte. Es war fast so, als ob sie nach ihm griffen, sagte er zu Liz. Als er schließlich den Flur entlangging, stieß er nirgendwo an.

Wir sind sehr stark auf unsere sechs Sinne angewiesen, um uns im Leben zu orientieren. Aus diesem Grund wird Liz oft *sehbehindert* genannt. Aber sind wir, die »Sehenden«, nicht ebenfalls behindert, wenn wir glauben, unser Erleben hänge davon ab, dass wir sehen können? Unsere Augen – wie auch unsere anderen Sinne – sind für viele Aspekte des Lebens blind. Wenn du das bezweifelst, sieh dir einmal an, wie die Ohren deines Hundes spielen, wenn er Geräusche wahrnimmt, die du nicht hören kannst. Beobachte seine Nasenlöcher, in denen sich Hunderte Millionen Geruchsrezeptoren befinden (im Gegensatz zu unseren sechs Millionen) und die vor Aufregung zittern, wenn sie Geruchsinformationen verarbeiten, die wir als Menschen gar nicht empfangen können.

Dajian Huineng, der Sechste Chinesische Patriarch, wurde erleuchtet, als er eine Zeile aus dem Diamant-Sutra hörte, in der es um den nirgends verweilenden, nicht anhaftenden Geist geht. Dieser Geist kann sich nur dann entfalten, wenn wir nicht an den Erscheinungsformen festhalten, die uns unsere Augen zeigen, nicht an den Tönen, die wir durch unsere Ohren hören, oder den Gerüchen, die uns durch unsere Nase erreichen.

Unsere Sinne verschaffen uns nicht nur Zugang zur Gesamtheit des Lebens, sondern filtern auch sämtliche Informationen, die auf uns einprasseln, um nur einen Bruchteil davon ans Gehirn zu senden. Das wiederum aktiviert, bevor wir unsere Aufmerksamkeit auf etwas richten, sein eigenes Ausleseverfahren, das nach Kriterien verfährt, die zu zahlreich sind, um sie hier alle aufzuführen.

Wie alles andere vergeht auch das, was wir sehen, hören, riechen, berühren, schmecken und denken. Ist irgendetwas davon von realer Dauer? Versuchen wir nicht unser Leben wie auch das Leben anderer Menschen auf der Grundlage dieser begrenzten Beweiskraft unserer Sinne gnadenlos zu manipulieren und zu kontrollieren?

In manchen Traditionen und Kulturen erzählen sich Menschen Geschichten von Wundern, die Männer und Frauen vollbracht haben: Sie haben die Schwerkraft überwunden, Tote zum Leben erweckt, Wasserfluten geteilt oder Geister und Engel herbeigerufen. Das Wunder im Zen heißt Loslassen, die Praxis, an nichts und niemandem festzuhalten in dem Wissen, dass das, was wir sehen, hören, riechen, berühren und schmecken in großem Maße konditioniert ist und sich ständig verändert, ohne eine eigene definitive, substanzielle Realität zu besitzen. Erst wenn wir alles etwas lockerer nehmen und an das Leben neugierig statt kritisch herangehen, tut sich Neues für uns auf.

Jacques Lusseyran erblindete als Achtjähriger nach einem Unfall vollkommen und schrieb, dass er erst von da an überall das Licht sah,[18] ein Licht, für das sehende Menschen blind waren. Er wurde im Zweiten Weltkrieg zum Anführer junger französischer Widerstandskämpfer*innen und konnte sich im von den Nazis besetzten Paris durchschlagen, indem er seinen Instinkt, seine Intuition und visionäre Kräfte einsetzte, die anderen nicht zur Verfügung standen.

Vom Erhabenen zum Weltlichen: Mein Mann war farbenblind. Wenn er aus dem Schlafzimmer kam, musste ich oft lachen über die Farbkombinationen, die er trug: braune Sporthose, grünes Hemd und einen knallrosa Pullover oder ein weinrotes T-Shirt mit khakifarbener Safarihose. Er grinste dann immer und zuckte mit den Schultern: »Passt zusammen, stimmt's?« Manchmal kehrten wir noch einmal zusammen ins Schlafzimmer zurück und suchten andere Kleidungsstücke für ihn heraus, manchmal aber auch nicht. Wie auch immer, durch seine Farbenblindheit bekam ich ein sehr viel besseres Gespür für Farbkombinationen.

Wenn du nicht sehen kannst, passt alles perfekt zusammen.

Was kannst du sehen, wenn du nicht sehen kannst? Was hörst du, wenn du nicht hören kannst? Wenn Grauer Star deine Sehkraft schwächt, bist du dann weniger ganz als zuvor?

Esther:
Ich, meine Tochter und fünf Männer

Männer, Frauen, Söhne, Töchter, Brüder, Schwestern –
Sag mir, wem gehört das Dharma?
Wenn du sagst, das wahre Selbst sei weder Mann noch Frau,
Was machst du dann in deiner Hochzeitsnacht?

Koan

Esther und ihre Tochter lebten als weibliche Wesen mit fünf Männern zusammen: Esthers Ehemann und ihren vier Söhnen. Esther fragte sich: *Wie kann ich bei fünf Männern die Stimme meiner Tochter hören?*

Betrachtung

Manche Menschen sind der Meinung, dass das Geschlecht im Zen kein Thema sei, weil es im Rahmen einer Praxis, in der wir aufgefordert sind zu erkennen, dass wir kein individuelles, getrenntes Selbst haben, eine künstlich konstruierte Zuschreibung ist. Wenn also kein eigenständiges Selbst existiert, was hat es dann auf sich mit dem, was wir als *Mann* und *Frau*, *männlich* und *weiblich* bezeichnen?

Ich bin kein einzelnes Selbst und gleichzeitig bin ich anders als andere. Wie also werde ich den individuellen Stimmen der einzelnen Familienmitglieder gerecht? Wie höre ich dem Weichherzigen und der Lauten, der Scheuen und dem Beherzten, dem Stillen und der Aufmüpfigen zu? Wie respektieren wir die unterschiedlichen Persönlichkeiten von Jungen und Mädchen, ohne in Stereotype zu verfallen oder ihnen unsere Präferenzen aufzudrängen?

Haben wir nicht alle unsere Vorlieben? Auch unsere Gesellschaft hat Vorlieben: Sie zieht die Wohlhabenden den Armen vor, die Weißen den Schwarzen, die Jungen den Alten, die Männer den Frauen. Alle diese Menschen sind in ihrer Unterschiedlichkeit gleich. Intuitiv denken wir, unsere Gleichheit sei in unserem Einssein begründet, doch tatsächlich beruht sie auf unserer Verschiedenheit in dem Sinne, dass kein einziger dieser »Unterschiede« größer, wichtiger, wertvoller ist als die anderen – außer vor dem Hintergrund unserer individuellen Vorlieben.

Ist es leicht, in unserer Gesellschaft eine Tochter großzuziehen? Ist es leicht, aus den Medien zu erfahren, dass in Asien Millionen von weiblichen Föten abgetrieben werden und Millionen von Mädchen nicht lesen und schreiben lernen, keine Ausbildung erhalten, nicht ernährt und versorgt werden, weil sie Mädchen sind? Meine Mutter konnte sich noch daran erinnern, dass in ihrer Großfamilie aus Osteuropa die Mädchen der Mutter beim Kochen halfen und dann zuschauen mussten, wie die Jungen sich als Erste an den Tisch setzten und aßen. Die Mädchen hingegen durften erst essen, wenn die Jungen fertig waren, und bekamen dann auch nur vorgesetzt, was diese übrig gelassen hatten. Jahrelang lehnte sie selbst Frauen ab, nannte sie schwach und charakterlos und zog männliche Gesellschaft vor. Sie wollte so gern zu den Starken gehören, den Lauten, die zuerst essen durften.

Wie hörst du die Stimme deiner Tochter, ohne selbst in Stereotype zu verfallen und zum Beispiel zu erwarten, dass sie sanftmütiger spricht als ihre Brüder, zögernder und angepasster? Ist sie imstande, so laut zu sein wie ihre Brüder, so wild und willensstark? Wie lange wird es dauern, bis ihr jemand – sei es zu Hause oder in der Schule, eine Nachbarin oder ein Freund – unter die Nase reibt, dieses Verhalten sei für Mädchen nicht angemessen?

Freiheit beruht darauf zu erkennen, dass jedes einzelne Lebewesen seinen Platz und seine Position hat, dass jede, jeder und alles der Eine Körper ist – Männer, Frauen, Junge, Alte, Schwarze, Weiße, Pflanzen, Tiere, fühlende und nicht fühlende Wesen. Besteht unsere Praxis nicht aus diesem Grund darin, alle Zuschreibungen loszulassen und wieder und wieder zu der Frage zurückzukehren: Wer bin ich? Die Antworten kommen sofort: Frau, Lehrerin, diejenige, die das Abendessen macht, mit dem Hund rausgeht, die Tochter, die mit ihrer Mutter telefoniert. Doch das alles verändert sich ständig, also wer bist du wirklich?

Die Praxis besteht darin, bei dieser Frage zu bleiben statt bei den Zuschreibungen.

Gehen wir nicht, sobald wir sehen können, dass sich der Eine Körper in allen verschiedenen Lebensformen gleichermaßen ausdrückt, am Wesentlichen vorbei, wenn wir eine dieser Formen den anderen vorziehen? Wenn dieser Eine Körper ausnahmslos alles einbezieht, wie kannst du dann den Wert auch nur irgendeiner seiner Formen in Frage stellen oder sie schlechtmachen?

Trotzdem hat es Jahre gedauert, die Namen der buddhistischen Nonnen und Lehrerinnen herauszufinden, die dieses kostbare Dharma seit Shakyamunis Zeiten gelehrt haben. Die Namen der Lehrer wurden von Anfang an rezitiert, doch die Namen der Lehrerinnen haben einige von uns erst kürzlich hinzugefügt. Die meisten dieser Namen sind unter dem Staub der Geschichte verschwunden und aus diesem Grund laden wir, wenn wir ihnen unsere Gebete und Gesänge widmen, *alle Ehrwürdigen Frauen* ein, *deren Namen in Vergessenheit geraten sind oder nicht genannt wurden.*

Wenn wir bewusst wahrnehmen, wie andere uns aufgrund unseres Geschlechts, unserer Hautfarbe oder Religion diskriminieren oder auf uns herabblicken, können wir angemessener damit umgehen. Beginne ich in solchen Situationen zu grollen und werde selbstgerecht, zeigt sich, dass ich an diesen negativen Zuschreibungen festhalte. Diese Haltung gibt mir eine flüchtige Antwort auf die Frage, wer ich bin, hilft mir aber nicht, im Raum des Nichtwissens in Stille zu sitzen.

Was hat deine wahre Natur mit Bezeichnungen und Zuschreibungen zu tun?

Mein Mann hatte einen schweren Schlaganfall und war anschließend halbseitig gelähmt. Selbst nach zwei Jahren Behandlung und Physiotherapie war er immer noch ziemlich behindert, was nicht gerade besser wurde, als er auch noch Krebs bekam. Manche nannten ihn einen Schlaganfallpatienten oder Schlaganfallüberlebenden, aber war er das?

Einmal wurden wir beide für einen Film über Zen und Friedenstiften interviewt. Mein Mann blickte dem Interviewer offen ins Gesicht – obwohl er in Folge seiner Krebsoperation und der Bestrahlung zwei Pflaster auf Nase und Stirn trug, von einem üblen Sturz in der Nacht zuvor eine Gesichtshälfte geschwollen und blauschwarz verfärbt war und er an der Schläfe Einstiche von einer tiefen, schmerzhaften Schnittwunde hatte, die genäht worden war. Er war an dem Tag erschöpft und müde, seine Augen schienen noch trüber zu sein als sonst, und doch begannen sie wie früher zu funkeln, als er langsam und mühsam sagte:

»Wir hatten zu Hause eine große Glasvase. Eines Tages zersprang sie in viele Stücke. Sagen Sie mir, war sie früher ganz und ist jetzt zerbrochen? Sie war ganz, als sie aus einem Teil bestand, und sie ist ganz, nachdem sie in viele Stücke zersprungen ist. Tatsächlich ist jede kleine Scherbe das Ganze.« Er dachte eine Weile nach und fuhr dann fort: »Vor zwei Jahren hatte ich einen schweren Schlaganfall. Alle, die mich vor meinem Schlaganfall kannten, hätten gesagt, ich sei ganz. Und jetzt, zwei Jahre nach dem Schlaganfall und mit meinem Krebs, würden Sie sagen, ich sei da weniger ganz?«

Ganz – und anders. Wir alle sind gleiche und unterschiedliche Manifestationen dieses einen großartigen Lebens. Wenn ich mir dessen bewusst bin, kann ich dann nicht einem Schmetterling ebenso »lauschen« wie einem menschlichen Wesen? Kann ich mich vollständig öffnen für die scharfen Stacheln des Stachelschweins, den Schleim der Schnecke, dem streng riechenden großen Haufen Pferdescheiße? Kann ich mich vollständig öffnen für Jungen wie Mädchen, Frauen wie Männer gleichermaßen und dabei jede und jeden in ihrer und seiner Einzigartigkeit und Unterschiedlichkeit respektieren?

Betrachte etwas ganz aufmerksam: einen Stift, einen Baum, eine Flasche Wasser, dein Kind. Beschreibe innerlich, was du siehst. Schaue jetzt noch einmal hin und lasse die Worte und Zuschreibungen los, die dir beim ersten Hinschauen einfielen. Sag mir: Was bleibt?

Walter:
Keine Etiketten

Ich bin der besorgte Vater.
Ich bin die intolerante Familie.
Ich bin der verstoßene Teenager.
Ich bin die, die liebt, wen ich liebe.
Sag mir, wie lauten deine wahren Namen?

Koan

Walters Teenagertochter war lesbisch. Als ihre Freundin von den eigenen Eltern vor die Tür gesetzt wurde, nahmen Walter und seine Frau sie bei sich auf, bis sie eine Verwandte von ihr ausfindig machten, bei der sie wohnen konnte. In dieser bewegten Zeit mussten sich beide Familien vielen Wahrheiten stellen, die sie selbst und ihre Töchter betrafen.

Nachdem die Freundin ihrer Tochter sicher untergebracht war, sagten Walter und seine Frau zu ihrer Tochter: »Du hast als Lesbe unsere volle Unterstützung und Liebe.«

Ihre Tochter entgegnete: »Ich brauche kein Etikett. Ich liebe, wen ich liebe.«

Da erkannte Walter, wie eng seine Sicht war.

Nenne mich, wie du willst, ich bin es nicht.

Bezeichnungen sind durchaus nützlich, stellen aber für Menschen, die weiterblicken und zur Essenz der Dinge vordringen möchten, ein Rätsel dar. Wenn wir jemand »lesbisch«, »asiatisch« oder »dick« nennen, verfestigt sich das Bild von dieser Person in unserem Denken zu einer statischen Vorstellung oder Idee von ihr und schiebt sich vor die quicklebendige Person, die vor uns steht und sich ständig verändert. Diese Denkschablonen hindern uns daran, Menschen in ihrer ganzen Tiefe und Einzigartigkeit zu sehen und zu erleben.

Das Gleiche gilt auch, wenn wir uns selbst Namen geben oder mit Etiketten versehen. Viele Jahre lang hieß ich Wendy. Als ich meinen spirituellen Namen erhielt, hieß ich fortan Egyoku. Nachdem ich viele Jahre diesen Namen getragen hatte, fragte ich mich eines Tages: »Was ist eigentlich mit Wendy passiert? Wo ist sie geblieben?« Also brachte ich Wendy und Egyoku zusammen. Ich hatte mich mit diesen Namen auf ganz unterschiedliche Weise identifiziert. Ganz gleich, für wen diese Namen stehen, Tatsache ist, ich bin *so*.

Wer bist du? Das bringt uns wieder zurück zu der grundlegenden Frage: Wer bin ich?

Walters Teenagertochter wusste, dass sie als Person mit dem Etikett, mit dem man sie versehen wollte, nicht identisch war. Sie wusste, dass die Bezeichnung »lesbisch« für einzelne Menschen wie auch gesamtgesellschaftlich ganz Unterschiedliches bedeutet, und fand sich in diesen Zuschreibungen nicht wieder. Dabei fällt mir eine Geschichte ein, die der Chan-Meister Sheng-Yen erzählte, als er ein Retreat leitete und erkannte, dass einer seiner Schüler kurz vor einem Durchbruch stand. Also fragte er ihn: »Wie heißt du?« Der Schüler erwiderte: »Ch'en.« Meister Sheng-Yen erwiderte: »Falsch. Ch'en ist dort!«, und zeigte auf das Namensschild an der Wand über seinem Kissen. Ch'en sagte: »Was mache ich denn dort?« Ch'en verlor sich in seinem Namen.[19]

Identifizierst du dich auch so stark mit deinem Namen, dass du glaubst, dieser Name zu sein? Sind andere für dich so sehr mit deinen Vorstellungen von ihnen identisch, dass du sie gar nicht in ihrer Ganzheit erfassen kannst?

Walter war überrascht, als sich seine Teenagertochter in ein anderes Mädchen verliebte, aber er unterstützte sie in ihrer Wahl. Die Familie der Freundin seiner Tochter hingegen war entschieden gegen diese Beziehung und warf die eigene Tochter aus dem Haus. Daraufhin suchte sie in Walters Familie Zuflucht. Da sie noch minderjährig war, machten Walter und seine Frau eine Verwandte ausfindig, die das Mädchen aufnahm. Als sich die Wogen dann geglättet hatten, sprachen Walter und seine Frau mit ihrer Tochter, bejahten ihre Wahl und versicherten sie ihrer uneingeschränkten Unterstützung.

»Ich brauche kein Etikett«, erwiderte die Tochter.

Sie bewies mit dieser Äußerung eine erstaunliche Weisheit: *Ich entspreche keinem Etikett. Ich bin nicht eure Idee von einer Lesbe. Ich bin nicht einmal meine eigene Vorstellung von einer Lesbe. Ich bin auch nicht eure Vorstellung von »meine Teenagertochter«, tatsächlich bin ich keine eurer Ideen von irgendetwas.*

Wie verhältst du dich, wenn du eine so eindringliche Lektion erteilt bekommst?

Walter begriff sofort, wie begrenzt seine Sicht von sich wie auch von seiner Tochter war. Seine Teenagertochter wurde für ihn zur Lehrerin. Er gelobte, seine Vorstellungen davon, wer sie war und wer nicht, beiseitezulassen, und war bereit, dem Wesen, das da vor ihm stand, offen und neu zu begegnen. Er gab zu, dass er das Bedürfnis hatte, sie zu beschützen, und gleichzeitig wurde ihm klar, dass seine tiefe Liebe für sie am besten dadurch zum Ausdruck kam, dass er alle Vorstellungen, die er von ihr hatte, fallen ließ.

»Ich liebe, wen ich liebe«, sagte sie.

Die Geschichte der Menschheit ist bis auf den heutigen Tag randvoll mit Geschichten, die von Menschen erzählen, die liebten, wen sie liebten, und dafür bestraft wurden. Menschen versuchen seit Ewigkeiten, die Liebe zu manipulieren, zu kontrollieren und diese immense Lebenskraft in berechenbare Bahnen zu lenken. Tatsächlich ist *Liebe* vielleicht das größte Etikett von allen.

Stell dir einen Menschen vor, den du kennst. Wie siehst du diese Person jenseits der Namen und Zuschreibungen, die du mit ihr verbindest? Der Sufi-Dichter Rumi hat gesagt: »Jenseits der Vorstellung von Richtig und Falsch liegt ein Ort: Dort werde ich dich treffen.« Begegne dem Menschen, den du dir vorstellst – einer Kollegin, einem Geliebten, einer Nachbarin –, jenseits von Kennen und Nichtkennen. Wo ist dieser Ort? Wen siehst du?

Sag mir, wie lauten deine wahren Namen?

Deb:
Koliken

Die Möwe weiß nicht, dass sie im Herbst gen Süden fliegt.
Der Fuchs, der ein Eichhörnchen im Schnee verfolgt, weiß nicht einmal, dass er hungrig ist.
Wie können sie so viel tun, wenn sie nicht wissen, was sie tun?

Koan

Die Schülerin hatte eine dringende Frage an die Lehrerin: »Mein Baby hat seit fünf Tagen Koliken.«

»Mein Baby hatte einmal zehn Tage lang Koliken«, sagte die Lehrerin.

»Ich weiß nicht, was ich machen soll«, klagte die Schülerin.

»Ich fand genau heraus, was ich zu machen hatte«, sagte die Lehrerin.

»Schnell«, bat die Schülerin, »sagen Sie mir, was Sie getan haben!«

»Ich habe die Meisterin gefragt«, entgegnete die Lehrerin.

Betrachtung

Wer ist die Meisterin oder der Meister?

Ist es nicht interessant, wie oft wir wollen, dass jemand die Führung übernimmt und uns sagt, was wir tun sollen? Wie oft misstrauen wir der Entwicklung unseres eigenen Lebens und haben bei Weitem mehr Vertrauen in die Erfahrungen, die andere machen? Und wenn wir uns mit unseren Fragen nicht direkt an Menschen wenden, wählen wir andere Wege: Wir befragen das I Ging, kaufen den neu erschienenen Ratgeber oder versuchen auf Grundsätze oder Kenntnisse zurückzugreifen, die uns früher gute Dienste geleistet haben (*Bis jetzt hat das doch immer geklappt!*).

Manchmal nehmen wir zum Denken Zuflucht: Ich werde darüber nachdenken. Ich werde das genauer analysieren. Ich werde es herausfinden. Doch wie Richard Rohr, der kontemplativ orientierte Katholik, gesagt hat: »Wir denken uns nicht in eine neue Lebensweise hinein. Wir leben uns in neue Denkweisen ein.«[20] Wenn wir von Augenblick zu Augenblick genau hier präsent sind, ohne vorgefertigte Ideen aus der Vergangenheit oder Erwartungen an die Zukunft, dann sagt uns diese enge Verbundenheit mit der Gegenwart, was wir tun können.

Aber wir wollen es richtig machen, stimmt's? Wir müssen nur das richtige Buch, das richtige Vorbild, die richtige Lehre oder das richtige YouTube-Video finden, um zu wissen, wie das Leben geht. Oder zumindest, wie wir mit Kindern zurechtkommen.

Zeugnis ablegen hingegen kann mit vielen Versuchen und Irrtümern verbunden sein, während wir dies und jenes probieren und unsere Bemühungen oft nicht zum gewünschten Ergebnis, sondern ganz woandershin führen. Ist das auch nur annähernd perfekt?

Natürlich ist es sehr sinnvoll, um Rat und Hilfe zu bitten, wenn wir ein Kind großziehen. Das tun Eltern seit Urzeiten. Doch ein Baby betreuen, das Koliken hat, ist eine Praxis, die uns herausfordert und lehrt, uns dem Hier und Jetzt zu stellen, ohne dass eine Lösung in Sicht ist. Die meisten Babys schreien, weil sie etwas wollen: essen, trinken, gehalten werden, einschlafen. Ein Baby, das Koliken hat, schreit ohne ersichtlichen Grund. Windeln wechseln oder Stillen hilft nicht. Die Verzweiflung des Kindes ist ganz offensichtlich und heftig, doch meistens können wir wenig tun, damit es aufhört zu weinen. Wir überlegen natürlich fieberhaft, was wir noch unternehmen könnten: Wir rufen unsere Freundinnen an, unsere Mutter, unsere Ärzte, wir lesen Bücher, wir beten – und das Baby schreit weiter.

Nichtwissen heißt nicht: *Ich weiß nicht, was ich tun soll.* Ist das *Ich* in solchen Äußerungen nicht immer noch da? Hör hin: *Aber ich sollte wissen, was zu tun ist. Ich bin keine gute Mutter. Ich bin völlig erschöpft nach fünf schlaflosen Nächten. Ich hasse mich! Ich will nur noch, dass das endlich aufhört!* Nichtwissen heißt, Antworten und Lösungen loslassen und sich bedingungslos dem Augenblick öffnen.

Das heißt, in diesem Augenblick offen zu sein für ein wimmerndes Baby, das vielleicht noch eine ganze Weile weiterwimmern wird. Was tust du, wenn es nichts zu tun gibt?

Hast du dich im Laufe deines Lebens nicht immer wieder einmal in Situationen wiedergefunden, wo du nicht mehr weiterwusstest, wo deine Anstrengungen und Bemühungen keinerlei sichtbare Erfolge brachten? Eine gute Freundin erzählte von ihren Erfahrungen als Mutter eines Sohnes mit einer psychischen Erkrankung. Sie und ihr Mann hatten verschiedene Schulen, Ärzte und Therapeutinnen ausprobiert, unendlich viele Bücher und Artikel zum Thema gelesen, mit anderen Eltern und mit Freund*innen gesprochen, kurzum alles getan, was sie tun konnten, und dabei immer wieder das Gefühl gehabt, gegen eine Wand zu laufen, weil sich nichts wirklich änderte. Das waren ebenso dunkle wie klärende Zeiten, beides, sagte sie. Sie sah, wie das Leben ungeachtet ihrer tiefsten Wünsche und größten Ängste, ihrer guten Fähigkeiten und ihres Verständnisses unfassbare Wendungen nahm. Es dauerte viele Jahre bis sie schließlich, statt Verlorenheit oder Verwirrung zu empfinden, ein gewisses Maß an Frieden und Zuversicht erlangte.

Kannst du daran denken zu atmen, während du das Baby im Arm hältst? Kannst du die Wärme des kleinen Körpers durch die Babykleidung spüren? Riechst du auch jetzt noch die süße Babyhaut? Nimmst du wahr, wie ängstlich du darauf bedacht bist, eine gute Mutter zu sein? Wie du bestimmte Augenblicke anders haben willst, als sie sind? Wie du Dinge besser machen möchtest?

Lass das alles langsam los und sei einfach vollständig offen: für das Weinen des Babys, deine eigenen nervösen Ängste und deine Erschöpfung und vielleicht auch für die tiefe Liebe und das Mitgefühl, die sich in dir regen, obwohl – oder gerade weil – du nicht weißt, was du tun sollst.

Was tust du, wenn du dich ohnmächtig fühlst? Wie fühlt sich das in deinem Körper an? Hörst du die Anschuldigungen und Vorwürfe, die du dir innerlich machst? Kannst du sie loslassen und dich vollständig öffnen?

Barbara:
Was ist das Beste?

Ich gehe fort von zu Hause
Ich schlage ihn, weil er mich beschimpft hat.
Ich bin zu dick, deswegen esse ich nichts mehr.
Ich möchte die Schule hinschmeißen und Joints rauchen.

Wenn du weißt, was du tun willst, stürzt du ab.
Wenn du dich nicht entscheiden kannst, stürzt du auch ab.
Was hilft es dir, wenn du nachts wach liegst und die Decke anstarrst?

Koan

Als Mutter musste Barbara oft Entscheidungen für ihre Kinder treffen: Wann kommen sie am besten in den Kindergarten? Welche Schule wäre für sie die richtige? Wie lange sollen sie als Teenager abends wegbleiben dürfen? Eines ihrer Kinder tanzte ständig aus der Reihe: Es wollte nicht in den Kindergarten gehen, schlug in der Schule Krawall, war zu schweigsam und so weiter. Lehrer*innen, Verwandte und Freund*innen wussten immer ganz genau, was zu tun war, Barbara und ihr Mann hingegen fühlten sich oft ratlos.

Viele Jahre lang hatte Barbara ein und dasselbe Koan: Was ist das Beste für dich, mein Kind?

Betrachtung

Wie viele schlaflose Nächte verbringst du, wenn dein Kind gegen alles rebelliert? Wie oft streitest du dich mit deinem Mann oder deiner Frau über eure Kinder? Wie viele besorgte Gespräche führst du mit Lehrerinnen und Beratern? Wie oft ermahnst du, appellierst an den gesunden Menschenverstand und winkst mit Zuckerbrot oder Peitsche, bis du schließlich erschöpft in einen Sessel sinkst, vor dich hinstarrst und dich fragst, ob es ein härteres Los gibt, als Eltern zu sein?

Sollten wir nicht etwas mehr Abstand haben? Viele Menschen denken, genau darum ginge es im Buddhismus: Dass dieser uns Wege aufzeigt, die Dinge reibungslos, ruhig und klar zu erledigen. Doch gewinnen wir Klarheit durch die Suche nach optimalen oder perfekten Lösungen oder indem wir die Illusion aufgeben, dass es solche Lösungen überhaupt gibt?

Wenn wir in den Zustand des Nichtwissens zurückkehren, sind wir aufgerufen, unsere üblichen selbstbezogenen Gedanken und Sorgen aufzugeben wie: *Bin ich überhaupt eine gute Mutter? Bin ich zu streng oder zu nachgiebig? Warum tut er einfach nicht, was ich ihm sage?*

Wir können angespannt, besorgt oder ärgerlich werden oder praktischere Lösungen finden. Wir werfen einen gründlichen Blick auf unsere üblichen Vorstellungen und Überzeugungen, wie zum Beispiel, dass die Wohnung immer sauber und aufgeräumt sein muss, wir nur gesunde Mahlzeiten auf den Tisch bringen, immer ansprechbar und perfekt sein und alles unter Kontrolle haben sollten. Wir lassen los, indem wir die Hand öffnen, die an den Idealvorstellungen vom perfekten Kind und von den perfekten Eltern festhält.

Noch weniger hilfreich sind Vergleiche: *Er ist anders als die anderen. Sie liegt weit unter dem Durchschnitt. Er beteiligt sich nicht genug. Sie hat ADHS* – und immer so weiter. Generelle Aussagen, die auf gesicherten Daten beruhen, haben vielleicht einen gewissen Wert, gehen an der Einzigartigkeit deines Kindes aber häufig völlig vorbei. *Sie ist nicht wie die anderen Kinder in unserem Kiez.* Nicht nur, dass sie nicht wie andere ist, sie ist noch nicht einmal die, die sie vor einer Minute war. Kannst du dich einfach für die Individualität deines Kindes öffnen und dich fragen, wie es aufblühen und es selbst werden kann? Wie es genau zu dem Menschen heranwachsen kann, der er oder sie ist?

Wie gut kannst du dich auf die Einzigartigkeit und die typischen Eigenschaften deines Kindes einlassen? Vielleicht musst du, damit dir das möglich ist, die Vergleiche und Ratschläge, die andere an dich herantragen, beiseitelassen. Kommen hier vielleicht deine ganz persönlichen Anliegen ins Spiel? Ein ehrgeiziger Plan oder eine Idee, die du gern verwirklicht sehen möchtest? Kannst du davon Abstand nehmen und dich fragen: Was ist in diesem Moment für mich das Beste? Solltest du eine Antwort bekommen, lässt du sie am besten erst einmal stehen, stellst dir am nächsten Tag die Frage noch einmal und öffnest dich immer wieder neuen Antworten.

Urteile, Vergleiche, Einschätzungen, Tests und Wertungen sind durchaus von Nutzen. Aber wenn sie den ganzen Raum einnehmen und das Leben auf eine statistische Formel zusammenschrumpfen lassen, verlieren wir uns und unser Kind aus den Augen wie auch das Vertrauen in uns beide. Wenn wir die Illusion lückenlosen Fachwissens und umfassender Informiertheit loslassen, ist das nicht nur eine große Erleichterung, sondern hilft uns auch, zum Nichtwissen zurückzukehren.

Setz dich fünf Minuten hin und atme. Dein Leben fordert dich heraus und geht seinen Gang, und das gilt auch für das Leben deines Kindes. Sei achtsam dafür, wie es sich entwickelt, für die Einzigartigkeit und die überraschenden Wendungen, die dieses Leben nimmt. Statt Perfektion anzuvisieren, stell dir lieber immer wieder neu die Frage: Wer bist du, mein Kind? Was ist für dich das Beste?

Was bleibt, wenn du deine Gewissheiten und deinen Perfektionsdrang loslässt? Wie fühlst du dich, wenn du dir sagst, dass du nicht weißt, was du tun sollst? Kannst du lächeln, wenn du dich das fragst?

Judith:
Wache halten

Schließlich, nach vielen Jahren,
Brach sie auf, um den Ozean zu überqueren.
Ich halte ständig Ausschau am Strand,
Auch wenn nicht viel passiert.

Koan

Es ist schon spät, warum ist sie noch nicht zu Hause? Ich versuche die Panikgedanken und die aufkommende Übelkeit wegzuschieben. Geht es um Sex? Oder Drogen? Hat sie mit dem Fahrrad einen Unfall gehabt und ist ins Krankenhaus gekommen? Ist sie entführt worden von einer Bande, die Frauen, von denen man nie wieder etwas hört, in östlichen Ländern zur Prostitution zwingt? Es ist die Hölle!

Warum ist sie noch nicht zu Hause?

Betrachtung

Es ist zwei Uhr morgens, drei Uhr, vier Uhr, fünf Uhr. Die Sonne geht langsam auf. Inzwischen ist es sechs Uhr morgens und sie ist immer noch nicht da.

Gibt es irgendetwas, was du noch unternehmen könntest? Du hast dein Möglichstes getan, um deine Kinder zu beschützen, sie gut zu ernähren, ihnen ein schönes Zuhause zu bieten und sie auf das Leben vorzubereiten. Und dann muss deine

Tochter nur eines Nachts spät nach Hause kommen, damit du begreifst, dass das alles nicht genug war, dass es nie genug sein wird. Selbst wenn die Tochter, wie in diesem Fall, erwachsen ist und als darstellende Künstlerin bis tief in die Nacht arbeiten muss, ist die alte nagende Angst noch da: *Sie ist noch nicht zu Hause.*

In solchen Zeiten, sagen die Leute, seien sie besonders dankbar für ihre Meditationspraxis, Zeiten, in denen die Welt wie ein Horrorfilm wirkt, wo hinter jedem Busch Monster lauern und die Katastrophe gleich um die Ecke auf einen wartet. Vor einigen Jahren erzählte mir eine junge Mutter, sie habe Nacht für Nacht Alpträume, die ihr vorführten, was ihrem Sohn alles passieren könnte: Sein Flieger wird mit einem anderen zusammenstoßen, er wird im Meer ertrinken oder sitzt in einem Zug, der entgleisen wird. »Man sollte nicht glauben, dass unser Sohn erst zwei Jahre alt ist«, seufzte ihr Mann.

Als du mit deinen Kindern schwanger warst, fühlte es sich so an, als hinge alles von dir ab. Ist die Nabelschnur erst einmal durchtrennt, hängt das Wohlbefinden von Babys auch von anderen Menschen und damit auch von Fremden ab. Während sie heranwachsen, eröffnet sich ihnen die Welt und nimmt sie auf, sie gehen aus dem Haus und reisen in weit entfernte Länder, und du kannst sie immer weniger beschützen, bis du sie schließlich ganz loslassen musst.

Das gilt selbst unter den besten Bedingungen. Manche Eltern verlieren ihr Kind in sehr frühen Jahren. Eine junge Frau verlor ihr Kind bei einem Autounfall, gerade als sie eine neue Stelle angetreten hatte und in einer liebevollen Partnerschaft lebte. Im Laufe der Jahre folgte sie den Spuren ihrer Tochter, suchte Orte auf, die diese besucht hatte, und fühlte sich laut eigener Aussage wie die Göttin Demeter auf der Suche nach ihrer Tochter Persephone in der Unterwelt. Doch selbst die Göttin konnte ihre Tochter nur für eine Hälfte des Jahres vor der Unterwelt bewahren, danach musste diese ins Totenreich zurückkehren.

Solche Tragödien sind schwer genug, doch wie praktizierst du, wenn die Dinge ihren natürlichen Gang nehmen und deine Wege und die deiner Kinder sich schließlich unweigerlich trennen? Kannst du an dem Abend, an dem deine Tochter nicht nach Hause kommt oder dein Sohn nicht ans Telefon geht, praktizieren? Kehre, immer wenn die Angst sich meldet – ein flaues Gefühl im Bauch, flacher Atem und Unheil verkündende Stimmen im Kopf –, zum Grundlegenden zurück und richte deine Aufmerksamkeit auf den Atem. Wenn du dich in das Ein- und Ausatmen versenkst, kommst du in Kontakt mit den natürlichen Rhythmen des Lebens und der Essenz aller Dinge, dem Raum, in dem selbst unser heftigster innerer Aufruhr aufgehoben ist. Wenn du tief atmest, erlebst du dich selbst als diesen weiten Raum, während das Leben durch dich ein- und ausatmet.

Im Herz-Sutra heißt es (über die Bodhisattvas): »Keine Hindernisse erlebend, überwinden sie die Angst, befreien sich selbst für immer von Täuschung und verwirklichen vollkommen Nirvana.« Diese Hindernisse beruhen auf unserem Festhalten. Wem fühlst du dich stärker verbunden als deinen Kindern? Ist diese Bindung nicht die Bindung überhaupt? Liebevolle Zuneigung kann auf sowohl subtile wie auch heftige Weise in Groll umschlagen und sich in Besessenheit und Angst verwandeln. Dann wird selbst die größte Liebe der Welt für die Person, die wir lieben, wie auch für uns zum Gefängnis.

Ist das eine natürliche Folge der Liebe? Wie können wir das Leben ohne Angst so erleben, wie es ist – grenzenlos und unfassbar? Angst prescht vor in die Zukunft und erfindet Bilder für das, was im nächsten Moment, in der nächsten Stunde, am nächsten Tag passieren könnte. Du kannst diese Bilder loslassen, indem du in diesen Augenblick, zu diesem Atemzug, zu diesem menschlichen Wesen genau hier und jetzt zurückkehrst.

Und manchmal ist uns das einfach nicht möglich. Wenn uns immer wieder die gleichen Alpträume überfallen, wie sehr wir uns auch bemühen, sie in Schach zu halten, kann es besser sein, sich völlig anderen Dingen zuzuwenden. Denk dir ein Ritual aus, sprich deine Wünsche laut aus, benutze deine Stimme, statt zu schweigen: *Möge mein Kind in Sicherheit sein.* Zünde Räucherstäbchen an, mache Niederwerfungen, indem du dich mit dem ganzen Körper verneigst und lang auf dem Boden ausstreckst.

Im Zen betrachten wir den Körper-Geist als Einheit. Wenn du dich körperlich bewegst, wird auch dein Denken flexibler. Ein Spaziergang im Wald verbessert die Funktion und Vernetzung deiner Gehirnzellen. Manche Menschen putzen ihr Haus vom Keller bis zum Dach, wenn sie Angst haben und sich Sorgen machen. Während sie mit Abstauben, Waschen und Wischen beschäftigt sind, klärt sich auch ihr Kopf. Oder sie gärtnern, graben den Boden um, zupfen Unkraut und konzentrieren sich ganz auf diese Tätigkeiten.

Wir können die Wege, die das Leben einschlägt, mit unserem Verstand nicht wirklich erfassen, doch wenn ich Zuflucht zu diesem Augenblick nehme, erlebe ich, dass überall eine große Intelligenz am Werk ist. Wenn wir innerlich nur die Stimmen der Angst und Verzweiflung hören, bleiben wir in einer engen, beschränkten, selbstbezogenen Sicht des Lebens befangen. Vergegenwärtigen wir uns jedoch den Atem des Universums und atmen mit ihm zusammen, öffnet sich das Fenster weit zu einem grenzenlosen Horizont.

Kannst du mit deiner Angst »sitzen«? Wenn nicht, kannst du damit joggen, die Wohnung putzen oder sie mit einem Instrument ausdrücken? Wo findest du deinen Raum zum Atmen, wenn du das Gefühl hast, dass das Universum um dich herum schnell zusammenschrumpft?

Jinen:
Daniels Zähne

Brüche sind nicht so brüchig, wie sie scheinen.

Koan

Jinens Sohn, Daniel, ist von Geburt an behindert. Eine Folge davon ist, dass sich sein körperlicher Zustand bereits in seiner Jugend verschlechtert. Weil er sich nicht die Zähne putzt, brechen sie ab und fallen aus. Jinen macht ihm Vorschläge für die Zahnpflege, aber Daniel befolgt sie nicht. Es gab in den vergangenen Jahren viele schwierige Zeiten wie diese.

Daniels Zähne fallen weiter aus. Aber sag mir, ist da jemals etwas zu Bruch gegangen?

Betrachtung

Welche Phantasien und Wünsche hegst du in Bezug auf deine Kinder? Eine gute Ausbildung, Gesundheit, Liebe, eine eigene Familie, ein eigenes Leben? Manche deiner Hoffnungen werden sich erfüllen, andere nicht. Einige Kinder bleiben nicht bei ihren Jobs, andere bleiben nicht gesund. Manche heiraten nie und bekommen keine Kinder, andere verlassen das Elternhaus nie. Manche vernachlässigen ihre Körperpflege, was dazu führt, dass ihre Zähne gelb werden und ausfallen und ihr Körper schon in jungen Jahren abbaut.

Ernest Hemingway hat geschrieben: »Die Welt zerbricht jeden, und viele sind nachher an den zerbrochenen Stellen stark.«[21] Ständig gehen Dinge zu Bruch – nicht nur Zähne, sondern auch Beziehungen, Karrieren, Familien, die Gesundheit, gemeinsame Ferien. Und zugleich gibt es da ein Versprechen: *Viele sind an den zerbrochenen Stellen stark.*

Was heißt es, ein gebrochener Mensch zu sein? Was heißt es zu zerbrechen? Haben wir nicht alle unsere Brüche – nicht nur, was die Zähne betrifft, sondern auch in unserem Denken, unserem Leben? Vielleicht sind Daniels Brüche für ihn ganz normal. Wir könnten noch weiter gehen und sagen, dass diese Brüche Daniels Schätze sind.

Ich habe schreckliche Angst vor Gewittern. Wenn der Blitz in der Nähe des Hauses einschlägt, schaut mich mein Mann prüfend und besorgt an. Sobald er meine wachsende Angst sieht, sieht er auch meine Brüche und damit die einzigartige Mischung von Eigenschaften, die er als seine Frau kennt. Die Zen-Peacemaker sagen, ihre Arbeit finde genau an diesen Bruchstellen statt, den Orten, über die wir hinwegzusehen versuchen, die wir ignorieren oder ganz meiden.

Sonnenblumen wachsen in aufgebrochener Erde, und auch wir wachsen an unseren Bruchstellen.

Dort wo unser stärkster Schmerz sitzt, müssen wir am aufmerksamsten hinschauen. Genau dort ist die Kluft zwischen dem Leben, wie es ist, und dem Leben, das wir gern hätten, am tiefsten. Das Universum entfaltet sich nach seinen eigenen karmischen Gesetzen, die unseren größten Wünschen zuwiderlaufen können. In der Unmittelbarkeit, die diese Kluft birgt, ist es, als fielen uns Schuppen von den Augen. Ideen, Pläne, Mutmaßungen und Zukunftsträume – das alles bleibt auf der Strecke und verschwindet in diesen Bruchstellen. Sobald sie mit den Bruchstellen im Leben ihres Sohnes arbeitet, zeigen sich auch Jinens Brüche, die ein reiches Feld für die Praxis sind.

Seit Hunderten von Jahren schreien chinesische und japanische Zen-Lehrer*innen ihre Schüler*innen an oder schlagen sie überraschend, um durch den Schleier aus gedanklichen Vorstellungen und Selbstbezogenheit zu dringen, der zu unseren menschlichen Maskierungen gehört. Was könnten sie damit anderes bezwecken, als zu uns durchzubrechen, damit wir uns öffnen? Mit Kindern können wir Ähnliches erleben. Und selbst wenn wir betrauern und beklagen, dass uns das Gefühl für »Normalität« verloren geht (die meistens ein Synonym für unsere Vorstellungen davon ist, wie die Dinge sein sollten), können wir die heftigen Brüche in unserem eigenen Leben wie auch im Leben unserer Lieben schätzen lernen. Sie verlangen unsere Aufmerksamkeit und Kreativität, da wir hier von einem Augenblick zum anderen improvisieren müssen.

Die Zuflucht, die wir *genau diesen Moment* nennen, ist der Ort, wo wir die Ganzheit allen Lebens erfahren, Jugend, Sonnenlicht, Frühling, Krebs, Magerkeit und keine Zähne im Mund. Hier ist auch Raum für Daniel und die tiefe Liebe seiner Mutter für ihn mit all ihrer Frustration, Empörung und Enttäuschung.

Wie wirst du Zeugnis ablegen von dieser Fülle? Nicht, indem du leugnest, dass dir das Herz bricht, sondern indem du präsent bist. Öffne dich vollständig dafür, fühl den Schmerz deines Kindes, hör dir seine dummen Ausreden an, sieh beides, sein Lächeln und seine Ablehnung. Schotte dich gegen nichts und niemanden ab. Kannst du sehen, wie die Vögel ins Vogelhäuschen fliegen, auch wenn dein Kind krank ist? Wie die Sonne scheint, hinter einer dick gebauschten Wolkenkarawane verschwindet und wieder zum Vorschein kommt? Wie Autos zu ihren Zielen eilen? Wie Menschen sich verlieben und auf Parkbänken küssen?

Wie sieht ein »normales« Leben für deine Kinder aus? Entsteht ein neues »Normal«, wenn sich das Leben ändert? Was geschieht mit dieser sogenannten Normalität?

ARBEIT

Andrea:
Nichts

Nichtstun ist die großartige Arbeit.
Etwas tun ist keine große Sache.

Koan

Andrea wollte sich in der deutschen Stadt, in der sie lebte, gern ehrenamtlich für Flüchtlinge einsetzen. Sie bekam nicht viel Unterstützung, war jedoch zutiefst davon überzeugt, dass das der richtige Ort und die richtige Zeit für sie war, um anzufangen – aber womit? Wenn sie aufmerksam lauschte, hörte sie ihr Herz sagen: *Mach was draus!*

Inzwischen unterrichtet sie in der Stadt Würzburg, wo sie lebt, Deutsch als Fremdsprache für Flüchtlinge aus der ganzen Welt.

Sie sagt, sie habe gelernt: *Da ist nichts – mach was draus!*

Betrachtung

Ist es nicht ein Unterschied, ob wir morgens aufstehen und genau wissen, was wir zu tun haben, oder der Tag völlig offen vor uns liegt: keine Termine, keine Verabredungen, keine Aufgaben? An diesem Punkt wird uns klar, wie stark wir uns mit unserem Tun identifizieren: als vielbeschäftigte Managerin, Mutter von vier Kindern, IT-Berater, Hochschullehrerin, Künstler. Viele von uns glauben, wir seien, was wir tun, stimmt's? Wie sehr wir uns auch darüber beklagen mögen, dass unser Leben so geschäftig ist, gibt genau das uns doch ein Gefühl von Stabilität und Zugehörigkeit, gibt uns eine Orientierung.

Nichtwissen ist jedoch sehr viel interessanter. Hier sind Kreativität, Zauber und unsere Potenziale angesiedelt. Wenn in unserem Kalender nur ein Termin steht, sind wir darauf oft genauso stark fixiert wie auf den einen Punkt auf einer ansonsten leeren Seite. Unsere Augen wandern automatisch zu dem Punkt und uns entgeht der größere Raum, der ihn umgibt. Dort aber, wo nichts ist, kann alles sein.

Wir sagen, der Grund dafür, dass wir etwas tun – sei es ein Buch schreiben, Flüchtlingen helfen oder ein Haus bauen –, bestehe darin, dass wir es tun wollen. Aber liegt nicht der eigentliche Grund für unser Tun in Andreas Worten: *Da ist nichts – mach was draus?* Das Nichts manifestiert sich entsprechend karmischer Bedingungen ständig als Etwas.

Xuefeng, ein Chan-Meister des 9. Jahrhunderts, hat gesagt: »Wenn du ein einzelnes Staubkorn aufwirbelst, blüht und gedeiht die ganze Nation. Wirbelst du kein einzelnes Staubkorn auf, geht die ganze Nation zugrunde.«[22] Wenn wir die Initiative ergreifen und etwas schaffen oder bauen, setzen wir eine Kettenreaktion von Ereignissen in Gang, über die wir keine Kontrolle haben. Gutes passiert, Schlechtes passiert. Wenn wir nichts tun, passieren weder diese guten noch diese schlechten Dinge, aber geht es im Leben wirklich darum?

Einige der aufregendsten Dinge in meinem Leben passierten, als ich, ohne vorher darüber nachzudenken, plötzlich ankündigte, was ich tun würde. Dieses Buch entstand, als ich im

Zendo Menschen zuhörte, die erzählten, wie bestimmte häusliche Situationen sie in den Zustand des Nichtwissens katapultierten. Ohne zu überlegen sagte ich da: »Lasst uns ein Buch zusammenstellen über Alltags-Koans.«

Bernie Glassman gründete das Greystone Mandala, um Menschen im Armengebiet von Südwest-Yonkers in New York zu unterstützen. Auf dem Höhepunkt der AIDS-Epidemie besuchte er eines Abends einen Vortrag über AIDS. Als er hörte, dass es im ganzen Stadtgebiet von Yonkers keine Unterkünfte für Menschen mit HIV gab, sagte er, ohne nachzudenken: »Greystone wird dafür sorgen.« Da der Verwaltungsrat sich weigerte, diese Aufgabe zu übernehmen, gründete er eine neue Organisation, um diese Unterkünfte zu bauen. Sieben Jahre und zehn Millionen Dollar später vermittelte Greystone die ersten Wohnungen in der Stadt an Menschen mit HIV und eröffnete eine Tagesklinik, die diesen Menschen als erste im ganzen Land alternative Therapien anbot.

Weißt du im Rückblick auf bestimmte Erfahrungen in deinem Leben nicht auch, dass du Äußerungen vertrauen kannst, die zu deiner eigenen Überraschung spontan aus dir herausgeplatzt sind wie: »Ich mache das!«? Solche Ankündigungen beruhen nicht auf Plänen oder strategischen Überlegungen, sondern scheinen aus dem Nichts und Nirgendwo zu kommen.

»Wie gern würde ich leben, wie ein Fluss fließt, getragen von der Überraschung über die eigenen Wege«, hat der Dichter und Philosoph John O'Donahue geschrieben.[23]

Überwältigt vom Leid der Welt – Rassismus, Flucht, mangelnde medizinische Versorgung, Klimawandel, Artensterben

– sagen viele Menschen, sie wüssten gar nicht, wo sie anfangen sollten. So vieles müsse getan werden, und sie wollen – wie Andrea – auch etwas tun, aber was? Gehörst du auch zu diesen Menschen? Ziehst du dich mit einem großen Flachbildschirm in deinen persönlichen Käfig zurück und fühlst dich als Versagerin, obwohl du noch gar nichts versucht hast? »Ich möchte so vieles tun, und stattdessen versacke ich«, sagte eine Schülerin.

Wenn du im Zustand des Nichtwissens beginnst, musst du nichts schon vorher wissen. Ist das nicht eine Erleichterung? Wähle irgendetwas – bedürftige Kinder, Familien, denen es an gesunder Nahrung oder angemessenem Wohnraum fehlt, politische Veränderungen –, und lass deine festen Vorstellungen von diesen Themen los. Wie sehr du dich an diese Vorstellungen klammerst, erkennst du am deutlichsten an den heftigen Emotionen wie Ärger, Groll oder Frustration, die häufig damit verbunden sind. Wenn du anfängst loszulassen, merkst du das daran, dass du innerlich ruhiger und zuversichtlicher wirst.

Geh jetzt tief in dich, schau und lausche aufmerksam. Beginnt sich etwas wie von selbst abzuzeichnen? Vielleicht eine kreative, großartige Idee. Vielleicht die Organisation und Koordination von Unterstützung für bestimmte Gruppen. Oder du möchtest noch einmal die Schulbank drücken und dir neue Fähigkeiten oder neues Wissen aneignen. Vielleicht fällt dir auch etwas Kleines, ganz Gezieltes ein, das machbar und mit anderen Aspekten deines Lebens gut vereinbar ist.

Bleib nicht in deinen Gedanken stecken. Fahr Menschen, die keinen Führerschein haben, zur Arbeit, spiel mit den Kindern in der Kita nebenan. Der tiefe Wunsch, deine Bodhisattva-Gelübde zu erfüllen, ist ein fruchtbarer Boden für solche Unternehmungen, unterschätze das nicht. Wirbele das eine Staubkorn auf. Das ist eine kreative Zeit, vergeude sie nicht mit ständigem Nachdenken und Grübeln. Tu etwas Kleines, was du direkt vor Augen hast. Bring deinen Körper-Geist in Bewegung. Dadurch entstehen die Energie und Stoßkraft, die dich antreiben, in der Welt zu handeln, statt verwirrt und untätig auf deinem Sofa sitzen zu bleiben.

Du musst vorher gar nichts wissen. Wenn du dich vollständig öffnest, erfährst du, was du tun kannst. Vertraue darauf.

Ist der Planet überfordert oder bist du es innerlich? Wenn die Antwort lautet, einer von beiden, keiner von beiden oder beide, kehre immer wieder zum Grundlegenden zurück.

Myoki:
Offenbarung

Mickey, Minnie, Popeye und Donald Duck:
Rote Shorts, weiße Handschuhe, gelbe Schuhe –
Reden sie immer das Gleiche?
Junge, Junge! Das ist auf jeden Fall toll!
Bah, super!

Koan

Myoki hielt ihrer fünften Klasse einen Vortrag. Weil es viele Tage geschneit hatte, musste sie sich beeilen, um den Lehrplan zu erfüllen. Die Schüler*innen waren darüber nicht besonders glücklich. Plötzlich sah Myoki aus den Augenwinkeln, dass ihr Schüler Steven aufrecht neben seinem Schreibpult stand. Er hatte sich ihren schwarzen Pullover geschnappt und trug ihn wie ein kurzes Kleid über die Oberschenkel gezogen. Beide Hände zusammengelegt und an die Wange geschmiegt, die Lippen schmollend vorgeschoben, gab er eine verführerische Minnie Mouse ab und starrte Myoki direkt ins Gesicht – mitten in der Klasse.

Für Myoki war dieser Anblick eine Offenbarung.

Betrachtung

Die Klasse hielt den Atem an, als mein Blick auf Steven fiel, der so posierte. Würde ich ärgerlich werden? Würde ich mit ihm schimpfen? Was würde ich tun?

Ah, eine Unterbrechung. Plötzlich, unerwartet, verwirrend – und die Aufforderung, schnell darauf zu reagieren.

Der Mensch muss Arbeiten erledigen – einen Lehrplan einhalten, ein Buch schreiben, ein Haus bauen, ein Kind zur Schule bringen, das Mittagessen kochen, den Computer aufrüsten, Blumen pflanzen – und will dabei nicht unterbrochen werden. Und doch kommt es immer wieder zu Störungen. Wie gehst du damit um?

Torlos ist das Große Dao
Tausend Wege führen dorthin.[24]

Könnte irgendetwas kein Tor zur Praxis sein? Jede deiner Handlungen, jede Situation, mit der du konfrontiert bist, ist eine Gelegenheit, dich als Ganzheit zu erfahren. Wie? Indem du dich auf die Handlungen oder Situationen, die sich ergeben, voll und ganz einlässt. Was heißt es, wenn wir etwas als Unterbrechung bezeichnen? Es impliziert, dass wir etwas Geplantes, vielleicht sogar Wichtiges tun und dabei aufgrund der Unterbrechung gestört werden. Aber auch die Unterbrechung ist ein Tor.

Vor vielen Jahren arbeitete ich in der Zen-Gemeinschaft in New York in der Greyston Bakery, wo sich im dritten Stock der Bäckerei der Meditationsraum befand. Als ich eines Samstags dort im Rahmen meines Wochenend-Retreats tief in Meditation versunken saß, spürte ich, wie sich eine Hand auf meine Schulter legte. Einer der Bäcker bat mich, nach unten zu kommen, weil es Probleme mit einer Hochzeitstorte gab, die für diesen Tag bestellt worden war. Ärgerlich über die Unterbrechung folgte ich ihm nach unten und schnappte mir auf dem Weg zu dem Raum, wo die Torten fertiggestellt wurden, ein Stück Zitronenkuchen, das die Bäcker an der Rezeption hatten liegen lassen, und schob es mir in den Mund. Der Geschmack von Zitronenjoghurt war wie ein plötzlicher Schock. Wie gebannt stand ich da, völlig verwirrt vom Geschmack eines Kuchens, den ich zwar schon viele Male gegessen, aber nie mit allen Sinnen gekostet hatte. Dabei wurde ich innerlich so weit, wie ich es zwei Stockwerke höher beim Meditieren nicht erlebt hatte.

Albert Einstein hat vor Jahren bewiesen, dass die Zeit ein künstliches Konstrukt und nicht real ist, doch das verhindert nicht, dass sich viele von uns aus Zeitgründen gestresst fühlen. Dinge müssen *rechtzeitig* passieren, das heißt dann, wenn wir es geplant haben. An den Wochenenden und in den Ferien, wenn wir entspannter sind, haben wir das Gefühl, *viel Zeit zur Verfügung zu haben*. Ist an den 300 Tagen, die das Schuljahr hat, wetterbedingt oft schulfrei, kann mein Unterricht zum *Wettrennen mit der Zeit werden*.

Andere Kulturen haben völlig andere Vorstellungen von der Zeit. Das Zeitgefühl der amerikanischen Ureinwohner ist eher kreisförmig, verbunden mit den Jahreszeiten, Tag und Nacht und den natürlichen Rhythmen des Körpers, und das alles ist im ständigen Wechsel begriffen.

Hast du jemals deine Kinder auf Trab gebracht, sie gedrängt, sich schnell anzuziehen, das Gesicht zu waschen und ins Auto zu steigen, wenn sie gerade völlig in ihr Spiel vertieft waren, sodass sie aufgebracht und wütend auf dich wurden? Hast du das Gefühl, nicht im Einklang mit den natürlichen, organischen Rhythmen des Lebens zu leben? Fühlst du dich nicht verbunden mit der Welt der Natur mit ihren sonnigen Tagen und dunklen Nächten, mit den verschiedenen Lebensphasen wie Jugend und Alter? Mit Hilfe der Zeitumstellung versuchen wir sogar die Jahreszeiten zu manipulieren.

Vielleicht erinnert das Leben uns durch Unterbrechungen daran, dass die Dinge *zeitlos* sind, dass ständig Veränderungen passieren, die nicht *zeitgerecht* sind und nichts mit unseren Vorstellungen von Zeit, Fortschritt, dem Erreichen von Zielen und dem Einhalten von Abgabeterminen zu tun haben.

Wie mechanisch verläuft dein Leben? Weißt du, was dein Körper in diesem Augenblick braucht? Etwas zu essen, Ruhe, ein Spiel? Isst du, weil du hungrig bist oder weil es Zeit für das Mittagessen ist? Schläfst du, weil du müde bist oder weil es Zeit ist, schlafen zu gehen? Berücksichtigt deine Praxis die Bedürfnisse und Rhythmen deines Körpers im Zusammenspiel mit allen anderen Abläufen im Universum? Oder besteht sie darin, dass du auf deinem Smartphone nachschaust, wie spät es ist, und alles und alle meidest, die nicht auf dem Programm stehen und die nicht *zeitsparend* sind?

Und dann steht Minnie Mouse in deiner Klasse auf und bittet um deine Aufmerksamkeit.

Machst du einfach weiter und tust so, als würdest du sie

nicht sehen? Schickst du Minnie zur Direktorin? Sagst du ihr, sie solle sich setzen, damit du mit deinem Unterricht fortfahren kannst? Oder ist Minnie ein Tor zum Nichtwissen? Wenn du dich dafür öffnest, passiert vielleicht etwas Spontanes, vielleicht lachst du einfach los.

Was würdest du tun, wenn Minnie Mouse plötzlich vor dir stünde?

Jimmie:
Frühstück

»Haben Sie gewählt?«

»Ich nehme die Spiegeleier mit der erleuchteten Seite nach oben, ganzheitlichen Toast, bedingungslosen Orangensaft, in Abhängigkeit entstandene Kartoffelröstis und Nicht-Kaffee.«

»Das macht bitte 7,49 Dollar.«

Koan

Ein Obdachloser fragt seinen Freund: »Glaubst du, dass wir es jemals schaffen, hier wieder rauszukommen?«

Sein Freund antwortet: »Frühstück gibt's heute in der Ersten Kirche.«

Betrachtung

Viele von uns haben Straßen-Retreats gemacht, haben eine Zeitlang ohne Geld und nur mit den Kleidern, die wir auf dem Leib trugen, auf der Straße gelebt. Wir haben uns nicht als Obdachlose ausgegeben, sondern wollten einfach eine Zeitlang das Leben auf der Straße erforschen. Dabei begegneten uns überall Obdachlose, die uns praktische Tipps gaben: Wo ist die nächste Suppenküche? Wo gibt es das beste Frühstück? Wo bekomme ich ein paar Extraschuhe? Wo kann ich übernachten, ohne von der Polizei verjagt zu werden?

Wieder zu Hause fühlten wir uns völlig überwältigt von

den Nachrichten und den ganzen Technologien, von der Angst vor Gewalt und Krieg. *Glaubst du, dass wir es jemals schaffen, hier wieder rauszukommen?* Wir versuchen, uns über die Ereignisse rund um den Globus auf dem Laufenden zu halten, verlieren aber aus dem Blick, was sich direkt vor unseren Augen abspielt. *Frühstück gibt es heute in der Ersten Kirche.*

Leben heißt nicht, sich Sorgen machen über das Leben. Leben heißt leben. Wenn wir die jüngste Erdbebenkatastrophe im Fernsehen anschauen, schauen wir fern, das heißt, wir tun nicht den kleinsten konkreten Schritt, um den Verletzten zu helfen. Die Diskussion mit Freund*innen bei einem Glas Wein über all das, was in unserem Land schiefläuft, heißt, wir trinken und reden und stoßen damit keinerlei Veränderungen an.

Frühstück gibt es heute in der Ersten Kirche. Achte auf dich und tu etwas. Wenn wir uns in Ablenkungen verlieren, uns flammende politische Reden in den Medien anhören oder uns eine diffuse Niedergeschlagenheit und Schuldgefühle befallen, hilft das niemandem.

Wie hören wir auf, in abstrakten Begriffen zu denken? Manchmal ist selbst unsere Hilfe für andere abstrakt. Vor vielen Jahren fuhren mein Mann und ich durch die Straßen von San Francisco. Als wir bei Rot an einer Ampel hielten, sah ich einen Mann, der uns einen Pappbecher hinhielt und um Geld bettelte, also kurbelte ich mein Fenster herunter und gab ihm eine Dollarnote. Er bedankte sich, und ich fragte ihn, wie er heiße. Da riss er die Augen auf. »Madame«, sagte er, »ich stehe schon lange an dieser Ecke, aber Sie sind der erste Mensch, der mich nach meinem Namen fragt.«

Frag einen Bettler auf der Straße, wie er heißt, und er wird zu Bob oder John oder Spencer. Bleib lange genug bei ihm stehen, und er ist nicht nur einfach Bob oder John oder Spencer, sondern ein einzigartiges menschliches Wesen mit einer einzigartigen Lebensgeschichte.

Die Obdachlosen, die psychisch Kranken, die Armen, die Flüchtlinge – ein Teil der Arbeit unseres Gehirns besteht darin, Dinge zu benennen und einzuordnen. Aber macht nicht der Artikel »die« aus menschlichen Wesen Objekte wie »die« Tische oder »die« Stühle?

Wie der alte Buddha schon sagte: »Das Bild von einem Reiskuchen stillt den Hunger nicht.«[25] Gehen wir nicht am Leben vorbei, wenn wir uns in Abstraktionen verlieren und im Kopf bleiben, statt Zeugnis abzulegen? Hungernde Kinder, ertrinkende Eisbären, Pandemien, der Handel mit Prostituierten – all diese Aspekte der Realität, zu Schlagzeilen aufbereitet, die uns die Medien zuposaunen, bewirken, dass wir die Welt als einen einzigen Ort des Schreckens empfinden. Was ist real und was eine Fahrt im Vergnügungspark?

Der israelische Autor David Grossman sagte, als er über seinen Sohn sprach, der im Krieg umgekommen ist: »Wir sind verdammt dazu, mit der Realität durch eine offene Wunde in Berührung zu kommen.«[26] Gilt das nicht auf irgendeine Weise für jede und jeden von uns? Die Versuchung besteht darin, Dinge auszublenden, so zu tun, als gäbe es sie nicht, Wege zu finden, um sich abzuschotten. Wenn wir bereit sind, uns im sozialen Miteinander offenen Wunden zu stellen, ohne uns in Illusionen oder Abstraktionen zu flüchten, entdecken wir dort Bewegung und Leben oder, wie Grossman gesagt hat: »Schmerz birgt auch Atem, Schöpfung, Gutestun.«

Die Obdachlosen sind nicht die Obdachlosen. Manche sind von Natur aus Führungskräfte und Unternehmer, errichten Unterkünfte für Obdachlose, besorgen Nahrungsmittel und weitere Hilfen für ihre Freund*innen. Manche geben dir das Hemd, das sie auf dem Leib tragen, und manche stehlen deine Schuhe, wenn du sie vor dem Schlafen ausziehst. Sind sie nicht alle so verschieden wie du und ich? Selbst das, was ihnen gemeinsam ist – kein Zuhause zu haben –, sieht von Person zu Person je nach den individuellen Lebensumständen anders aus.

Zen heißt Holz hacken und Wasser holen, und das bedeutet den nächsten Schritt tun und damit das, was unmittelbar ansteht. Der Buddha ist berühmt für seine praktischen Lehrreden, die immer darauf abzielten, das Leiden der Menschen, die ihn aufsuchten, zu lindern. Als die Brahmanen versuchten, ihn in theoretische theologische Fragen zu verwickeln, schwieg er, weil er das Gefühl hatte, dass solche Fragestellungen von den unmittelbaren Bedürfnissen und Sorgen der Menschen ablenkten.

Als die Krise um die syrischen Flüchtlinge, die nach Europa strömten, sich zuspitzte, schlug Papst Franziskus vor, jede europäische Kirche und Pfarrei solle eine Familie aufnehmen, ein bescheidener und relativ praktikabler Vorschlag. »Diese Menschen sind keine Zahlen«, sagte er.

Verlier dich nicht in Aufrechnereien, lass dich nicht lähmen vom eigenen abstrakten Denken. Kümmere dich um eine Familie. Unterstütze ein einziges menschliches Wesen.

Weißt du den Namen auch nur einer einzigen obdachlosen Person in deiner Gegend? Den Namen des Menschen, der ein Schild hält, mit dem er um Geld bittet? Kannst du ihm sagen, wie er zur nächsten Unterkunft für Obdachlose gelangt? Kannst du ihn dorthin bringen?

Louise sammelt Eier

Eine Henne gluckst, ein Ei ist gelegt –
Warm, von ovaler Form und gedeckter Farbe.
Welche Liebesworte murmelt eine Frau
Beim Einsammeln dieses kostbaren Eis?

Koan

Louise spricht liebevoll mit ihren Hühnern, wenn sie deren Eier sammelt. Eines Tages bemerkte sie, dass der Handwerker, der die Fenster ihres Hauses reparierte, ihr zusah und sich Tränen aus den Augen wischte.

Etwas befangen, weil er sie dabei beobachtet hatte, wie sie mit ihren Hühnern sprach, bot sie ihm einen Kaffee an und dann, ein wenig zögernd, die Eier. Er nickte zustimmend und wischte sich wieder die Augen.

Als sie in ihre Küche ging, um für den Mann das Getränk und einen Eierkarton zu holen, fand sie dort ihren Sohn vor, der sich ebenfalls Tränen abwischte.

Sie fragte ihren Sohn: »Warum weinst du?«

Er erwiderte: »Ich hörte den Handwerker sagen, dass ihn die Art und Weise, wie du beim Einsammeln der Eier mit den Hühnern sprichst, an seine Mutter erinnere, die kürzlich erst gestorben ist. Und während wir beide beobachteten, wie du beim Eiersammeln mit den Hühnern sprichst, sind er und ich Brüder geworden.«

Louise war tief berührt.

Betrachtung

Die Person dort drüben – ist sie unser Bruder? Oder unsere Schwester?

Ein traditionelles Koan bittet uns, als älterer oder jüngerer Bruder oder als ältere oder jüngere Schwester in Erscheinung zu treten. Hier haben wir einen kleinen Jungen, der einen Fremden zu seinem Bruder erklärt, weil sie beide beobachtet haben, wie ihre Mütter beim Einsammeln der Eier liebevoll mit den Hühnern sprechen.

Was heißt es, wenn wir jemand unseren Bruder oder unsere Schwester nennen?

Viele Indigene sagen, wir seien alle miteinander verwandt. Für sie sind alle Menschen ihre Verwandten. In unserer westlichen Kultur herrschen oft Isolation und Vereinzelung vor. Die Redewendung »Alle meine Verwandten« hingegen besagt, dass wir uns nicht als einzelne Individuen begreifen, sondern grundlegend mit anderen Lebewesen verbunden fühlen. Mein Lehrer Taizan Maezumi Roshi hätte gesagt: »Alle Wesen alle zusammen.« Was, wenn wir uns in unserem Leben so orientieren würden, dass wir alle Menschen einbezögen und uns ihnen verbunden fühlten? Wenn wir das Gefühl hätten, alle Menschen wären unsere Brüder oder Schwestern oder, wie die tibetischen Buddhist*innen sagen, alle wären unsere Mütter gewesen?

Wir sind alle miteinander verwandt – diese Worte beziehen den ganzen Kosmos, die Erde, die Pflanzen und alle weiteren Geschöpfe und damit auch alle menschlichen Wesen ein. Der

Buddha selbst hat bei seinem Erwachen erklärt: »Ich, die große Erde, alle Wesen erwachen alle zusammen!«[27] Wir alle sind Ausdruck ein und derselben Lebenskraft, ein und derselben Substanz, die in unterschiedlichen Formen, Gestalten, Farben und Strukturen erscheint. Alles ist eins; eins ist alles. Wir könnten gar nicht existieren ohne diese Lebenskraft oder die Gestalten, in denen sie sich manifestiert – seien es Hühner, Eier, andere Menschen oder sogar die Toten.

Was passiert, wenn wir von dieser grundlegenden Verbundenheit aller Lebewesen ausgehen?

Im Leben von Hühnern gibt es diesen wunderbar magischen Moment von Ruf-und-Antwort. Henne und Küken müssen zur selben Zeit an der Eierschale picken, damit sie aufbricht und das Küken schlüpfen kann. Pickt das Küken, ohne dass die Henne antwortet, oder die Mutterhenne pickt, obwohl das Küken noch nicht reif ist, zu schlüpfen, stirbt es. Zen-Meister Dogen Zenji schrieb: »Wie zauberhaft die Farbe der Pfirsichblüten auch sein mag, sie blühen nicht aus sich heraus; sie öffnen sich mit Hilfe milder Frühlingslüfte.«[28]

Auch unser Leben ist ein ständiges Rufen nach anderen, damit diese sich zeigen, und Rufen nach uns, damit wir hervorkommen. Die Erfüllung unserer grundlegenden Bedürfnisse – die Nahrung, die wir zu uns nehmen, die Kleidung, die wir tragen, die Wohnungen und Häuser, in denen wir leben – beruht auf den Anstrengungen anderer. Wenn mein Lehrer zu uns sagte: »Mein Leben geschieht nur aufgrund eurer Leben«, war mir das anfangs unangenehm, bis ich erkannte, dass es tatsächlich stimmt. Auch mein Leben beruht auf deinem und unzähligen weiteren Leben, die ich nicht kenne. Selbst wenn wir diese Menschen nicht sehen, sind nicht auch sie unsere Verwandten?

Kannst du sehen, wie weit dein Leben reicht? Einmal sprach mein Lehrer über die Lieder, die wir vor den Mahlzeiten anstimmten. Als er sang: »Buddha wurde in Kapilavastu geboren«, begann er zu weinen. Das war genau einer dieser Augenblicke von spürbarer Verbundenheit über alle Zeiten, alle Räume und alle Wesen hinweg.

Als Louise beim Eiersammeln mit ihren Hühnern sprach, weckte sie die Erinnerungen des Handwerkers an seine verstorbene Mutter und damit das Gefühl von Verbundenheit, die ihr Sohn zu diesem Fremden empfand, den er daraufhin seinen Bruder nannte. Das ganze Universum ist ein einziger endloser Strom von Ruf und Antwort zwischen lauter Verwandten.

Wer pickt an deiner Eierschale, damit du hervorkommst? Wer ruft nach deiner Freundlichkeit, Zärtlichkeit und Schönheit? Sag mir: Ist diese Person dein Bruder? Oder deine Schwester?

Was ruft dich unerwartet und wie antwortest du darauf? Was rufst du in anderen Menschen wach? Gibt es irgendjemanden, den du nicht zu »allen meinen Verwandten« zählen würdest?

James:
Gekochtes Grünzeug

Kochendes Wasser spaltet Molekülverbindungen,
Wandelt Grünkohl, Orangen und sogar Enten um.
Sag mir, hat sich hier wirklich etwas verändert?
Wenn nicht, warum schreien dann alle so?

Koan

Als James Chefkoch für ein Retreat war, erzählte er dem Lehrer, er habe den Grünkohl in der kochenden Suppe im Topf schreien hören.

Der Lehrer sagte: »Darüber solltest du dich mit Seppo unterhalten«. Seppo war vor zwölfhundert Jahren Chefkoch in einem chinesischen Kloster.

»Aber Seppo ist lange tot«, entgegnete James.

»Kannst du ihn nicht schreien hören?«, fragte der Lehrer.

Betrachtung

Seppo war im 9. Jahrhundert Chefkoch in Tokusans Kloster in China und wurde schließlich Abt eines eigenen großen Tempels. Es gibt viele Geschichten über ihn, seinen Gefährten Ganto und ihre gemeinsamen Pilgerreisen zu verschiedenen Tempeln, wo sie, wie auch untereinander, mit anderen Lehrern scharfe Debatten führten, um zu einem tieferen Verständnis des Lebens und der Praxis durchzudringen.

Was wird man sich in tausend Jahren über die Essgewohnheiten von Zen-Meditierenden im 21. Jahrhundert erzählen? Dass unabhängig von den Jahreszeiten alle möglichen Früchte und Gemüse auf ihren Tisch kamen? Dass die meisten Menschen Äpfel prüften, bevor sie sie kauften, sie drückten oder achtlos wegschoben? Andere sich hingegen nicht die Mühe machten, einen Laden aufzusuchen, sondern einfach ihren Computer aufklappten, sich biologisch angebaute Rosen aus Guatemala und auf Hawaii gewachsene Ananas auf den Bildschirm luden und beides eine Stunde später von einer Drohne geliefert bekamen? Dass manche Menschen überhaupt nicht kochten? Dass viele verhungerten, während Unmengen an Lebensmitteln weggeworfen wurden?

Unser Leben im Westen vermittelt uns gelegentlich das Gefühl, dass wir uns hier in Sicherheit wiegen können, was sich manchmal als eine gewisse Selbstgefälligkeit äußert. Doch Leben und Tod sind überall, in jedem Tun, auch beim simplen Kochen einer Suppe. Ein Chan-Meister hat gesagt: *Wenn ich auch nur einen Faden meines Gewands in der Hand halte, halte ich tatsächlich das ganze Gewand.*[29] Tut sich dir, wenn du Salat schnippelst, nicht die ganze Welt auf? Schau dir die rote Zwiebel an, die du schneidest, oder ein einzelnes Spinatblatt. Denk an die Mühen der vielen Arbeiter*innen, die dazu beigetragen haben, dass es in deiner Küche gelandet ist; die Sonne, den Regen und die Erde; das Leben und Sterben der lebendigen Pflanze, der du dieses Gemüse verdankst.

Oder vertiefe dich in das Schneiden der Zwiebel. Schau dir an, wie ihre äußere rote Schale beim Schälen immer dunklere und dann dünnere und hellere Schichten offenbart. Kannst du beim Zwiebelschneiden so präsent sein, dass die Zwiebel keine Zwiebel mehr ist und du nicht mehr du bist?

Naturvölker wussten schon immer, dass die Suche, der Anbau, die Jagd und die Zubereitung von Nahrungsmitteln den ganzen Lebenszyklus von Anfang bis Ende darstellen. Wir mit unseren blitzeblanken Supermärkten mit ihren in Plastik verpackten Waren, unseren Mikrowellen und Küchenmaschinen denken schnell, wir könnten zu den rohen Grundlagen des Lebens und seinen essenziellen Zyklen auf Abstand gehen.

Sind wir so furchtlos und entschlossen, dass wir im kochenden Hexenkessel sitzen können? Wer ist der Koch? Wer schreit und weint? Wenn wir tatsächlich alles sind, ist dann nicht auch jede und jeder von uns Zutat für die Mahlzeit, die auf dem Herd brutzelt?

Zähle alle Zutaten auf, die du verwendest, während du mit anderen zusammen das Mahl deines Lebens zubereitest. Gibt es auch nur eine, die du nicht selbst bist?

Hier eine, wenn auch unvollständige Liste aller Zutaten, die in den Suppentopf wandern:

Bohnen, Gewürze, Pfanne, Köchin, Schürze, Serviette, Gast, Schlachter, Kuh, Sonne, Regen, Pestizide, Bauer, Traktor, Vögel, Wolken, Würmer, Salz, Mineralien, Traktor, Topflappen, Löffel, Zunge, Schüssel, Messer, Tomaten, Düngemittel, Tisch, Stuhl, Tischtuch, Zwiebeln, Oliven, Öl, Bäume, Feuer, Wasserpumpe, Brunnen, Quelle, Wissenschaftlerin, Messer, Mixer,

Erde
und
so
weiter
und
so
fort.

In dem Lied, das wir vor den Mahlzeiten singen, heißt es: »Dieses Essen wird in alles eingehen.« Was passiert mit dem, was du isst? Wie geht es ein in alles?

Daishin:
Das Haus verlassen

Schaurige Hexen, dunkle Wälder, heulende Wölfe –
Ich habe dich davor gewarnt, das Haus zu verlassen!
Wenn du nicht weißt, wo du hingehst,
Landest du möglicherweise woanders.

Koan

Wenn sich ein Patient in Richtung Selbstzerstörung bewegt, verlässt Daishin, Psychotherapeut und Schüler des Weges, ebenfalls das Haus. Wie kommt es, dass er selbst dann, wenn er einem gestörten Menschen folgt, nie vom Weg abkommt?

Betrachtung

Wenn ein Mensch Zen-Mönch oder -Nonne wird, heißt es, dass sie oder er das Haus verlässt. Dieses Koan ist eine Aufforderung an Therapeuten oder Lehrerinnen, die anderen auf den Spuren von Verzweiflung und Schmerz folgen, ebenfalls etwas hinter sich zu lassen.

Müssen wir nicht tatsächlich alle etwas hinter uns lassen, wenn wir uns mit einem anderen Menschen zusammen auf Reisen begeben? Was lassen Eltern hinter sich, wenn sie ihre Kinder auf der Reise ins Erwachsenwerden und noch darüber hinaus begleiten? Was lassen Ärztinnen, Krankenpfleger und Therapeutinnen hinter sich, die ihren Patient*innen bei einer schweren Krankheit und möglicherweise sogar beim Sterben zur Seite stehen? Was lassen Zen-Lehrer*innen hinter sich, wenn sie zusammen mit ihren Schüler*innen viele Jahre den Übungsweg gehen?

Ich denke, was wir hinter uns lassen, ist die Vorstellung, dass wir aufgrund unserer größeren Erfahrung, Ausbildung und Schulung Erkenntnisse, Antworten und klare Lösungen parat haben für Menschen, die leiden und nicht weiterwissen.

»Aber diese Menschen wenden sich doch an mich, weil sie eine Lösung und einen Ausweg suchen«, sagte eine Therapeutin. »Sie suchen mich wegen meiner fachlichen Kompetenz auf.«

Fachwissen ist gut und nützlich, und das gilt auch für eine Gesprächstherapie und Medikamente. Aber die Erste Edle Weisheit des Buddha lautet, dass das Leben Leiden ist, weil wir ständig Dinge ersehnen und festhalten wollen, die sich kontinuierlich verändern und niemals gleich bleiben, das heißt nicht bleiben, wie wir sie gern hätten. Die Liebe kommt, die Liebe geht, Arbeit kommt und geht und schließlich auch das Leben. Davor kann ein Therapeut seine Patientin ebenso wenig bewahren wie sich selbst.

Vor vielen Jahren nahm sich ein Mitglied unserer Zen-Gemeinschaft das Leben. Wir hatten ihn aufgenommen mit der Bedingung, dass er seine Medikamente einnahm, was er aber nicht tat; vielmehr setzte er seinem Leben schließlich ein Ende. Ein Psychiater, der seit vielen Jahren Zen praktiziert, sagte zu mir: »Ich habe im Laufe der Jahre mit vielen Patient*innen gearbeitet, die von Selbsttötung geredet haben. Die meisten haben sich nicht umgebracht, einige aber schon. Wenn du mit solchen Menschen arbeitest, lebst du Tag für Tag in dieser Ungewissheit.«

Wir können unseren Patient*innen nichts garantieren. Das ist sehr schwer zu akzeptieren. Können wir uns vollständig öffnen nicht nur für die Worte und das Verhaltens unserer Patient*innen, sondern auch für unsere eigenen Reaktionen: die drückende Faust im Magen, der trockene Mund, die Erschöpfung und Frustration? Auch wenn es nicht um Selbstzerstörung geht, haben wir manchmal das Gefühl, Menschen an einen Ort zu folgen, wo es keine Ordnung, keine Regeln, keine Beständigkeit oder Kontrolle gibt. Wie fühlt sich das an? Bist du auch mit dir selbst in Kontakt oder gehst du nur auf den Patienten ein?

Was passiert, wenn du nach Hause kommst und deine Frau und deine Kinder deine Aufmerksamkeit brauchen? Schreist du sie an, sie sollen dich in Ruhe lassen, und hockst dich vor den Fernseher? Hast du das Gefühl, einen Schluck Alkohol zu brauchen?

Versuche, dich zwischen den Sitzungen mit deinen Patient*innen innerlich leer zu machen und die Geschichte der einen Reise loszulassen, während du dich auf die nächste vorbereitest. Kannst du zu dem Ort der Stille finden, der keine Heilung braucht, wo nichts verbessert oder verändert werden muss? Du musst das Licht der Einfühlung nicht ausschalten, sowie der Patient aus der Tür ist. Du kannst es innerlich weiter scheinen lassen und deine Aufmerksamkeit auf die Quelle lenken. Wo ist dieser Ort der Stille? Im Innern des Therapeuten? Im Innern der Patientin?

Zeugnis ablegen von den erschütternden Erfahrungen eines Patienten, indem wir diese ganz zulassen und großzügig einen Raum zur Verfügung stellen, in dem alles Ausdruck finden darf, ist ein großes Geschenk. Doch sag mir, wer legt hier Zeugnis ab?

Guishan fragte Daowu: »Woher kommst du?«
Daowu sagte: »Ich komme von der Versorgung der Kranken.«
Guishan sagt: »Wie viele Menschen waren krank?«
Daowu sagte: »Es gab die Kranken und die Nichtkranken«.
Guishan sagte: »Bist der eine Nichtkranke nicht du, Asket Zhi?«
Daowu sagte: »Krank sein oder nicht krank sein hat mit ihm überhaupt nichts zu tun.«[30]

Wer ist krank und wer ist nicht krank? Und wer ist *ihm*? Selbst in äußerst belastenden Situationen sind die Grenzen zwischen Gesundheit und Krankheit, Patient*innen und Ärzt*innen durchlässig. Wie stark bist du mit der Rolle der Gesunden identifiziert, die glaubt, die richtigen Antworten zu haben? Manche von uns sind sichtbar traumatisiert, andere haben kaum Narben. Aber sind wir nicht alle durch die Wechselfälle des Lebens verletzbar, ganz zu schweigen von unserem menschlichen Erbe von Krankheit, Alter und Tod? Gerade noch bin ich die Therapeutin, die den traumatischen Erlebnissen ihres Patienten zuhört, und könnte doch auf meinem Heimweg heute Abend schon in einen schweren Unfall verwickelt werden, bei dem ich eine Gehirnverletzung erleide, wodurch ich mich nicht mehr allein bewegen und versorgen kann. Solche Dinge können blitzschnell passieren. Auf welcher Seite des Schreibtischs sitze ich dann?

Es ist nicht so, dass *ich*, die Therapeutin, *dir*, dem Patienten, helfe oder dich gar rette. In diesem Augenblick habe ich möglicherweise die fachliche Erfahrung, die du suchst – doch wie ist es später oder unter anderen Umständen?

Ich habe einmal ein Straßen-Retreat zusammen mit einem Mann gemacht, der fast sein Leben lang mit psychisch kranken Menschen gearbeitet hatte. Er sagte, er würde gern alle seine Kolleg*innen – Therapeutinnen und Sozialarbeiter – auf die Straße holen, damit sie die Menschen erleben und kennenlernen, die sie als »die Anderen« behandelten. Die Menschen, denen er in seiner Praxis Medikamente verschrieb und die er beriet, wurden auf der Straße seine Lehrer*innen, die wussten, wo er eine warme Mahlzeit und ein Bett finden und wie er am besten auf sich aufpassen konnte.

Unser Leben ist beides, Krankheit und Heilung. Je nach den Umständen schlägt das Pendel mal in die eine, mal in die andere Richtung aus. Wenn wir das begreifen, um wessen Reise geht es dann? Wie nahe kommen wir anderen? Vor wem haben wir Angst? Und was bleibt, wenn Diagnosen und Rezepte nicht weiterhelfen?

Du bist der Sozialarbeiter, die Lehrerin, die Ärztin, der Therapeut. Sag mir, was musst du hinter dir lassen?

Daikan:
Namen

Der-der-nicht-genannt-werden-soll
Hat sehr wohl einen Namen.
Sprich ihn aus!

Koan

Daikan besuchte das wöchentliche Meeting einer Agentur für soziale Dienste, wo das Team besprach, wie sie die Menschen bezeichnen sollten, die ihre Dienste in Anspruch nahmen. Einige schlugen vor, sie Klient*innen zu nennen, andere wollten lieber von Programmteilnehmer*innen sprechen. Wieder andere verstanden nicht, warum sie nicht wie in weiten Kreisen üblich Patient*innen hießen. Die Leiterin des Programms fragte die Anwesenden schließlich: »Wie würdet ihr denn genannt werden wollen, wenn ihr unsere Dienste in Anspruch nehmen würdet?«

Betrachtung

Die meisten Menschen nennen mich Eve. In den neunziger Jahren wurde ich meistens Myonen genannt. Das ist der Dharma-Name, den ich bei einer Zeremonie zur Übermittlung der Gelübde empfing. Meine Eltern nannten mich Chavale, eine liebevolle Abwandlung von Chava, dem hebräischen Namen, den ich bei meiner Geburt bekam.

Vielleicht denkst du, das seien drei verschiedene Namen für ein und dieselbe Person, aber handelt es sich wirklich immer um dieselbe Person? Eve heiße ich als Erwachsene für meine Freund*innen. Bei Chavale kommt mir nicht nur die Familie in den Sinn, sondern auch osteuropäische Schtetl, das Trauma des Holocaust und eine Erziehung im Geiste der jüdischen Religion. Bei Myonen fallen mir die Zen-Schulung und Japan ein sowie die Gemeinschaft mit anderen Zen-Schüler*innen. Mit den verschiedenen Namen, bei denen andere mich nennen, wechsele ich auch zwischen verschiedenen Welten hin und her. Dabei ändert sich nicht nur mein Verhalten, sondern auch meine Sprache. Ich bin das, was durch diese Namen in mir angesprochen wird.

Mein Lehrer hatte haufenweise Namen, benutzte aber am liebsten den Namen *Bernie*, weil der auf seine jüdisch-kommunistischen Wurzeln verwies. Wenn man Bernie zu ihm sagte, ließen sein Verhalten, sein Sprachduktus und sein Slang an Booklyn in New York denken, wo er aufgewachsen war. Und wenn jemand ihn Boobysattva und damit bei dem Namen nannte, den er sich selbst bei der Gründung des *Order of Disorder*, eines Ordens für Clowns, gegeben hatte, fing er an, sich ziemlich verrückt aufzuführen.

Wie möchtest du genannt werden?

Was beinhaltet ein Name? Die Familiengeschichte, die Erwartungen der Eltern, das Flüstern eines Geliebten. Weißt du noch, wie wichtig Spitznamen in der Schule waren? Denk jetzt an Anreden wie *Frau* im Gegensatz zu *Fräulein* oder *Ehefrau* und Zuschreibungen wie *Patientin* im Gegensatz zu *Klientin* und *psychisch Gestörte* im Vergleich zu *geistig Behinderte*. Warum lösen diese Bezeichnungen so heftige Gefühle und Kontroversen aus? Tatsächlich werden Menschen aufgrund der Namen, die man ihnen gibt, tagtäglich zusammengeschlagen und umgebracht: *Weißer! Nigger! Jude! Araber! Schwuchtel! Verlierer! Treuloser! Hexe! Schlampe! Kommunistin! Kapitalist! Terrorist!*

Erfassen Namen, wer wir wirklich sind? Können Worte das Leben insgesamt erfassen? Selbst der treffendste Name der Welt ist nur ein Fingerzeig und nicht das Ding oder Lebewesen an sich. Wie können wir uns erinnern, dass das Wort *Mond* nicht der Mond ist? Dass das Wort *Schokolade* nicht diese köstliche dunkle Masse herbeizaubert? Und was ist mit dem Wort *Liebe*?

Manche von uns suchen Zuflucht in der Stille. Da gibt es keinerlei Verwirrung, stimmt's? *Ich will nicht reden, will nicht zuhören müssen, ich will einfach nur Stille.* Doch auch die Stille kann Dinge verbergen und uns in die Irre führen, wie alles, womit wir versuchen, dem Leben zu entfliehen. Zen-Meditation ist ein stummes und doch aktives Sicheinlassen auf alles, was sich entfaltet. Sie ist keine Einladung, sich in Peter Pans Nimmerland zurückzuziehen.

Vor vielen Jahren saß ich einmal mit meinem Lehrer zusammen, um den Stundenplan für ein Tages-Retreat zu besprechen, das morgens um 6 Uhr beginnen und abends um 21 Uhr enden sollte. Er plante für den Tag drei Zeremonien sowie drei ritualisierte Mahlzeiten, einen Vortrag und ein paar Stunden Haus- und Gartenarbeit ein. Da die meisten Teilnehmer*innen neu waren, sollte es auch eine Einführung in die Meditation geben, und außerdem musste das Servieren und Abräumen bei den Mahlzeiten und der Ablauf der Zeremonien eingeübt werden.

»Wann sitzen wir denn überhaupt?«, witzelte ich.

Er wurde ärgerlich. »Wir brauchen drei Mahlzeiten, der Mensch muss ja essen. Dafür müssen wir kochen und servieren sowie aufräumen und putzen. Es gibt drei Zeremonien, deren Ablauf wir einüben müssen. Und da das Retreat hier in diesem Haus stattfindet, müssen wir uns auch um das Haus kümmern. Ein Schweige-Retreat heißt nicht, dass wir nicht tun, was ansteht.«

Worte sind keine Flucht; Stille ist keine Flucht. Worte und Namen sind wichtig, aber denk bitte daran, dass ein Mensch sich immer wieder ändert, sein Name hingegen nicht. Aus diesem Grund ändern Menschen möglicherweise ihren Namen. Wir äußern uns ständig, selbst wenn wir nur im Bett liegen. Ein Fremder würde viel von uns erfahren, wenn er nur beobachtete, wie wir eine Tasse Tee trinken. Wie trinken wir denn eine Tasse Tee? Wie spreche ich mit meiner Ärztin oder mit meinem Kind? Bei welchem Namen rufe ich es?

Was passiert, wenn du den Namen eines Menschen vergisst? Wie beziehst du dich jenseits von Worten und Buchstaben auf die Welt? Ist Stille alles, was bleibt?

Inzan:
Die rote Ampel

Grün-Gelb-Rot-Gelb-Grün-Rot-Rot-Rot-Gelb
Langsam-gehen-Stopp-langsam-gehen-Stopp-Stopp-Stopp-langsam-
Warte mal kurz, das ist einfach zu viel!
Wie kannst du da von mir erwarten, dass ich irgendwo ankomme?

Koan

Was ist Buddha?
Ein rotes Licht.

Betrachtung

Wir haben es eilig und die Ampel schaltet auf Rot. Wir können wütend werden und vor uns hin fluchen, dabei auf die Ampel starren und, sowie sie Grün zeigt, sofort durchstarten. Oder wir können eine Pause machen. Tief durchatmen. Unseren Körper auf dem Sitz spüren, vielleicht den Gurt lockern, damit er uns nicht in die Schulter schneidet. Oder wir betrachten unsere Umgebung und erinnern uns daran, dass das Leben nicht nur darin besteht, pünktlich ein Ziel zu erreichen.

»Bei Grün fahre ich einfach los«, sagte ein junger Fahrer. »Bei Rot wird mir klar, dass das Leben andere Pläne hat.«

Welcher Aufruhr in mir entsteht, wenn ich schnell irgendwo hin muss und die Ampel auf Rot schaltet! Vor lauter Ärger geht mein Atem schnell und flach, meine Lippen sind missbilligend zu einem dünnen Strich zusammengepresst, meine Schultern verspannen sich, mein ganzer Körper zieht sich zusammen, vielleicht schimpfe ich vor mich hin. Das Universum bedroht mich und ich gehe in Kampfstellung.

Was ist das für ein uralter Instinkt, unsere Umgebung, unser Leben kontrollieren zu wollen? Kannst du dir den Groll bewusst machen, den du empfindest, wenn du das Gefühl hast, dass das Leben *dich* durch eine computergesteuerte Ampel gängelt? Das klingt komisch, bis uns klar wird, wie verletzend Menschen mit sich und anderen im Verkehr – auf verstopften Autobahnen und bei blinkenden Lichtern – umgehen. Manchmal richten sich unsere Aggressionen gegen andere Motorisierte, die Polizei oder Fußgänger, aber wir richten sie auch gegen uns. Wenn du das bezweifelst, schau dir einfach einmal dein Gesicht im Rückspiegel an, wenn du das nächste Mal vor einer roten Ampel halten musst, obwohl dir das gerade überhaupt nicht passt.

Eine Schülerin sagte, sie stelle auf der vierzigminütigen Fahrt zu ihrer Arbeit niemals das Radio an. Zuhause hat sie eine Familie und in der Hochschule erwarten sie die Student*innen. »Die Zeit, in der ich zur Arbeit fahre, gehört nur mir«, sagte sie. »Wenn ich Auto fahre, fahre ich einfach Auto. Wenn vor mir jemand aus der Schlange ausschert, trete ich auf die Bremse. Wenn der Verkehr langsamer wird, werde ich auch langsamer. Das ist völlig simpel, es gibt nie Komplikationen. Das Leben sagt mir, was ich zu tun habe, und ich tue es einfach.«

Machst du die Dinge gern komplizierter, als sie sind?

Ein altes Koan erzählt von Chan-Meister Deshan, der zunächst Gelehrter und Übersetzer und später Abt eines großen Klosters war. Nachdem er viele Jahre lang gelehrt hat und alt geworden ist, tritt er eines Tages mit seinen Essensschalen aus dem Haus. Ein Schüler, der ihn sieht, schimpft mit ihm: »Wisst Ihr nicht, dass die Essensglocke noch nicht geläutet und die Trommel noch nicht geschlagen wurde?« Bei diesen Worten dreht der alte Lehrer einfach um und kehrt in sein Zimmer zurück. Er fängt keinen Streit an, er erinnert den Schüler nicht daran, wer der Chef ist, er verteidigt sich nicht mit dem Hinweis auf sein hohes Alter. Er macht die Dinge nicht komplizierter.[31]

Wir essen, wenn die Glocke läutet. Wir fahren los, wenn die Ampel auf Grün schaltet, und wir halten an, wenn sie Rot zeigt.

Wenn unser Handeln mit den Dingen, wie sie sind, übereinstimmt, folgt dann alles Weitere nicht wie von selbst? Es gibt nicht nur die Sorge, pünktlich zur Arbeit zu kommen, sondern auch den herbstlichen Himmel, die Frau in einer rosaroten Jacke, die einen Kinderwagen über die Straße schiebt, den Lastwagen, der Heizöl liefert, den Mann, der die Fensterläden seines Geschäfts öffnet, den Wagen, der, nachdem er gestern gewartet wurde, heute zufrieden dahinschnurrt. Ich klammere mich nicht an Ziele und Bestimmungsorte.

Bienen tragen Pollen und Nektar zu ihren Jungen, um sie damit zu füttern. Sie fliegen von Blüte zu Blüte, ähnlich wie wir von einem Ort zum anderen fahren. Doch tragen sie bei ihrem

Flug auch Pollen von einer Blume zur anderen und bestäuben auf diese Weise Pflanzen. Sie machen ihr Ding und zugleich sind sie Teil eines hoch intelligenten und komplexen Lebenszyklus. Menschen machen sich auf den Weg, um ihre Kinder abzuholen, zur Arbeit zu kommen oder den Großeinkauf für die Familie zu erledigen. Das Leben findet nicht nur um uns herum, sondern auch durch uns statt.

Auf der Website des Green River Zen Center finden wir den *Regulären Tagesablauf* und *Sonderveranstaltungen*. Auch im Leben haben wir unseren regulären Tagesablauf: Frühstück, zur Arbeit gehen, Mittagessen, Arzttermine, die Kinder von der Schule abholen und so weiter. Und dann gibt es die »Sonderveranstaltungen« in Form besonderer Ereignissen: ein Autounfall, eine schwere Krankheit, eine Promotion, eine Geburt, ein Todesfall.

Letzten Endes gibt es nur den Zeitplan des Lebens. Machst du dieses Retreat nicht schon immer? Manchmal müssen wir vorwärtsgehen, manchmal nach rechts oder links abbiegen, manchmal nehmen wir die Autobahn, manchmal die Landstraße, die durch eine schöne Gegend führt, und manchmal heißt es anhalten. Die Geschwindigkeit ist immer richtig. Die Ampel irrt sich nie.

Atme tief durch, wenn die Ampel auf Rot springt. Entspanne dein Gesicht, alle deine Gesichtszüge. Gibt es einen besseren Augenblick als diesen?

Darla Jean legt Handtücher zusammen

Hack Holz. Hol Wasser.
Mach den Abwasch. Wisch den Boden.
Putz die Toiletten. Leg die Wäsche zusammen.
Wie lebt ein erleuchteter Mensch seine Tage?

Koan

Als Darla Jean zwölf Jahre alt war, brachte ihre Mutter ihr bei, die frisch gewaschenen Handtücher zusammenzulegen. Dabei fragte ihre Mutter sie: »Darla Jean, hast du dir schon einmal Gedanken darüber gemacht, was du machen willst, wenn du erwachsen bist?«

Darla Jean sagte: »Ich werde alle Frauen glücklich machen.«

Die Mutter bog sich vor Lachen.

Viele Jahre später sagte Darla Jeans Lehrer: »Jenseits von Glück oder Unglück gibt es einen Schatz. Wie willst du ihn nutzen?«

Betrachtung

Wie die meisten Kinder bekam Darla Jean die Stimmungen und Gefühle ihrer Mutter genau mit. Als sie zehn Jahre alt war, hatte der Vater sie beide verlassen. Darla Jean hatte sich bei der Scheidung große Sorgen um ihre Mutter gemacht, weil diese oft traurig war und den ganzen Tag lang in der Fabrik schuftete, nach Hause kam, für sie beide das Abendbrot zubereitete und dann noch die Wäsche erledigte. Darla Jean wollte, dass ihre Mutter glücklich war.

Handtücher zusammenlegen ist eine simple Hausarbeit, die vorgibt, wie das Leben zu leben ist. Es ist befriedigend und tröstlich, Handtücher nach dem Waschen zusammenzulegen, finde ich. Gehörst du zu den Menschen, die Hausarbeit nicht gern machen oder jemand anstellen, der sie ihnen abnimmt? Sollte das der Fall sein, möchte ich dir vorschlagen, eine dieser Arbeiten für dich zu reservieren und dich ganz darauf einzulassen, das heißt, beim Abwaschen, Zusammenlegen von Handtüchern oder Wischen des Bodens nicht auf Abstand zu gehen.

Wenn mein Lehrer, Bernie Glassman, uns die Grundsätze für ein gutes, gesundes Leben lehrte, nutzte er als Vergleich immer das Trinken aus einem Glas. »Du trinkst Wasser aus dem Glas, das Glas wird schmutzig, also wäschst du es ab«, pflegte er zu sagen. Mit anderen Worten, Dinge schmutzig machen gehört zum Leben ebenso dazu, wie sie zu säubern, um sie wieder benutzen zu können. Auch Handtücher unterliegen diesem Kreislauf: Du benutzt sie, die Handtücher werden schmutzig, du wäschst sie, legst sie zusammen und packst sie weg, um sie dann wieder zu benutzen. Der Akt des Zusammenlegens von Handtüchern ist Teil eines vertrauten Zyklus in unserem Alltagsleben, und diese Vertrautheit verstärkt sich noch, wenn wir diese Arbeit zusammen mit einem anderen Menschen verrichten. Das gilt auch für Darla Jean und ihre Mutter, die eines Abends nach einem langen Arbeitstag mit ihrer Tochter Handtücher zusammenlegte. Wenn wir einfache

Arbeiten wie diese gemeinsam mit einem anderen Menschen erledigen, ergeben sich oft vertrauliche Gespräche, die uns ein Gefühl von Geborgenheit im alltäglichen Leben vermitteln.

An diesem Abend fragte die Mutter Darla Jean: »Darla Jean, hast du dir schon einmal Gedanken darüber gemacht, was du machen willst, wenn du erwachsen bist?« Darla Jeans überraschende Antwort lautete: »Ich will alle Frauen glücklich machen.« Ihre Mutter bog sich vor Lachen. Vielleicht denken wir, diese Antwort sei für ein Kind, das in schwierigen Verhältnissen aufwächst, verständlich und liebenswert, doch für Darla Jean wurde sie zum Gelübde für das ganze Leben. Aus diesem verletzlichen Moment voller Zärtlichkeit hervorgegangen, beruhte dieser Schwur auf der tiefen Resonanz, die das Kind zu allen leidenden Frauen empfand.

Aber was hat es überhaupt auf sich mit diesem Glück? Eines Tages besuchte ein Schüler aus der Schweiz meinen Lehrer und fragte: »Maezumi Roshi, wie kommt es, dass keiner Ihrer Schülerinnen und Schüler glücklich aussieht?« Der Roshi war ziemlich verblüfft über diese Frage. Als er mir von diesem Gespräch erzählte, sagte er: »Ich selbst denke nie darüber nach, ob ich glücklich oder unglücklich bin. Egyoku, selbst wenn keiner von euch glücklich ist, möchte ich zumindest, dass einige von euch glücklich *aussehen*!« Daraufhin bogen sich der Roshi und ich vor Lachen. Sag mir also, wie ist das mit einem Menschen, der jenseits all dessen lebt, was uns glücklich macht? Sieht dieser Mensch glücklich aus?

Als er hörte, wie Darla Jean und ihre Mutter früher Handtücher zusammengelegt hatten, fragte Darla Jeans Lehrer:

»Jenseits von Glück oder Unglück gibt es einen Schatz. Wie willst du ihn nutzen?« Tauch ein in die Arbeit, die in diesem Augenblick zu erledigen ist! Lass alle Gedanken beiseite, wenn du Handtücher zusammenlegst. Lass den Geist leer werden, während du dich in diese Tätigkeit vertiefst – den flauschigen Stoff, die verblassten Farben, deine Hände, die Falten glatt streichen. Lass dich einnehmen davon. Eine kleine Hausarbeit wie diese ist keinesfalls klein.

Wie gehst du auf dem Pfad, der jenseits von sauber und schmutzig verläuft? Hausarbeit ist ein spirituelles Tor: Wie durchschreitest du es?

Roland:
Rückschritt

»Jetzt, hier, siehst du, musst du so schnell rennen, wie du kannst, um am selben Ort zu bleiben.«[32]

Koan

Als Roland alle seine Examina für den Arztberuf bestanden hatte, wurde er traurig und sogar depressiv. »Es gab jetzt kein Ziel mehr zu erreichen, ich fühlte mich nutzlos. Ich hatte keinerlei Antrieb zu irgendetwas.«

Als er viele Jahre später Meditation und eine homöopathische Behandlung kombinierte, sagte er: »Ein Schritt zurück ist ein Schritt nach vorn; ein Schritt nach vorn ist ein Schritt zurück.«

Betrachtung

Wir sind so zielorientiert, dass uns das Leben oft wie ein Pfeil vorkommt, der durch die Luft schwirrt, um ins Schwarze zu treffen. Solange wir auf Kurs sind, bewegen wir uns voran, doch sowie wir beiseitetreten, und sei es nur, um eine Pause zu machen, fühlt es sich an, als blieben wir zurück.

Ein altes Koan handelt genau davon. Chao-Chou fragte einst Nanquan Puyuan: »Was ist das Dao?« Nanquan antwortete: »Der gewöhnliche Geist.« »Sollen wir uns dann darauf ausrichten oder nicht?«, fragte Chao-Chou. »Wenn du versuchst, dich darauf auszurichten, bewegst du dich weg davon«, antwortete Nanquan. Chao-Chou gab nicht auf: »Wenn wir es nicht versuchen, wie können wir dann wissen, dass es das Dao ist?«[33]

Ist das für uns nicht ganz selbstverständlich? Wenn wir es nicht versuchen, wie können wir dann wissen, dass es das wirklich ist? Wenn wir es uns nicht zum Ziel machen und dann unser Bestes geben, um es zu erreichen, wie sollen wir dann irgendwohin gelangen?

Im Zen versuchen wir nicht, irgendwohin zu gelangen. Bei unserer Praxis geht es darum, Lücken zu schließen, die Lücke zwischen dir und deinem Selbst, zwischen dir und mir, zwischen Ziel und Praxis, zwischen Rennen und Zielgerade. »Das Dao hat nichts zu tun mit Wissen oder Nichtwissen«, belehrt Nanquan Chao-Chou. Es eignet sich nicht für unsere alltäglichen Berechnungen, wo das + das + das = das ist. Wenn du dich auf jeden einzelnen Schritt voll und ganz einlässt, findest du den Schatz genau dort. Tatsächlich musst du dich überhaupt nirgendwohin bewegen, du kannst den Schatz unter deinen bloßen Füßen finden, genau dort, wo du stehst.

Hunderte von Blumen im Frühling, der Mond im Herbst,
Eine kühle Brise im Sommer und Schnee im Winter;
Wenn dein Geist keine nutzlose Wolke kennt,
Ist die Jahreszeit gut für dich.

Wenn du dich weder an Dinge noch an Ziele oder Errungenschaften klammerst, ist jeder Tag ein guter Tag. Alles schön und gut, magst du sagen, trotzdem brauchen wir im Leben Ziele. Ziele und Prioritäten helfen uns, unseren Tag zu planen, doch wenn wir erst einmal angefangen haben, uns einer Aufgabe zu widmen, können wir die innere Uhr beiseitelassen, unseren Ehrgeiz und das innere Geplapper aufgeben und uns dem Fluss überlassen. Am wichtigsten ist, dass wir die inneren Stimmen loslassen, die unser Bewusstsein bevölkern, uns antreiben, warnen, beschwören, gut in Form zu bleiben, hart zu arbeiten und im Leben voranzukommen.

Wir identifizieren uns nicht nur mit unseren Zielen, sondern auch mit unseren Tätigkeiten. Viele von uns schalten sofort nach dem Aufstehen morgens in den Arbeitsmodus. Gehörst du auch zu den Menschen, die Urlaubszeiten eher besorgt entgegensehen, weil dir vielleicht Zeit verloren geht oder du das versäumte Arbeitspensum nicht nachholen kannst? Unbeantwortete Anrufe und Mails könnten sich anhäufen, sodass du ins Hintertreffen gerätst und etwas verpasst.

Wie können wir etwas verpassen, wenn von Augenblick zu Augenblick nichts fehlt?

»Arbeit ist ein Segen, Schufterei ist das Elend des Menschen«, schreibt Abraham Heschel, ein jüdischer Philosoph des 20. Jahrhunderts, in seinem Buch über den Sabbat.[34] Wie viele Menschen nehmen sich heutzutage die Zeit, einmal einen ganzen Tag lang keine Mails zu checken? Sich eine Pause gönnen fühlt sich an, als würden wir dadurch ins Hintertreffen geraten.

Im Zen sind wir achtsam für den Körper-Geist. Der Geist als solcher ist voll von Gedanken und manischem Geflüster, doch wenn ich den Körper-Geist zu Rate ziehe, kann er mich aufrufen, zu arbeiten, mir eine Auszeit zu nehmen, ein Schläfchen zu machen, spazieren zu gehen, ein Buch zur Hand zu nehmen oder mit dem Hund zu spielen. Wofür du dich auch entscheidest, tu es dann wirklich. Erlebst du, was du tust, oder denkst du bereits an die nächsten Schritte? Weißt du immer, wo deine Füße und Hände sind? Ein Lehrer oder eine Lehrerin kann beim Präsenzunterricht aus der Körpersprache der Schüler*innen ablesen, ob sie innerlich vorpreschen und ihr Geist sie antreibt oder ob sie zentriert und wach sind. Lass dich nicht hetzen.

Wie Nanquan zu Chao-Chou sagte: »Das Dao ist der gewöhnliche Geist.« Der gewöhnliche Geist ist der Weg. Es gibt nichts zu verbessern, nichts zu erkämpfen, nichts zu erreichen. Was in dir glaubt das nicht? Welcher hungrige Geist in dir gibt dir das Gefühl, erfolgreicher, engagierter und entschlossener sein zu müssen? Und vor allem drängt er dich, noch härter zu arbeiten. Du kannst diesen hungrigen Geist nicht ignorieren oder ausblenden, er verschwindet nicht einfach. Auch wenn du versuchst, ihn zu füttern, indem du noch mehr Überstunden machst, wird er hungrig bleiben und dir weiter einreden, dass deinem Leben etwas fehlt. Halte inne und lausche aufmerksam. Fehlt wirklich etwas? Wende dich der Frage freundlich zu. Wende dich dem hungrigen Geist freundlich zu. Lade ihn in das Mandala deiner Praxis ein und lass dich im Augenblick nieder. Die Praxis verlangt Disziplin und ein verbindliches Einlassen, aber nicht, weil etwas fehlt oder verkehrt ist. Es gibt nichts zu verbessern.

Roland sagt heute: »Ich bin zu Hause, weil ich beschlossen habe, am Freitagnachmittag nicht mehr zu arbeiten. Der Rückschritt besteht darin, dass ich weniger erreiche und weniger Geld verdiene, aber ein Fortschritt ist, dass ich mehr Zeit habe für mich und andere Menschen und Dinge im Leben. Dieser Rückschritt ist also ein Fortschritt!«

Was betrachtest du in deinem Leben als Fortschritt? Was als Rückschritt? Hast du durch Ersteren etwas verloren und durch Letzteren etwas gewonnen? Wenn ein Fortschritt ein Rückschritt ist, wo landest du dann?

Patricia:
McTenzo findet seinen Platz

Kochen ist eine gefährliche Arbeit.
Du kannst Salz mit Zucker verwechseln,
Ahornsirup mit Sojasauce.
Aber die Chefköchin macht sich keine Sorgen,
Ihre Zutaten haben immer nur den einen Geschmack.

Koan

Als Patricia eines Morgens den Kühlschrank öffnete, sah sie mit Erstaunen den Meister darin sitzen.

»Was machen Sie denn da drinnen?«, fragte sie.

»Was machst du denn da draußen?«, fragte er zurück.

Betrachtung

Ich verbringe die meiste Zeit des Tages zu Hause am Schreibtisch vor dem Computer. Oft schaue ich aus dem Fenster auf die Straße voller Autos, Menschen und Tiere und stelle mir vor, dass sich das Leben eher da draußen abspielt als hier drinnen, wo ich mich befinde. Aber ob ich nun drinnen oder draußen bin, meistens habe ich das Gefühl, dass sich zwischen mir und der Welt ein Bildschirm befindet, so als würde ich dem Leben zuschauen, das sich draußen vor meinem Fenster abspielt, während ich hier drinnen sitze und viele Meinungen im Kopf dazu habe.

Wenn Menschen das Gefühl haben, sich zu stark auf äußere Dinge auszurichten, nehmen sie sich gerne eine Auszeit, um sich nach innen zu wenden. Aber gibt es überhaupt ein Innen und Außen? Innen und Außen von was?

Das torlose Tor ist eine berühmte Sammlung von Zen-Koans, die als Tore für die Praxis gelten. Wenn wir eines dieser Koans zu ergründen versuchen, wird als Erstes klar, dass es überhaupt keine Grenzen, keine verschlossenen Tore gibt. Koans, die sich uns im häuslichen Umfeld stellen, sind ebenfalls Tore für die Praxis; tatsächlich ist jede Situation ein Tor. Wenn wir nicht festhalten an unseren Ideen und Vorstellungen davon, wie die Dinge sind oder sein sollten, können wir es problemlos durchschreiten. Stattdessen jedoch richten wir uns oft in unserer eigenen Begrenztheit ein.

Ich schaue aus dem Fenster und sehe die Welt; doch erwidert die Welt nicht auch meinen Blick und schaut mich ebenfalls an? Wer schaut hinein und wer schaut hinaus? Gibt es etwas, das uns trennt? »Buddhanatur durchdringt das ganze Universum, existiert hier und jetzt …«, rezitieren wir. Keine Einschränkungen oder Grenzen, nirgendwo.

Vielleicht denken wir, das innere Leben bestehe aus Meditation, Besinnung und Gebet und das äußere aus all den anderen Dingen, die wir im Laufe eines Tages tun. Doch in seinen berühmten Anleitungen zur Meditation schrieb Eihei Dogen, Meditation habe überhaupt nichts mit Sitzen oder Liegen zu tun: »Sie ist einfach das Dharma-Tor zu innerem Frieden und Glückseligkeit, die Praxis-Verwirklichung des totalen Gipfels der Erleuchtung.«[35]

Was ist das für eine Praxis, die inneren Frieden und Glückseligkeit verspricht? Können wir sämtliche Aspekte unseres Tages – unsere Kinder versorgen, die Wohnung putzen, an Meetings teilnehmen, Abrechnungen machen, einen Artikel schreiben – als »totalen Gipfel der Erleuchtung« leben?

Wir tun so vieles, ohne darüber nachzudenken. Wenn du dich anziehst, achtest du dann bewusst auf die Einzelheiten? Und fragst du dich, wo das Hemd, die Hose, die Socken und Schuhe hingehören? Wahrscheinlich ziehst du dich an, ohne auch nur einen Gedanken darauf zu verschwenden, eine Pause zu machen oder durcheinanderzugeraten.

Muss oder kann *ich* diesen Zustand herstellen, oder stellen sich dieser innere Friede und die Glückseligkeit nicht eher von selbst ein? Wenn der Zweck in der Tätigkeit aufgeht, wenn Zweck und Tätigkeit nahtlos ineinanderübergehen, sprechen wir von »Praxis-Verwirklichung«. Hier gelten keinerlei Kriterien oder Messlatten, wir tun einfach, was zu tun ist.

Wir könnten sagen, wir entspannen uns in ein absichtsloses, zielloses Leben hinein. Natürlich gibt es im Leben praktische Notwendigkeiten, aber unser Leben ist sich so, wie es sich von Tag zu Tag entfaltet, selbst Zweck genug. Wir erlauben uns, ohne alle Selbstzweifel einfach zu sein und zu tun.

Praxis *ist* Verwirklichung, Praxis *ist* Erleuchtung. Es gibt keine andere Erleuchtung.

Wie lebst du dein Leben in diesem Augenblick? Mehr innen- oder mehr außenorientiert?

Ryudo:
Gestern und heute

Verhalte dich nicht vorhersehbar.[36]

Koan

Bei seiner Arbeit in der Herzklinik hörte Ryudo folgendes Gespräch mit an.

»Schwester, haben Sie Mariah heute Morgen ihre Medikamente gegeben?«

»Ja, Doktor. Warum fragen Sie?«

»Gestern war sie ruhig und gefasst, aber heute ist sie völlig durcheinander.«

Betrachtung

»Guten Morgen«, sage ich zu einem Kollegen und bekomme ein herzliches Lächeln zur Antwort.

»Guten Morgen«, sage ich am nächsten Morgen wieder und erwarte die gleiche Reaktion. Aber diesmal lächelt mein Kollege nicht und ich frage mich besorgt: *Geht es ihm gut? Ist irgendetwas passiert? Habe ich etwas falsch gemacht?* Eine leise Angst kriecht in mir hoch, eine leichte Anspannung, und ich gehe etwas auf Distanz.

Wenn etwas gestern gut ging, warum dann nicht auch heute? Wenn die Patientin gestern in einem guten Zustand war, sollte es ihr dann nicht auch heute gutgehen? Doch Wechsel und Wandel gibt es überall, selbst bei wissenschaftlichen Experimenten, die streng überwacht und kontrolliert werden. Tatsächlich wissen Wissenschaftler*innen heute, dass der bloße Akt des Beobachtens und Messens von Daten die Ergebnisse verändern kann.

Wir möchten, dass die Dinge immer gleich und vorhersehbar bleiben. Die geringste Abweichung oder Störung bei unserer täglichen Routine – kein heißes Wasser bei der morgendlichen Dusche, der Hund pinkelt im Flur auf den Boden, der Wagen gibt seltsame Geräusche von sich, als du losfährst – kann den ganzen Tag über den Haufen werfen. Du beginnst dich nach jemandem oder etwas umzusehen, woran du dich klammern kannst, und betest darum, er oder es möge gleich bleiben und sich nie verändern: dein Ehemann, deine Ehefrau, dein Kind, deine Freundin, deine Gesundheit.

Das alles wird sich verändern.

Unser Widerstand gegen Veränderungen, hat der Buddha gesagt, ist der größte ausschlaggebende Faktor für unser Leid. Nimm dir einen Moment Zeit, darüber nachzusinnen. Wie fühlst du dich, wenn deine Kinder alle erwachsen werden und sich bereit machen, das Haus zu verlassen, es in deinem Berufsleben zu plötzlichen Umbrüchen kommt oder dein Lebenspartner sich plötzlich ganz anders verhält als sonst? Wehren wir uns nicht alle mit Händen und Füßen gegen eine überraschende Wendung der Dinge?

Kurz vor seinem 77. Geburtstag erlitt mein Mann einen Schlaganfall. Er war sein Leben lang gesund und kräftig gewesen. Der heftige Schlaganfall lähmte seine gesamte rechte

Körperhälfte sowie das Sprachzentrum und andere Gehirnfunktionen. Monatelang war völlig unklar und überhaupt nicht absehbar, wie es mit ihm weitergehen würde. Es gab eine ganze Reihe von Dingen zu tun, und heftige, immer wieder wechselnde Emotionen kamen hoch. »Ich frage mich, wie unser neues normales Leben aussehen könnte«, erzählte ich anderen Menschen, fand aber nicht zu dieser neuen Normalität. *Gestern war sie ruhig und gefasst, aber heute ist sie völlig durcheinander.*

»Verhalte dich nicht vorhersehbar«, hörte ich Bernie immer wieder sagen. Das Leben bleibt nicht gleich. Fühlen wir uns nicht wie unter einer Käseglocke, wenn ein Tag wie der andere verläuft? Wenn das Fensterglas zerspringt, kommt kühle Luft herein und damit neue Lebendigkeit. Dieses Gefühl genießen wir so, dass wir sofort versuchen, es einzutüten, indem wir unser Verhalten wiederholen und die gleichen Ergebnisse erwarten. Bis das Glas erneut zerspringt und wir entdecken, dass es keine neue Normalität gibt.

Wovon bin ich abhängig? Alles, was ich habe und was mir bleibt, ist *jetzt*. Ich kann in diesem Augenblick vollkommen präsent sein oder mich in den Geschichten in meinem Kopf verlieren, in Erinnerungen an Gewesenes versinken, mich darüber aufregen, wie sich alles verändert hat, und mir Sorgen um meine Zukunft machen.

Die buddhistische Lehrerin Joan Halifax pflegte gern vor ihren Retreats und Workshops zu sagen: »Der Stundenplan hängt von der Realität ab.« Ganz gleich, wie unser Tagesablauf aussieht, auch wenn wir Tag für Tag dieselben Menschen begrüßen, unsere Medikamente einnehmen und die gleichen Verabredungen treffen – beruht nicht all das auf einer Realität, die ständigen Veränderungen unterworfen ist?

Du bist nicht der Mensch, den ich geheiratet habe, du bist nicht der Mensch, den ich kannte. Sag mir also: Wer bist du?

Dr. Ann tappt in eine Falle

Wenn du glaubst zu wissen, ist das eine Falle.
Wenn du nicht weißt, ist das eine Falle.
Wenn du über Wissen und Nichtwissen hinausgehst, ist das eine Falle.
Pass auf!

Koan

Bevor Dr. Ann neue Patient*innen zum ersten Mal in ihrem Zimmer aufsucht, liest sie deren Krankenakte. Chet hatte einen aggressiven Darmkrebs. Er sprach auf Chemotherapie und Bestrahlung nicht an, seine Nieren arbeiteten aufgrund von Tumoren nicht richtig, und er war in sein Elternhaus zurückgekehrt, weil seine Frau ihn nicht pflegen konnte. Dr. Ann stellte sich also einen ärgerlichen jungen Mann vor, der aufgrund des Nierenversagens an starken Schmerzen litt. Als Fachärztin gelangte Dr. Ann zu dem Schluss, dass ihr neuer Patient reif für das Hospiz war.

Entschlossen, ihren Plan in die Tat umzusetzen, betrat sie Chets Zimmer und sagte: »Guten Morgen, Chet. Wie geht es Ihnen heute?«

Chet begrüßte sie mit einem strahlenden Lächeln. »Oh, so gut, Frau Doktor«, sagte er. »Zum ersten Mal seit Monaten habe ich die ganze Nacht durchgeschlafen. Ich musste nicht einmal zur Toilette.«

Dieser Augenblick veränderte für Dr. Ann alles.

Betrachtung

Verlierst du, wenn du glaubst genau zu wissen, was in einer Situation das Richtige ist, das Naheliegende aus dem Blick? Denkweisen wie *Ich weiß, was zu tun ist, weil ich Expertin bin,* oder *Ich weiß es einfach besser als du* sind tief in uns verwurzelt. Wir sind konditioniert, immer alles zu wissen. Dieses Wissen kann uns jedoch auch blind machen für die Aspekte des Lebens, die sich ständig verändern und weiterentwickeln. Nichtwissen ist keine Ignoranz, sondern lebensbejahende Weisheit.

Als Dr. Anns neuer Patient Chet ihr ein strahlendes Lächeln schenkte und ihr erzählte, er habe die beste Nacht seit Langem gehabt, drang seine Lebendigkeit durch Dr. Anns Fachwissen hindurch bis zu ihr vor. In diesem Augenblick machte sie Bekanntschaft mit einem quicklebendigen Chet. Sag mir, was heißt es, Dinge zu wissen? Für viele Menschen bedeutet wissen eine Situation im Kopf durchdenken und dann das Gedachte in die Tat umsetzen. Gehst du an Situationen und andere Menschen mit der Überzeugung heran, dass du weißt, wer sie sind und was sie brauchen? Mit dieser Haltung wirst du zwangsläufig scheitern. Passiert das dann tatsächlich, sind wir überrascht, frustriert und ärgerlich.

Wissen isoliert und trennt. Nichtwissen eröffnet uns eine unmittelbare, innige Beziehung zu anderen und zur grundlegenden Natur des Lebens. Aus Nichtwissen entstehen Offenheit und achtsames Zuhören und damit echte Verbindungen. Wenn sie fehlen, sind wir geneigt, anderen unsere Vorstellungen überzustülpen. Wir können nur schwer auf Terminkalender, ob private oder berufliche, verzichten, weil sie uns darin bestärken, dass wir die Person sind, die wir zu sein glauben – *Ich bin die Expertin, Ich kann das regeln, Ich weiß, was das Beste ist.* Dieses Ich, das wir zu sein glauben, ist jedoch in Wirklichkeit durchlässig und überhaupt keine feste Größe. Kannst du, konfrontiert mit einem *Ich weiß nicht* oder auch nur einer Sichtweise, die anders ist als deine, erkennen, wie sich neue Möglichkeiten auftun und neue Facetten des Lebens sichtbar werden? Oder trittst du energisch auf, prahlst mit deinem Wissen und bestehst darauf, dass dein Weg der richtige ist, während du das lebendige Geschehen, das sich direkt vor deinen Augen abspielt, ausblendest?

Es ist eine verbreitete Gewohnheit, uns gegenseitig auf eine Reihe von Fakten, Informationen und Meinungen zu reduzieren. Jede und jeder von uns ist lebendig – ein Lebewesen! Du bist nicht die Ideen, die jemand von dir hat; du bist, wer du bist. Andere Menschen sind nicht die Ideen, die du von ihnen hast; sie sind, wer sie sind. Augen, die sehen, Ohren, die hören, Nase, die riecht, Zunge, die schmeckt, Körper, der berührt, und Bewusstsein; das alles ist lebendig – taucht auf in einem stetigen, niemals stillstehenden Fluss und zieht vorüber.

Viele Jahre auf dem Meditationskissen sind erforderlich, um vollkommen offen zu sein für das Leben, wie es ist, und nicht, wie wir meinen, dass es sei. Vielleicht hast du hin und wieder eine Ahnung vom Raum des Nichtwissens so wie Dr. Ann in dem Augenblick, als Chets Lächeln die Pläne durchkreuzte, die sie für ihn gemacht hatte. Und plötzlich war alles ganz anders. Genau an diesem Punkt erreichte sie eine verblüffende Lebendigkeit – *Wer ist das, der da mit diesem strahlenden Lächeln im Gesicht vor mir im Bett liegt?* Das übliche Denken in Kategorien des Fachwissens blendet entsprechende Einsichten oft aus. Für Dr. Ann jedoch stellte dieser Wechsel ihr übliches Denken auf den Kopf und markierte den Beginn einer lebenslangen spirituellen Praxis von Nichtwissen.

Kannst du genau in diesem Augenblick in dem Raum ruhen, der existiert, bevor sich eine Meinung zu bilden beginnt? Lass dein Wissen beiseite, um dem jetzigen Augenblick zu begegnen.

Zeig mir die Nähe, die durch Nichtwissen entsteht. Zeig mir dein strahlendstes Lächeln! Zeig mir genau in diesem Augenblick, wer du wirklich bist.

Martin:
Das Leid der Welt

»Ich bin ein Flüchtling! Ich bin eine Waise! Ich bin ein obdachloses Kind!«

»Der Buddha hatte Recht: Leben ist Leiden.«

»Wer sagt: Ich leide?«

Koan

Martin fragte: »Wie beende ich das Leid der Welt?«

Betrachtung

Martin ist Arzt. Von morgens bis abends sitzen seine Patientinnen und Patienten im Wartezimmer, um seine Hilfe in Anspruch zu nehmen, ihm zu erzählen, was ihnen fehlt, und ihre Schmerzen behandeln zu lassen. Martin ist außerdem Zen-Lehrer und weiß noch, wie er vor langer Zeit einmal mit einem klassischen Zen-Koan gearbeitet hat: »Beende das Läuten der Klosterglocke in der Ferne.«[37] Damals, sagt er, sei ihm bewusst geworden, dass das Koan für sein Leben ähnlich laute: »Wie beende ich das Leid der Welt?«

Viele von uns haben Koans, die in eine ähnliche Richtung weisen. Wie bringe ich meinen Sohn dazu, dass er aufhört zu weinen? Wie setze ich meinem eigenen Leid und Schmerz ein Ende? Wie beende ich Krieg, das Elend der Flüchtlinge, den weltweiten Hunger von Kindern und die massive Ausrottung ganzer Arten? Und wie verliere ich das Gefühl überwältigender Ohnmacht, das ich empfinde, wenn mir klar wird, dass ich nichts von alledem beenden kann?

Die Welt liegt uns am Herzen, weil wir die Welt *sind.* Die Pietà, der Holocaust, die Liebe zwischen Romeo und Julia, die Verspieltheit eines Hundewelpen und die unzähligen Galaxien im Universum – das alles ist für jede und jeden von uns näher, als es unser dualistisch denkendes Gehirn begreifen kann.

Gewöhnlich nehmen wir uns nicht so wahr, doch haben wir nicht hin und wieder kleine Einblicke in diese Dimension? Plötzlich bin ich überwältigt von einem Kunstwerk, das ich heute zum ersten Mal sehe, es fühlt sich so nah und vertraut an wie meine eigene Hand. Oder ich höre von einem schrecklichen Fall von Missbrauch, und bei allem Abscheu und Mitleid, die dabei in mir hochkommen, habe ich ein Déjà-vu – mir ist, als hätte ich selbst schon einmal Ähnliches erlebt, sei es als Opfer oder als Täter. Ich meine hier nicht eigene verdrängte Erinnerungen, sondern das scharfe Bewusstsein von einer engen Verwandtschaft mit anderen Lebewesen, die sich nicht den Besonderheiten meines Lebens erklären lassen.

Im Laufe der Jahre habe ich von einigen Teilnehmer*innen an unseren *Bearing Witness Retreats* in Auschwitz-Birkenau gehört, dass ihnen der Ort so bekannt und vertraut vorkam, als hätten sie dort vor vielen Jahren selbst zu den Insass*innen gehört. Diese Menschen hatten keinen familiären Bezug zu den Geschehnissen dort, sie berichteten einfach, was sie erlebten.

Warst du nicht ebenfalls schon einmal überrascht von den starken Emotionen, die im scheinbar engen Umkreis deines

Lebens in dir hochkamen? Liegt der Grund dafür nicht darin, dass dein Leben weder eng noch begrenzt ist und die heftigen Gefühle und Empfindungen, die dir da bewusst werden, über das, was du *meine* Erfahrung und *mein* Leben nennst, hinausgehen?

Wie beende ich das Leid der Welt? Sei die Welt. Sei, wer du wirklich bist.

Solltest du Ärztin sein, könntest du dem Patienten, der seine Beschwerden beschreibt, so zuzuhören, als schilderte er *deine* Beschwerden, *deine* Schmerzen. In gewisser Weise ist das auch so. Für eine Journalistin könnte das bedeuten, Flüchtlingen eine Stimme zu geben, die klingt, als wäre sie selbst auf der Flucht vor Terror und Gewalt und nicht ihr fremde Menschen. Ein Rettungsschwimmer an der Küste von Lampedusa würde sich so schnell in die Wellen stürzen und das Kind anderer Menschen aus dem leckgeschlagenen Boot retten, das vor der nordafrikanischen Küste in See gestochen ist, weil es *sein* Kind ist. Der Pförtner, der einen Stellenbewerber begrüßt, könnte diesem ein aufmunterndes Lächeln schenken und einen Kaffee anbieten, weil ihm selbst genau das auch guttäte, wenn er auf einen Job hoffte.

Gibt es überhaupt Außenseiter? Gibt es Fremde?

»Wir retten nicht Menschen, die am Rand der Gesellschaft stehen«, hat Pater Greg Boyle über Bandenmitglieder in Südkalifornien, mit denen er viele Jahre gearbeitet hatte, geschrieben, »sondern stellen uns vor, dass wir, wenn wir selbst am Rand stünden, alle gerettet würden – um das mal klarzustellen.«[38]

Sind für die Beendigung des Leidens in der Welt Geld oder andere Formen von Unterstützung nötig oder reicht allein die beharrliche Idee, Menschen helfen zu wollen? Musst du die Menschen in deinem Umfeld zu diesem Zweck positiv verändern oder brauchst du einfach nur zuzulassen, dass das Leben auf seine Art an dir arbeitet? Kannst du dich so weit entspannen, dass die Situation dich prägt und wandelt, statt dich nur auf dein eigenes Wissen und den festen Vorsatz zu verlassen, die Dinge in Ordnung zu bringen, zu beheben oder gar zu heilen? Kannst du akzeptieren, wie berührbar du bist und wie durchlässig dein Denken ist? Kannst du bejahen, dass selbst die schwierigsten Situationen eine gewisse Entspanntheit und sogar Hingabe verlangen, ein Vertrauen in das Leben, so wie es ist, und nicht, wie du es siehst oder planst?

Und vergiss nicht, »kleine freundliche Gesten« sind keinesfalls klein. Wer kann schon wissen, wie ein scheinbar unerhebliches mitfühlendes Handeln weiterwirkt? Wie viele Menschen es erreicht und wie viele Leben es verändert? Wir stellen uns gern die eine großartige Tat vor (von einem großen Führer begangen), die große Veränderungen in der Welt bewirkt. Doch, wie Taizan Maezumi Roshi zu sagen pflegte, kleine Dinge sind keinesfalls klein.

Du begegnest einem Obdachlosen, stellst dich ihm vor, lächelst, und er sagt ganz gerührt: »Vielen, vielen Dank!« Ist das unerheblich? Du hilfst einem kleinen Mädchen, das sich im Einkaufszentrum verlaufen hat, seine Eltern wiederzufinden – ist das nicht der Rede wert? Du streust in der kalten Jahreszeit Körner für die Vögel – ist das eine Kleinigkeit?

Das Leid der Welt ist keine abstrakte Größe, sondern besteht aus ganz konkreten Situationen. Es ruft uns auf, *das* und *das* und *das* zu tun. Es ruft uns auf, aus dem Kopf zu kommen und jetzt konkrete Schritte zu tun – und jetzt und jetzt und jetzt wieder.

Jemand hält dich auf der Straße an und bittet um Geld. Was passiert in diesem Augenblick? Nimmst du Angst wahr oder Ärger, oder erstarrst du? Sprichst du mit diesem Menschen? Oder gehst du einfach weiter? Wer leidet? Musst du schon vorher wissen, was zu tun ist? Gibt es einen anderen Weg?

VERLUST, KRANKHEIT, ALTER UND TOD

Robin:
Unreife Früchte

Wenn du wirklich gelebt hast,
Bist du bereits viele Tode gestorben –
Tick tack tick tack tick tack tick tack
Tick tack tick tack tick tack tick tack!

Koan

Warum fällt eine Frucht vom Baum, bevor sie reif ist?

Betrachtung

Unser Ende scheint ganz unabhängig davon zu kommen, ob wir dafür reif sind oder nicht. Ob ich nun 18 oder 80 bin – bin ich jemals bereit? Und was das betrifft, bin ich überhaupt jemals reif? Wie fühlt es sich an, *reif* zu sein? Geht es darum, dass ich mir alle meine Träume erfüllt habe? Oder dass ich ein glückliches Leben hatte? Dass ich im Kreis einer liebevollen Familie in Würde alt geworden bin? Oder dass alle Verheißungen, die mit meiner Geburt verbunden waren, kreativ und freudig eingelöst worden sind?

Bin ich denn überhaupt jemals reif für irgendetwas – das Elternhaus zu verlassen, zu heiraten, ein Kind zu bekommen, eine Stelle anzutreten, die Stelle zu wechseln, Rentnerin zu werden, den Tod? Wir alle haben unsere Lebensgeschichte: Erst geschah das, dann das, dann das. Eine Lebensphase folgt überschaubar und vorhersehbar auf die andere, Tag für Tag werden wir weiser, wie eine Birne, die anfangs noch ganz grün ist, dann einen Hauch von Rosa zeigt, sich rötet und schließlich ganz rot und damit reif zum Ernten ist. Aber so ist das Leben nicht. Wenn überhaupt, lautet unser Mantra: *Ob bereit oder nicht, hier bin ich!*

»Kein Lebewesen versäumt jemals die eigene Vollkommenheit. Wo immer es gerade steht, es hat in jedem Fall eine große Strecke zurückgelegt.«[39] Das Leben spielt sich genauso ab, wie es gemeint ist. Vielleicht denkst du, du hättest hier und da besser einen anderen Weg einschlagen sollen, hättest großartiger, reicher oder wichtiger sein sollen.

Mich macht es traurig, wenn mir jemand erzählt, er habe das Gefühl, nicht wirklich gelebt zu haben, sein Leben sei ein einziger Hindernislauf gewesen: seine Eltern, seine Erziehung, berufliches Versagen, familiäre Schwierigkeiten, so viele nicht eingelöste Versprechen. Oder wenn jemand abschätzig über das Leben spricht: *Sieh dir doch an, wohin es gekommen ist mit diesem Land. Wir haben uns als junge Menschen nicht so aufgeführt wie die heutige Jugend.* Wir beklagen unser Leben und wünschen, es wäre anders verlaufen. Wir glauben, wir wären glücklicher, wenn wir auch nur eine Sache ändern und die falschen Eltern gegen die richtigen oder den falschen Ehemann gegen den richtigen austauschen könnten oder damals die richtige Entscheidung statt der falschen getroffen hätten.

»Versucht ein Vogel oder ein Fisch an die Grenzen seines Elements zu gelangen, bevor er sich darin bewegt, findet dieser Vogel oder dieser Fisch seinen Weg oder seinen Platz nicht.

Diesen Platz einnehmend, ist das eigene tägliche Leben die Verwirklichung der höchsten Wirklichkeit.«[40]

Wie der Fisch oder der Vogel so kann auch niemand von uns jemals die ganze Erde erforschen. Keiner von uns wird jemals jede Möglichkeit ergreifen oder sämtliche Entscheidungen, die wir von Moment zu Moment treffen, in die Tat umsetzen können. Wenn wir das versuchen, werden wir wie dieser Fisch oder Vogel unseren Weg oder Platz nicht finden. Wo finden wir beides? In unserem täglichen Leben, im gegenwärtigen Augenblick.

Was braucht es, um unser Leben so, wie es sich entfaltet hat, vollkommen zu akzeptieren und in vollster Zufriedenheit zu leben? Was braucht es, damit wir nicht denken oder uns von anderen einreden lassen, unser Leben hätte anders verlaufen sollen?

Wenn wir uns unserem Leben hingeben, wird es enorm reich und gewinnt an Tiefe. Zen-Meister Kosho Uchiyama hat geschrieben:

Wir alle leben immer im »gegenwärtigen Moment«
in der Tiefgründigkeit des gegenwärtigen Moments
Selbst wenn wir es nicht wissen und blind dafür sind
umhüllt uns die Tiefgründigkeit des gegenwärtigen Moments
als gegenwärtiger Moment.[41]

Einen Apfel essen, mit dem Hund rausgehen, Gemüse für die Suppe schnippeln, das Bett machen – all diese Tätigkeiten nehmen uns ganz in Beschlag, ob wir sie so erleben oder nicht. Wäre es dann nicht besser, sie tatsächlich zu erleben? Wie Ben Connelly schreibt: »Unzählige unfassbare Dinge haben wir nicht in der Hand, aber wir haben immer die Möglichkeit, in diesem Augenblick unser Bestes zu geben und so die Samen zu legen für das Glück, die Freundlichkeit und das Wohlergehen aller.«[42]

Wir können klagen und trauern und unsere Tage reumütig verbringen. Oder wir können unsere Geburt als Folge unzähliger Ereignisse und Prozesse, die sich in Jahrmillionen entfaltet haben, und damit als seltene Möglichkeit schätzen, die uns geschenkt worden ist. Erfüllt dich diese Sicht des Lebens, auch wenn du sie nur kurz in Betracht ziehst, nicht mit Staunen und Demut und ist sie nicht zugleich befreiend?

»Dieser Körper gehört weder dir noch anderen«, hat der Buddha gesagt.[43]

Was also ist das, was wir *mein Leben* nennen? Ist es lediglich eine persönliche Geschichte, die mit der Geburt anfängt und mit dem Tod endet? Könnte es nicht sein, dass dieses Leben sich auch *jetzt* in unserem Körper manifestiert, in einem *Jetzt*, das weder Anfang noch Ende hat? Dieser Körper als unfassbares Geschenk ist der Körper der Befreiung. Wie wir gehen, sprechen, meditieren, miteinander umgehen – das allein ist unser Weg zur Befreiung, es gibt keinen anderen.

Können wir unser Bestes geben, wenn wir mit diesem Körper, mit unserem Leben, so wie es ist, unablässig arbeiten?

Was bedauerst du an deiner eigenen Vergangenheit? Denkst du, du hättest dein Leben vergeudet? Wenn du deine kurze Lebensspanne von Augenblick zu Augenblick ganz lebst und wertschätzt, wird dann etwas vergeudet oder nicht?

Karen:
Die alte Frau begegnet einem Fisch

Das Größte ist, der Angst keinen Raum zu geben.
Wie? Hab keine Angst.
Wie? »Ohne Hindernis im Geist.
Ohne Hindernis, und daher ohne Furcht.«[44]

Koan

Eines Nachts hatte Karen einen Traum:

Eine junge Frau machte sich auf den Weg. Sie begegnete einem Wolf. Der Wolf blickte finster drein, knurrte und heulte. Die Frau rannte weg.

Dieselbe Frau, inzwischen Mutter, begab sich auf den Weg. Ein Bär tauchte auf, stellte sich auf die Hinterbeine und trommelte auf seinen Brustkorb. Die Frau wich nicht von der Stelle. Sie grüßte den Bären und der Bär rannte weg.

Dieselbe Frau, inzwischen grauhaarig geworden, begab sich ans weite, blaue Meer und sah dort einen wunderschönen Fisch. Doch als sie ihn im Wasser berühren wollte, verwandelte er sich in einen feuerspeienden Drachen, der sich bedrohlich vor ihr aufrichtete, die scharfen Zähne fletschte und mit den stahlharten Stacheln drohte. »Ah, Lehrer«, sagte sie sanft. Als er das hörte, weinte der Drache salzige Tränen.

Betrachtung

Karen erläutert: *Als junges Mädchen ging ich stundenlang am Meer spazieren und verlor mich völlig in Phantasien von wilden, geheimnisvollen, unbekannten Geschöpfen, die im Meer lebten. Heute schwimme ich mit ihnen.*

Ist nicht eines der wunderbaren – und manchmal nicht ganz so wunderbaren – Dinge am Älterwerden, dass wir genau das, was wir einstmals fürchteten oder hassten, selbst geworden sind? Wir blaffen unsere Kinder an und einen Augenblick später wird uns klar, dass wir uns genauso verhalten haben wie die Mutter oder der Vater, die oder der wir nie sein wollten. Alte Ängste und Albträume quälen uns. Manche von uns haben selbst als ältere Menschen noch Angst vor der Dunkelheit oder durchleben noch einmal den Missbrauch, den sie als Kind erlitten haben. Andere scheinen die Last der Ängste früherer Generationen zu tragen, die verbunden sind mit Erlebnissen wie dem Tod eines Kameraden auf dem Schlachtfeld, einem Familiendrama, Pogromen und Naziuniformen, die im Gleichschritt marschieren. Dazu kommen noch weitere Ängste wie die, alt und krank zu werden, allein zurückzubleiben und die letzte Überlebende zu sein.

Ein ganzes Leben voller Angst.

Da ist es ganz natürlich, dass wir wegrennen wollen. Doch wenn alles eins ist, sind wir dann nicht Licht und Schatten und alle Nuancen zwischen diesen beiden Polen. Vor welchen Schatten also laufen wir davon? Auf welches Licht laufen wir zu? Jeder Tag schenkt mir Antworten auf diese Fragen. Ich schaue aus dem Fenster und sehe, wie im Herbst die Blätter fallen – bekomme ich Angst beim Anblick dieser Anzeichen für das Welken und Sterben im Reigen der Jahreszeiten? Ich arbeite weniger als früher und werde von Zweifeln geplagt: Bin ich noch gut genug? Wertvoll genug? Wird mich jemand versorgen? Diese Monster leben seit vielen Jahren mit uns unter einem Dach. Könnte ich neugierig statt ängstlich sein? Kann ich dem, was mir das Leben zeigt, tief zuhören?

Mit dem Älterwerden verlieren wir viele unserer Abwehrmechanismen, weil wir nicht mehr die Kraft und Energie haben, daran festzuhalten. Was passiert dann? Wenn wir die wilden und bedrohlichen Aspekte unseres Lebens nicht verarbeitet haben, können wir immer mehr erstarren und uns verhärten, biestig und bitter werden. Wenn ich diese Schattenseiten bewusst angehe, wird mir dann nicht klar, dass deren Essenz – wie auch meine eigene – pure Energie ist? Das heißt, wenn ich mich davor verschließe, habe ich auch keinen Zugang zu diesen wichtigen Energiequellen für mein Leben.

Native Americans betrachten Tiere als hilfreiche Geister für uns Menschen. Dazu zählen sie unter anderem Skorpione, Schlangen, Wölfe und Bären. Wenn wir uns ganz auf die Praxis einlassen und allmählich den Mut zur Offenheit entwickeln, erfahren wir uns dann nicht zusammen mit Wolf, Bär, Fisch und Drachen als Lebenskreis? Es gibt dann weniger Ikonen und Gestalten auf Sockeln und auch weniger Feinde.

Bei T. S. Eliot heißt es dazu:

Wir werden nicht nachlassen in unserm Kundschaften
Und das Ende all unseres Kundschaftens
Wird es sein, am Ausgangspunkt anzukommen
Und den Ort zum ersten Mal zu erkennen.[45]

Wie wird es sein, den Ort, der unser Ausgangspunkt gewesen ist, zum ersten Mal zu erkennen?

Ähnlich wie der Held in Homers *Odyssee* verlassen wir unser Elternhaus, lieben, kämpfen, ringen mit Monstern, geraten in Versuchung und aussichtslose Situationen, verlieren geliebte Menschen, verlieren unseren Weg und kommen – wenn wir Glück haben – schließlich zu Hause an. Können wir das Alter nicht generell als die Zeit unseres Lebens erfahren, in der wir endlich zu Hause ankommen? Fühlen wir uns nicht wohler in unserer Haut, auch wenn sie runzlig geworden ist? Haben wir nicht gelernt, unsere Grenzen richtig einzuschätzen, auch wenn unsere Knochen schmerzen? Spüren wir uns nicht innerlich tief mit unseren Eltern verbunden, weil wir jetzt in ihrem Alter sind? Und begegnen wir Fehlern – den eigenen wie denen anderer – nicht mit mehr Gleichmut, weil wir erkannt haben, dass es vielleicht überhaupt keine Fehler waren?

Wir haben uns Wolf, Bär, Fisch und Drachen gestellt, wir wissen, dass sie wir sind. Wir fühlen uns endlich wohl mit all den verschiedenen Gestalten, die wir im Laufe unseres Lebens angenommen haben, sei es das Kind, die Erwachsene, der alte Mann oder die alte Frau.

Kann ich diesen Ort, den Eliot benennt, heute erkennen? Kann ich ihn Tag für Tag erkennen? Muss ich warten, bis ich die Weisheit des Alters erworben habe? Es gibt einen Weg, diesen Ort in dieser Minute zu erkennen und einzunehmen. Mit dem Anfängergeist kannst du dich Bär, Wolf und Drachen in jedem Lebensalter stellen. Gehören Neugier, Offenheit und Optimismus allein den Kindern, oder haben wir alle – sogar jetzt – Zugang dazu?

Welchen gefährlichen Tieren bist du auf deinem Weg begegnet? Hast du jetzt noch Angst vor ihnen? Was hat sich verändert? Haben sich stattdessen neue Ängste eingestellt?

Jitsujo:
Harte Arbeit

Einatmen, ausatmen.
Ist das schwer, ist das leicht?
Wenn die Zeit des Sterbens kommt,
Hört der Atem von selbst auf.

Koan

Jitsujo war bei ihrem Vater in seinem Krankenhauszimmer, als das Gerät, an das er angeschlossen war, wie wild zu piepen begann. Als sie sah, wie schwer sein Atem ging, legte sie ihre Hände auf seinen Brustkorb, schloss mit ihm zusammen die Augen und ließ sich ganz auf seinen Atemrhythmus ein: ahhhh ... uuuuu ... ahhhh ... uuuuu ... kontinuierlich, im vollkommenen Gleichklang.

Plötzlich sagte ihr Vater: »Das ist harte Arbeit, stimmt's?«

Betrachtung

Einen sterbenden Menschen begleiten ist emotionale Schwerstarbeit, vor allem, wenn dieser Mensch dein eigener Vater ist. Du sitzt an seinem Bett, deine ganze Aufmerksamkeit hast du auf ihn gerichtet, und du widmest dich mit deinem ganzen Wesen dem, was sich vor deinen Augen von Moment zu Moment entfaltet. Dein Atem kann sich beim ersten Anzeichen von Unregelmäßigkeiten im Atem des sterbenden Menschen harmonisch auf diesen einstimmen, sodass du spontan einspringst, um ihm atmen zu helfen. Genau das war bei Jitsujo der Fall.

Der Atem ist etwas Mysteriöses. Was ist das, dieser Atem, dieses Ein- und Ausatmen deines Körpers von Moment zu Moment? Zen-Lehrer*innen geben ihren Schüler*innen oft Anweisungen wie: »Wenn du einatmest, atme das ganze Universum ein. Wenn du ausatmest, atme das ganze Universum aus. Dein ganzer Körper atmet. Das ganze Universum atmet. Atme einfach auf diese Art und Weise.«

Wie atmest du in diesem Augenblick? Wo beginnt dein Atem? Wo endet er? Ein weiser Alter hat gesagt: »Der Atem strömt in deinen Körper und kommt doch von nirgendwoher. Der Atem strömt aus dem Körper und geht doch nirgendwohin. Deswegen ist er weder lang noch kurz.«[46] Nicht nur die Nase oder die Lunge atmet, dein ganzer Körper atmet. Jede Pore deines Körpers tut diesen einen kontinuierlichen Atemzug. Einfach einatmen! Einfach ausatmen!

Als Jitsujo sah, wie schwer der Atem ihres Vaters ging, wurde sie aktiv und stimmte ihren Atem auf seinen ab. Ahhhh – einatmen, huuuu – ausatmen, wieder und wieder. Durch die große Innigkeit dieses gemeinsamen Atmens wurde ihr Atem eins. Wenn wir zusammen mit anderen atmen, stärkt das unsere gegenseitige Verbundenheit. Als ein guter Freund von mir starb, achteten wir, die wir bei ihm waren, so aufmerksam auf seinen Atem, dass wir bei seinen letzten Atemzügen alle gemeinsam einatmeten, in der Pause zwischen den Atemzügen innehielten und dann mit ihm zusammen zum letzten

Mal ausatmeten. Es war, als atmete das ganze Universum ein und denselben Atem – es atmete uns alle und unser aller Atem stand still.

Wenn dein Körper reibungslos funktioniert, bist du dir dessen nicht bewusst. Deine Gehirnzellen feuern, das Blut fließt, das Herz pumpt, bei jedem Atemzug weiten sich die Lungen und ziehen sich wieder zusammen. Doch wenn du eine chronische Lungenkrankheit hast oder im Sterben liegst wie Jitsujos Vater, nimmst du den Atem viel bewusster wahr. Was einst deine zweite Natur war, erfordert plötzlich große Anstrengung.

Beim Meditieren bringt der Atem alle Seiten deines Wesens miteinander in Einklang. Wenn wir zusammen mit anderen meditieren, stimmt sich unser Atem mühelos und harmonisch auf den der anderen ein und verwebt uns zum Netz unseres gemeinsamen Seins. Mit jedem Atemzug webst du dich ein ins ganze Universum und wirst in dieses eingewoben. So halten du, die große Erde und alle Wesen einander am Leben. Alle atmen Luft. Alle atmen zusammen ein und aus. Lerne, gut zu atmen, indem du deinen Atem harmonisch auf den natürlichen Wechsel von Weitwerden und Zusammenziehen abstimmst, der den großen Rhythmus des Lebens ausmacht. Sag mir, wie empfängst du den Atem anderer Lebewesen? Des ganzen Universums? Von Geburt und Tod?

Jitsujos Vater sagte: »Das ist harte Arbeit, stimmt's?« In dem Augenblick, als sein Tod nahe war, brachte er mit diesen zärtlichen Worten seine Liebe für seine Tochter zum Ausdruck. Du kannst nicht für mich sterben, ich kann nicht für dich leben – doch hier, genau jetzt, atmen wir in inniger Harmonie zusammen. Wie ist das?

Es ist harte Arbeit, stimmt's?

Wie manifestiert sich der eine kontinuierliche Atem genau in diesem Augenblick?

Shunryo:
Die Windeln meiner Mutter

Ich bin die Tochter meiner Mutter; ich bin die Mutter meiner Mutter.
Stimmt das eine mehr als das andere?
Wenn wir Dinge dual oder nichtdual nennen,
Laden wir uns nur noch mehr unnützes Gepäck auf.

Koan

Als ich meine Mutter bereits zwei Jahre lang hauptverantwortlich betreute, begann sie Windeln zu brauchen. Sie nahm das kommentarlos hin. Für mich ist es zur Meditation geworden, mich morgens als Erstes auf dem Badewannenrand vor meine Mutter hinzusetzen und ihre Unterhose und Windel zuerst über die Knie und dann über einen Fuß nach dem anderen auszuziehen.

Wie schwer ist die Windel meiner Mutter?

Betrachtung

Als ich eine Jugendliche und junge Erwachsene war, verbrachte meine Mutter aufgrund einer psychischen Erkrankung zwölf Jahre in der geschlossenen Psychiatrie. Sie verletzte sich selbst und versuchte mehrmals, sich das Leben zu nehmen. Sie schnitt sich und versuchte, sich die Knochen zu brechen, indem sie sie gegen jede harte Oberfläche schlug, die sie finden konnte. Sie wechselte zwischen stummem Groll, mit tiefer Stimme vorgebrachten Drohungen und totaler Raserei. Thorazine (ein starkes Beruhigungsmittel, Anm. d. Ü.), verschiedene Antidepressiva, Elektroschocks und jahrelange Psychoanalyse in Pennsylvanias bester therapeutischer Einrichtung brachten keine Hilfe. Als meine Mutter nach Hause kommen wollte, sagte man uns, wir sollten sie nie aus den Augen lassen, da sie versuchen könnte, sich Rasierklingen oder Tabletten zu besorgen oder sonst etwas Dramatisches anzustellen.

Als sie erneut in die Psychiatrie eingeliefert wurde, lud man uns dort zu einer Familienkonferenz ein. Ihr Psychiater riet meiner Mutter, uns wissen zu lassen, dass man uns nicht mehr erlauben würde, mit ihr allein etwas zu unternehmen. »Manchmal verspüre ich den Drang, euch umzubringen.«

Meine Mutter litt zutiefst und fügte auch ihren Kindern viel Leid zu. Mein Bruder und ich, die wir beide mit unseren eigenen Süchten zu kämpfen hatten, waren mehr als einmal dem Tod nah. Jetzt, wo ich meine Mutter seit fünf Jahren als Hauptverantwortliche betreue, wobei mein Bruder mir hilft, soweit er es aus der Ferne vermag, ist mir meine Liebe zu meiner Mutter zum ersten Mal seit Jahren wieder bewusst geworden.

Was ist Vergangenheit? Was ist Gegenwart oder Zukunft? Wenn wir denken, etwas sei bereits geschehen, gehen wir davon aus, dass wir nichts mehr dagegen unternehmen können, Vergangenheit ist Vergangenheit. Betrachten wir hingegen alles als Jetztzeit, in der alles gleichzeitig geschieht und sich manifestiert, bekommt mein Handeln eine andere Bedeutung.

Mir wird klar, dass nichts ein für alle Mal gesagt und getan wird, alles wird in einem dynamischen Wechselspiel durch alles andere beeinflusst, es ist also sehr wichtig, wie ich jetzt handele.

Sag mir, um wessen Windel geht es überhaupt? Die meiner Mutter? Meiner Großmutter? Meine eigene?

Wandelt sich dein Leben nicht auf überraschende Weise, wenn du einen Menschen betreust, der dich verletzt hat? Stell dir vor, dass es sich dabei um die Person handelt, der du dein Leben verdankst. Sie trug dich in ihrem Körper aus, erlitt den Schmerz der Wehen, damit du geboren wurdest, hat dich gestillt und behütet, als du noch nicht selbst für dich sorgen konntest.

Muss diese Person zwangsläufig die elterlichen Fähigkeiten besitzen, die uns heute geläufig sind? Muss sie ein großes Wissen haben, liebevoll oder psychisch gesund sein? Schließt die Elternschaft aus, dass dieser Mensch in seinem eigenen Leben heftig zu kämpfen hat?

Ihre Mutter sagte zu ihr als einer Frau, die als Erste in der Familie eine höhere Ausbildung bekam und das College besuchte: »Komm bitte nicht zurück, um uns zu analysieren.«

Können wir begreifen, dass unsere Eltern eigenständige Personen sind? Dass sie nicht nur unsere Eltern sind, sondern noch *andere* Identitäten haben, ja, dass wir in ihrem Leben tatsächlich nur relativ kurze Zeit anwesend sind? Können wir nicht, wenn wir das sehen, unsere Identität als *Kind* loslassen und beiden Seiten die Freiheit geben, erwachsen zu sein?

Wenn jetzt wir unsere alten Eltern versorgen, fühlt sich das wie ein Rollenwechsel an, und für viele ist es eine schwierige Zeit. Die Aufmerksamkeit, die du bekommen oder auch nicht bekommen hast, die Zuwendung und Liebe, die du erhalten oder auch nicht erhalten hast, das alles bekommen jetzt die Eltern, die du einstmals maßlos geliebt und gehasst und denen du viele weitere Gefühle, die zwischen diesen beiden Extremen angesiedelt waren, entgegengebracht hast. Vieles geht dir dazu durch den Kopf: Geschichten, Erinnerungen, Bilder, Szenen aus der Kindheit. Was bringt dich zurück in die Gegenwart? *Wie schwer ist die Windel meiner Mutter?*

Einst war das deine Windel; jetzt ist es die deiner Mutter oder deines Vaters. Aber es ist und bleibt eine Windel. Spüre ihr Gewicht, rieche daran, hilf deiner Mutter oder deinem Vater, sie anzuziehen, zieh sie ihr oder ihm aus, sorge dafür, dass eine frische Windel griffbereit liegt. Immer noch ist und bleibt da eine Windel, die gewechselt wird, ein Mensch, der gewaschen und versorgt wird. Wessen Körper ist das? Wenn ich Windeln wechsele, verändere ich zugleich die Welt, beteilige mich an der nie endenden Aufgabe, den Einen Körper zu versorgen. Gibt es einen anderen Körper?

Ganz alltägliche Aufgaben werden zu heiligen Verrichtungen, wenn wir ihnen bewusst unsere Aufmerksamkeit schenken. Den eigenen Eltern Windeln anlegen kann zum Sakrament werden. Selbst wenn du mit Kopf und Herz woanders bist, selbst wenn in dir immer noch der alte Ärger und der übliche Groll lauert, beginnen deine Hände bereits mit der Arbeit, waschen und ziehen an, dienen dem alten Körper deiner

Eltern. Eines Tages sitzt du auf dem Badewannenrand, lässt die alten Gedanken und Erinnerungen los, widmest dich ganz der Aufgabe, Windeln zu wechseln, und begreifst, dass die Heilungsarbeit bereits begonnen hat.

Eine Zeitlang trug ich jeden Abend Salbe auf den rechten Arm, die rechte Schulter und Hand sowie das rechte Bein meines Mannes auf, die von seinem Schlaganfall in Mitleidenschaft gezogen waren. Langsam löste sich die Salbe von meinen Fingern, die sie auf der blassen, dünnen Haut verstrichen. Sag mir, wessen Körper wandte ich mich zu? Seinem? Meinem? Dem des Buddha?

Wenn es um Eltern geht, wer kümmert sich dann um wen? Wie stark hältst du daran fest, immer noch Kind zu sein? Vielleicht bist du in Geschichten und Erinnerungen tatsächlich noch Kind, doch wo bist du erwachsen?

Gregs Körper

»Bist du alt?«
»Ich nehme an ja.«
»Wirst du sterben?«
»Wahrscheinlich, ja, aber jetzt noch nicht.«
»Keine Sorge, du wirst das richtig gut machen.«

Koan

Greg hatte jahrzehntelang mit einer posttraumatischen Belastungsstörung zu kämpfen, seit jemand, als er sechzehn war, mit einem langen Messer auf ihn eingestochen hatte. Fünfunddreißig Jahre später, als Meditation und eine psychiatrische Behandlung endlich anfingen den grausamen Flashbacks, die ihn so lange gequält hatten, ein Ende zu setzen, teilte Gregs Arzt ihm mit, dass er unheilbar an Krebs erkrankt sei und noch im Laufe des Jahres sterben werde.

Als Greg diese Diagnose erfuhr, fragte er: »Was wird aus meinem Körper?«

Betrachtung

Wenn wir krank werden, wird uns klar, dass wir gar nicht so wichtig sind. Es gibt Projekte, an denen wir mitwirken, und Termine, die wir einhalten müssen, die Familie, die uns braucht, doch stattdessen sollen wir Bettruhe halten. Hört die Welt auf, sich zu drehen? Nein. Es finden sich Wege, dafür zu sorgen, dass die Arbeit weitergeht – oder auch nicht. Vielleicht sind die Kinder enttäuscht, doch auch sie leben ihr Leben weiter. Wir sind wie Schneeflocken – höchst individuelle Geschöpfe mit einzigartigen Mustern, die schmelzen, sobald sie auf dem Boden landen.

Was wird aus meinem Körper? Und wer oder was ist dieser Körper überhaupt, der an Kraft verliert und schwächer wird, blass wird, morgens nicht aufstehen will, schmerzt, den Appetit verliert, stundenlang aus dem Fenster schaut, es schwer findet, sich auf die einfachsten Dinge zu konzentrieren, der sich mal heiß, mal kalt anfühlt, Panikattacken bekommt, nicht schlafen kann, hinfällig wird? *Bin ich* dieser Körper?

Einst war dieser Körper ein guter Vater oder eine gute Mutter, der erfolgreiche Brötchenverdiener, die aufstrebende Musikerin oder Malerin, die disziplinierte Joggerin, die sexuell anziehende Frau, die manchmal das Gefühl hatte, dass ihr die ganze Welt gehörte. Jetzt kann dieser Körper nicht mehr essen, sich nicht mehr selbst waschen oder zur Toilette gehen; löst mitleidige Blicke aus; wird von den Schwestern oder Pflegern des Altenheims oder der Klinik ignoriert. Er kann seine Lieblingsgerichte nicht mehr genießen, trägt jetzt statt schöner Kleider Krankenhaushemden, die Unabhängigkeit, auf die er einmal stolz war, ist dahin wie Schnee von gestern, und ein Selbstbild nach dem anderen verschwindet im Abfalleimer der Bedeutungslosigkeit.

Was ist dieser Körper? Wer bin ich?

Das war Gregs Frage, die er sich nicht nur einmal, sondern sein Leben lang immer wieder stellte. In diesem Leben schien es ihn immer wieder kalt zu erwischen. Gilt das nicht für viele von uns? Du arbeitest dein Leben lang hart und freust dich auf ein geruhsames Rentnerleben, nur um von deinem Arzt schlechte Nachrichten zu bekommen. Eine Schwierigkeit nach der anderen – deine Mutter ist krank, dein Mann wird entlassen, dein Haus brennt ab – und doch versicherst du dir, dass am Ende jedes Tunnels Licht ist und sich schließlich alles als gut und richtig erweisen wird. Tatsächlich können wir das jedoch überhaupt nicht wissen.

Bezeugen endet nie. Eines Tages wird mein Herz nicht mehr brechen, sagst du dir. Dann werde ich nicht mehr leiden; aufgrund meiner intensiven Meditationspraxis werde ich schließlich gelassener sein. Als wäre das Nirvana eine Art Betäubungszustand, wo uns nichts verletzt, nichts kratzt und wir Tag für Tag ein Lächeln im Gesicht tragen.

Oder wir suchen nach Erlösung. Eines Tages wird klar, dass alles Sinn macht. Dann wirst du erzählen können, wie in deinem Leben einmal alles den Bach runterging und was du daraus am Lebensende gelernt und dadurch erkannt hast. *Eines Tages, eines Tages*, wie Rabbi Shlomo Carlebach gern zu sagen pflegte. Wir verbringen viel Zeit damit, uns solche Geschichten auszumalen.

Manchmal denken wir, wir hätten den Sinn unseres Lebens gefunden, sei es beim Bergsteigen, in einem Gedicht oder während eines Retreats, aus dem wir ausgeglichen und mit der großen Klarheit hervorgehen, dass nichts, aber auch gar nichts uns jemals wieder aufregen wird. Doch schon am nächsten Tag fühlt sich das, was wir uns hart erarbeitet haben, nicht mehr so wichtig an, und wir stellen uns erneut die alte Frage: *Wer bin ich denn nun? Was wird mit meinem Körper geschehen?*

Der Buddha ist auf Fragen wie die, was nach dem Tod passiert, nicht eingegangen. Er stammte aus der indischen Kultur, die an Reinkarnation glaubt, aber die Lehren des Großen Arztes konzentrierten sich auf Leid und Täuschung: Wie sie entstehen und wie sie enden können. Doch im *Lotos-Sutra*, einem der berühmtesten buddhistischen Sutras, sagt der Buddha, dass er bereits seit vielen Millionen von Jahren Menschen den Weg zum Erwachen gelehrt hat, obwohl das, historisch gesehen, erst rund zweieinhalb Jahrtausende her ist: »Um Lebewesen zu retten, scheine ich ins Nirwana einzutreten, doch in Wahrheit gehe ich nicht in die Auslöschung. Ich bin immer hier, predige das Gesetz.«[47] Aufgrund ihrer Täuschungen sehen Menschen ihn nicht. Doch wenn die Zeit kommt und leidende Wesen nach seinen Lehren dürsten, erscheint er, um wieder zu lehren.

Wie ist das möglich? Der Buddha war ein Gefäß für die Lehren und für Transformation. Er starb in seinen achtziger Jahren und ist über viele Generationen hinweg noch immer dieses Gefäß. Sein Körper wurde verbrannt, doch was war seine Essenz und wohin ging dieser Körper? Ist nicht jede und jeder von uns ein Gefäß für Transformation?

Genau danach fragte Greg, und vielleicht fragen viele von uns sich das ebenfalls. Wenn unser Körper einmal geht, was dann? Wir wissen nicht viel darüber, aber eines ist klar, unser Handeln wirkt fort. Buddha, Christus, Mohammed, Moses und der Große Friedensstifter der Irokesen lebten und lehrten alle für relativ kurze Zeit, doch immer noch hat ihr Leben Auswirkungen und findet weithin Resonanz.

Der Wert unseres Handelns ist unermesslich und geht weit über die Spanne eines Menschenlebens hinaus. Müssen wir zu den großen Lehrer*innen der Welt gehören? In jedem Augenblick kann ein Kind vor uns stehen, das Winterstiefel braucht, oder wir sehen auf der Straße ein Tier, das von einem Auto angefahren wurde, begegnen einem Menschen, der Geld braucht, um seine Miete bezahlen zu können, oder Hilfe, um einen Job zu finden. Lebt unsere Zuwendung nicht fort, nicht nur in unserem Leben, sondern auch in unserer Familie, unserer Gemeinschaft und der Welt?

Machst du dir Sorgen um die Zukunft? Wenn ja, wie praktizierst du im Augenblick? Wohin wird dein Körper gehen?

Kanji:
Ein guter Tod, ein schlechter Tod

Wie leben wir nach den Lehren des Buddha?
Werde geboren und stirb – Tag für Tag.

Koan

Kanjis Vater lag im Krankenhaus im Sterben. Er war zwar schwach, aber immer noch bei Bewusstsein. Kanji hoffte, ihm als letztes Geschenk einen guten Tod bereiten zu können. Die beiden umarmten und küssten sich und versicherten einander, dass sie sich lieb hatten. Kanji sagte sich: *Das ist ein guter Tod.* Nachdem sein Vater am nächsten Tag das Bewusstsein verloren hatte und um Luft rang, saßen andere Familienmitglieder an seinem Bett, schwätzten über Neuigkeiten und belanglose Dinge und erzählten sich lachend unwichtige Geschichten. Kanji sagte sich: *Das ist ein schlechter Tod.*

Am Abend jenes Tages verließen alle das Krankenzimmer bis auf Kanji und seine erschöpfte Mutter, die auf einem Stuhl neben dem Bett eingeschlafen war. Kanji blieb wach, hielt die Hand seines Vaters und flüsterte ihm tröstliche Worte ins Ohr. Kanji dachte: *Das ist ein guter Tod.*

Am nächsten Tag lag der Vater im Koma. Kanji stand neben seinem Bett und hörte die Gespräche der anderen Familienangehörigen mit an. Plötzlich schrie sein Vater auf und gab ein qualvolles Stöhnen von sich, das Gesicht schmerzverzerrt, während der Körper sich gepeinigt aufbäumte und versteifte.

Dann lag er still. Das Herzfrequenzmessgerät sprang auf null. Bei Kanji öffnete sich etwas.

Betrachtung

Manche Menschen denken, Spiritualität glätte die Dinge, sodass gut und schlecht gleichermaßen tolerabel, wenn nicht gar schön seien. Oder dass uns Spiritualität in heile und transzendente jenseitige Sphären befördere. Wir flüchten uns in Vorstellungen wie Einssein, Leerheit und Erleuchtung und reden von der geistigen Welt.

Ist das nicht besonders auffällig, wenn der Tod in unser Leben tritt? Der Tod ängstigt uns mehr als alles andere. In seinem Umfeld benutzen wir Worte wie: *Sie hat ihren Körper verlassen. Er ist ans andere Ufer gegangen. Sie ist aus dem Leben geschieden. Er ist jetzt im Himmelreich. Sie ist zu Gott gegangen.* Die Entsorgung des Leichnams wird uns meistens abgenommen – von Unternehmen, die mit Chemie die Verwesung und den Geruch des toten Körpers kaschieren, Krematorien, die ihn verbrennen, oder Totengräber*innen, die ihn unter die Erde bringen.

In zen-buddhistischen Gedenkzeremonien für Verstorbene laden wir *die weite Sicht, das blendend helle Licht* und *die große Stille* ein, aber fühlt sich die reale Erfahrung nicht ganz anders an? Es riecht nach Krankheit und Medikamenten, nach Urin und Desinfektionsmitteln. Wir erleben ein Seufzen und Ringen oder einen durch Morphium verursachten Dämmerzustand, der übergeht in Bewusstlosigkeit oder Koma.

Gibt es überhaupt einen Weg, den Tod schön oder sauber zu gestalten? Können wir vorhersagen, wie und wann der Tod eintritt, sei es durch einen Autounfall, einen überraschenden Herzinfarkt, eine lauernde Krankheit, Gewalteinwirkung oder das Alter? Der Tod ist ein Paradebeispiel dafür, wie verletzlich wir sind, wie dünn der Faden ist, an dem unser Leben hängt, wie unerbittlich und unausweichlich das Ende unseres Lebens tatsächlich ist. Niemand, weder die liebevollsten Söhne oder Töchter noch die besten Ärzt*innen der Welt können uns davor bewahren.

Während sich immer mehr Menschen ehrenamtlich in der Hospizarbeit und der Sterbebegleitung engagieren, hören wir von Szenen voller Frieden und Liebe am Totenbett, ohne quälende Ängste, Schmerz, Reue oder Kampf, und denken: *Das möchte ich auch für mich und meine Lieben, meine Freundinnen und Freunde. Ich möchte einen guten Tod.* Wir treffen Vorbereitungen, schreiben unser Testament und verfassen eine Patientenverfügung. Wir machen uns Gedanken darüber, wie wir sterben möchten – welche Gebete oder andere Texte gelesen, welche Musik gespielt werden soll – und führen dazu klärende Gespräche mit unseren Familien und anderen uns nahestehenden Menschen.

Doch am Ende springt das Herzfrequenzmessgerät auf null. Die Beziehungen, die von diesem Herz abhingen, enden ebenso wie die Überlegungen und Planungen, die in unserem Gehirn abliefen. Da wir nicht wissen, wie wir sterben werden, wissen wir auch nicht, ob unsere Vorbereitungen wirkungsvoll sind. Vielleicht haben wir uns gewünscht, dass uns alle Familienmitglieder zur Seite stehen, doch dann tritt unser Tod so schnell ein, dass nur die Rettungshelfer bei uns sind. Vielleicht haben wir beschlossen, keine lebensverlängernden Maßnahmen zuzulassen, weder zu essen noch zu trinken, und überlegen es uns dann schließlich doch noch anders.

Ich kann die Umstände meines Todes nicht bestimmen, aber wie begegne ich ihm? Kann ich hier überhaupt von *gut* oder *schlecht* sprechen?

Ein Freund von mir, ein Psychiater, der seit vielen Jahren Zen praktizierte, lag mit seinen einundneunzig Jahren im Krankenhaus und grollte: *Warum dauert es so lange, bis ich sterbe?*

Der Tod ist einfach – und heilig – jenseits von Worten.

Eine neue Reise beginnt und endet blitzschnell, darauf folgt eine neue Reise und dann wieder eine, denn in jedem Augenblick stirbst du und wirst wiedergeboren. Wir beurteilen diesen Moment als gut und jenen als schlecht, einen weiteren als neutral. Sagen wir damit nicht auch, dieses Leben ist gut, ein anderes noch besser und das sich daran anschließende nicht so gut? Alles ist in ständiger Veränderung begriffen, das gilt auch für unsere Verbundenheit. Wir atmen Luft ein und atmen sie wieder aus, und andere Menschen im Raum atmen diese Luft ein, während wir die Luft einatmen, die sie gerade ausgeatmet haben. Ständig verbindet uns so vieles miteinander.

Was auch immer ich meinem sterbenden Vater ins Ohr flüstere, unsere grundlegende Verbindung ist vor langer Zeit entstanden. Sein Leben ist in vielen Aspekten mit meinem verflochten und meins mit seinem. Ständig öffnen sich Türen und schließen sich wieder. Veränderung und Verbundenheit sind unauslöschliche Bestandteile jedes Augenblicks.

»Dieser Körper des Buddha sind Körper und Geist …«, singen wir bei der Gedenkzeremonie für Verstorbene. Ist wirklich etwas weggegangen?

Ich werde seine Hand halten, ihm einen Schluck Wasser zu trinken geben und ein kühles, nasses Handtuch auf seine heiße Stirn legen. In dem Lied, das wir bei der Gedenkzeremonie für Verstorbene singen, heißt es weiter: »Der weite Ozean des blendend hellen Lichts, auf dem sich die Wellen von Leben und Tod brechen; kommend und gehend: im stillen Übergang der großen Ruhe verkörpert die Gestalt das Neue und das Alte. Ehrfürchtig streben wir nach wahrem Mitgefühl.«

Sag mir, was ist wahres Mitgefühl?

Denk an eine Zeit, in der du am Bett eines sterbenden Menschen saßest. War es ein guter oder ein schlechter Tod? Was machte es zu diesem oder zu jenem?

Enju:
Der unendliche schwarze Abgrund

Auuuuuuuu!

Wenn der laute Schrei
Im ganzen Universum widerhallt,
Leg deine Hände zusammen und verneige dich.

Koan

Enjus Mann und ihr einziges Kind, der dreizehneinhalbjährige Seth, besuchten Seths Großmutter in Florida. Ihr Mann kehrte früher nach Hause zurück, und als es ein paar Tage später für Seth Zeit wurde zurückzufliegen, stieg er ins Flugzeug. Auf seinem Heimflug stürzte der Flieger in Denver ab. Seth kam bei dem Absturz ums Leben.

Viele Jahre später sagt Enju über diese Zeit: »Ein unendlicher schwarzer Abgrund tat sich vor mir auf und mein Kopf wurde mit Gewalt da hineingestoßen. Ich tauchte in eine Dunkelheit ein, die immer da ist, aber wenn du Glück hast, begegnest du ihr nicht.«

Ihre Lehrerin sagte: »Enju, der Jizo Bodhisattva draußen im Garten braucht einen neuen Umhang.«

Betrachtung

Ein verheerender Verlust. Unerträglicher Kummer. Ein vernichtender Schicksalsschlag. Es gibt im Leben immer wieder kleinere Veränderungen, mit denen wir zurechtkommen, und dann passieren plötzliche, katastrophale Einschnitte von einer solchen Wucht, dass das Leben, wie wir es gekannt haben, vorbei ist.

Der Buddha sagt, alles sei in ständiger Veränderung begriffen. Mein Lehrer, Maezumi Roshi, pflegte zu sagen, dass »wir alle vierundzwanzig Stunden sechseinhalb Millionen Mal geboren werden und sterben.«[48] Dann fragte er: »Wie könnt ihr solch ein Leben leben?« »Und doch«, antwortete er selbst, »*lebt* ihr es.« Diese Vergänglichkeit heißt Geburt-und-Tod. Zen-Meister Dogen schreibt, Geburt und Tod seien das Leben des Buddha. Mein Zen-Lehrer hat gelehrt, dass ein menschliches Leben verschiedene Dimensionen hat: Geburt-und-Tod im konventionellen Sinn heißt, eines Tages werden wir geboren, leben jetzt und werden eines Tages sterben; im spirituellen Kontext heißt Geburt-und-Tod, unsere Selbstbezogenheit schwindet und der erwachte Geist tritt in den Vordergrund. Und dann meint Leben-und-Tod auch noch jeden einzelnen Augenblick. Der Weg der Trauer beinhaltet alle diese Bedeutungen.

Kisagotami lebte zu Zeiten des Buddha. Als ihr kleines Kind starb, wurde sie verrückt vor Trauer. Sie trug den leblosen Körper des Kindes zu Shakyamuni Buddha und flehte ihn an, er möge ihr Kind wieder zum Leben erwecken. Der mitfühlende und weise Buddha sagte: »Bringe mir zuerst einen Senfsamen aus einem Haus, wo man den Tod nicht kennt.« Kisagotami trug ihr totes Kind in ihrem Dorf von Haus zu Haus zu Menschen, die sie kannte und die auch sie und ihr Kind kannten. Sie baten sie hereinzukommen, boten ihr Tee an und wurden Zeugen ihrer Trauer. Da Kisagotami keine einzige Familie fand, die den Tod nicht kannte, begann sie, ihn als das anzunehmen, was er ist. Das weißt du und weißt es doch nicht wirklich, bis es deinem Kind, einem anderen Menschen, den du kennst, oder dir selbst widerfährt.

Die Dinge sollen für uns so sein, wie wir es erwarten, und nicht, wie sie tatsächlich sind – dass ein Kind vor seinen Eltern stirbt, dein Lebensgefährte dich verlässt. Du erwartest auch nicht, dass du plötzlich ernsthaft erkrankst, deine Haupteinnahmequelle verlierst oder mitansehen musst, wie dein Haus mit all den Besitztümern, die du während deines Lebens erworben hast, bis auf die Grundmauern abbrennt. Menschen erleiden unendlich viele Arten von Verlust. Vielleicht verlierst du wie Kisagotami sogar den Verstand. Ist das nicht eine deine größten Ängste, dass dir dein ganzes Leben entgleitet?

Der Tod eines Kindes ist ein so qualvoller Verlust, dass kein Mensch ihn erleiden sollte, und doch passiert das. Wenn solch ein Erlebnis uns dermaßen das Herz zerreißt, gibt es nur *das* und Worte, die uns schmerzlich schwer über die Lippen kommen. Es gibt auch die heilende Kraft der Freundlichkeit. Enju und ihr Mann waren umgeben von guten, mitfühlenden Freund*innen, die sie in vieler Hinsicht unterstützten. Als Erstes mussten sie viele praktische Aufgaben bewältigen. Dann hieß es die Trauer von Augenblick zu Augenblick durchleben und einen Schritt nach dem anderen tun. Nach einigen Monaten machte ein Freund sie mit einem Rabbi bekannt, der sich monatelang immer wieder mit Enju und ihrem Mann zusammensetzte und stets ansprechbar für sie war. Ganz gleich, in welchem Zustand sie gerade waren, er schenkte ihnen und ihrer Trauer seine ganze Aufmerksamkeit.

Kannst du für einen Menschen, der leidet, Raum schaffen und offen für ihn bleiben? Für die Heilung auf jeder Ebene ist entscheidend, dass uns andere Menschen vorbehaltlose offen begegnen. Kisagotamis Heilung begann wahrscheinlich, als ihre Nachbarn sie in ihr Haus einluden und ihrer Trauer beiwohnten. Der gute Rabbi wandte sich nicht ab von Enju und ihrem Mann, die er bislang gar nicht gekannt hatte. Kannst du Raum für solch einen heftigen Schmerz schaffen, der dich als Zuhörende selbst an deine Grenzen bringen könnte?

Trauer birgt ihre eigene, brennende Kraft; es gibt keinen richtigen oder falschen Weg zu trauern. Selbst in ein und derselben Familie hat jedes Mitglied seine eigene Art zu trauern. Wie lebst du mit diesen individuellen Rhythmen der Trauer, wie auch immer sie sich bei dir und dir nahestehenden Menschen manifestieren?

Enju sagte: »Ein unendlicher schwarzer Abgrund tat sich vor mir auf und mein Kopf wurde mit Gewalt da hineingestoßen.« Was ist das für ein unendlicher schwarzer Abgrund? Was ist das für ein Ort bodenloser Dunkelheit, diese erbarmungslose, universelle Lebenskraft, die bis in den letzten Winkel unseres Inneren dringt? Im Zen nennen wir die Ich-Entleerung den Großen Tod. Hier handelt es sich um einen spirituellen Tod, eine Erfahrung, die das Ich dermaßen erschüttert, dass nur noch zeitlose Unendlichkeit existiert. Zen-Meister Keizan Zenji beschreibt seine eigene Erfahrung mit den Worten: »Ein schwarzer Ball rast durch die schwarze Nacht.«[49] Ich weiß noch, dass einer meiner Lehrer gesagt hat: »Nirgendwo, niemand.«

Enju selbst sagte: »Ich tauchte in eine Dunkelheit ein, die immer da ist, aber wenn du Glück hast, begegnest du ihr nicht.« Der Verlust eines Kindes kann eine tiefe Ergebenheit hervorrufen, die mit großer Offenheit und Verletzlichkeit einhergeht. In ihrem Buch *Bearing the Unbearable* schreibt Joanne Cacciatore: »Wir können die Trauer über den Tod eines geliebten Menschen, die ein Leben lang anhält, auch als eine Art Transzendenz, eine Wandlung erleben, wenn wir uns von unserer ursprünglichen Wunde nicht abwenden, ehrlich damit sind und uns ihr ergeben.«[50]

Ein uraltes Koan fragt: »Wie ist es, wenn ein Mensch, der den Großen Tod gestorben ist, ins Leben zurückkehrt?« Der Zen-Meister antwortet: »Du musst nicht in der Nacht, du musst bei Tageslicht losgehen.«[51] Die Lebenskraft ist unerbittlich, selbst inmitten schwerer Verluste: Die Sonne geht auf und erwärmt die Erde, neue grüne Keime sprießen aus schwarzer Lava empor und am kahlen Ast zeigt sich eine winzige rosarote Knospe. Wiedergeburt verhindert den Tod nicht. Heute sind Enju und ihr Mann Eltern von zwei reizenden Adoptivtöchtern.

Im Garten des Zen Center in Los Angeles sitzt unter dem Winterbirnenbaum inmitten zarter Iris eine handgemeißelte Steinstatue von Jizo Bodhisattva, dem großen Wesen, das Kinder nach ihrem Tod beschützt. Er trägt einen roten Umhang, den Enju, die sich im Gedenken an Seth um die Statue kümmert, ihm gestrickt hat. Hin und wieder sieht man ein vom Baum gefallenes Blatt, das jemand liebevoll in die Falten des Umhangs gesteckt hat.

Wie wendest du dich Leben-und-Tod von Augenblick zu Augenblick zu?

Wenn alles zerbricht, was dann? Was ist aus einem großen Verlust für dich entstanden? Der unendliche schwarze Abgrund – was ist das?

Betsys Mutter fragt:
»Was machste denn da?«

Ich werde deine Rippen
mit meinem Atem kitzeln.
Ich werde deine Tränen
mit meinem Herzen auffangen.
Was tue ich da?

Koan

Betsys Mutter fragte ihre Tochter: »Was machste denn da?« Bevor Betsy antworten konnte, sagte ihre Mutter: »Ha, ha! Ich bin gar nicht mehr da drüben.« Betsy sah hin, sah den Leichnam ihrer Mutter und fing an, laut zu lachen.

Betrachtung

Was ist tot? Was ist lebendig?

Eine alte Zen-Geschichte erzählt von einem Meister und seinem Schüler, die zusammen eine Beerdigung besuchen, um dem Verstorbenen die letzte Ehre zu erweisen. Als sie angekommen sind, gehen sie zu dem Leichnam, und der Schüler schlägt mit der Hand auf den Sarg und fragt: »Ist das tot? Ist das lebendig?« Der Meister sagt: »Ich wird's nicht sagen, ich wird's nicht sagen.«[52]

Was sagst du? Antworte nicht zu schnell.

Betsys Mutter war seit Tagen nicht mehr ansprechbar gewesen. Nachts ruhte Betsys Kopf auf der Bettseite der Mutter und ihre Hand auf deren Schulter, damit sie spüren konnte, wie die Mutter atmete. Sie fühlte sich wie ein Hundewelpe, der sich neben seiner Mutter zusammengerollt hatte, und diese Nähe war für sie zutiefst heilsam.

Wenn du schon einmal Wache am Bett einer sterbenden Person gehalten hast, weißt du, dass das, was wir gemeinhin *Sterben* nennen, für die sterbende Person wie für die, die bei ihr wacht, eine sehr lebendige Erfahrung ist. Darüber wird heute viel geschrieben, doch wenn du bei einem sterbenden Menschen Wache hältst, lässt du deine Ideen vom Tod los oder schiebst sie zumindest beiseite. Das große Mysterium gebietet dir durch seine bloße, unmittelbare Präsenz, dich so, wie es ist, ganz darauf einzulassen.

Ist die Vorstellung nicht erstaunlich, dass dein Atem und dein Herz eines Tages stillstehen werden? Mein Lehrer sagte dazu gelegentlich: »Wenn du Vergänglichkeit wirklich verstehen würdest, könntest du sie nicht ertragen.« Du weißt, du wirst sterben, und weißt es auch wieder nicht, nicht einmal, wenn du am Bett einer Sterbenden sitzt.

Frag keine Zen-Meisterin, wenn du über das Sterben etwas erfahren möchtest. Sie wird Antworten geben wie: »Ich weiß nicht, ich bin noch nicht tot.« Oder: »Wenn du stirbst, stirb einfach.«

Als Betsy am nächsten Morgen am Bett ihrer Mutter saß, empfand sie einen tiefen Frieden. Sie las ein Buch und dachte über einen Satz nach, als sie ihre Mutter plötzlich verschmitzt fragen hörte: »Was machste denn da?« »Hi, hi!«, lachte ihre

Mutter, als Betsy hochschnellte. »Ich bin gar nicht mehr da drüben.« Betsy lachte verblüfft und sagte: »MUTTI!« Sie schaute zum Bett und erblickte dort den toten Körper ihrer Mutter. Betsy schüttelte den Kopf, lächelte und sagte: »Ich hab dich lieb, Mutti.« Sie konnte fühlen, wie ihre Mutter ebenfalls zu ihr sagte, »Ich hab dich lieb«, während sich ihre Energie auf die Tür zubewegte und durch diese verschwand.

Dieser Leichnam, ist er tot? Ist er lebendig?

Betsy hatte für den Moment, wenn ihre Mutter sterben würde, ein Lied dabei. Sie begann, es zu chanten, zögerte dann aber. Soll ich das jetzt chanten?, fragte sie sich. Braucht meine Mutter diese Anweisungen überhaupt? Weiß sie in diesem Augenblick nicht mehr als ich? Dann hatte sie das Gefühl, dass ihre Mutter mit ihr schimpfte. »Also jetzt mal im Ernst, Betsy, du bist mir eine schöne Priesterin.« Ihre Mutter lachte. »Chante zu Ende.«

Aber sag mir, wo ist Betsys Mutter jetzt?

Der rationale Verstand entwirft gern seine eigenen Szenarien in Bezug auf das Sterben. Du stirbst, wie du eben stirbst. Vielleicht wirst du Zeugin eines Sterbeprozesses und erlebst, wie das Leben eines Menschen zu Ende geht, ohne wirklich Zugang dazu zu haben. Wir alle antworten auf das große Mysterium auf unsere eigene einzigartige Art und Weise, ohne zu wissen, wie das aussehen wird.

Es gibt ein Todesgedicht von Zen-Meister Ikkyu:

Ich werde nicht sterben,
Ich gehe nirgendwohin,
Aber ich werde nicht hier sein.
Fragt mich also nichts –
Denn ich werde nicht antworten.[53]

Und du? Wirst du antworten?

Bist du lebendig? Bist du tot, während du lebendig bist? Wie lebst du in dem Wissen, dass du sterben wirst? Zeig es mir! Wie beeinflusst deine Sicht des Sterbens die Art und Weise, wie du dein Leben jetzt lebst?

Helga sieht ihren eigenen Tod

Lasst mich uns respektvoll daran erinnern:
Leben und Tod sind von größter Wichtigkeit,
Zeit vergeht schnell und Gelegenheiten sind dahin.
Lasst uns erwachen, erwachen!
Schreiten wir voran,
Verschwenden wir unser Leben nicht.[54]

Koan

Als Helga diese Erkenntnis hatte, machte sie große Augen. »Mir ist gerade klar geworden, dass ich sterben werde«, sagte sie.

Die Person, die neben ihr stand, schaute ihr in die Augen und sagte: »Ja, Helga, du wirst sterben.«

Helga riss die Augen noch weiter auf.

Die Person sagte: »Du bist am richtigen Ort.«

Helga erwiderte: »Danke. Danke.«

Betrachtung

Als Helga älter wurde und die Dinge langsamer anging, nahm sie ihre spirituelle Praxis wieder auf und machte auch Tages-Retreats. Während eines solchen Retreat traf sie die Realität ihrer eigenen Sterblichkeit wie ein Schlag.

Kennst du auch diesen Moment, in dem dein eigener Tod für dich deutlich greifbar wird und du plötzlich weißt, dass er nicht in weiter Ferne liegt und mehr als nur ein Gedanke ist? Die Gewissheit deines eigenen Todes – dass es eine Zeit geben wird, in der dein Körper-Geist überhaupt nicht mehr existiert, in der dein Atem stillsteht und dein Herz zu schlagen aufgehört hat –, ist eine durch und durch körperliche Erfahrung. Tatsächlich weiteten sich Helgas Augen bei dieser Erkenntnis. Du kannst über den Tod philosophieren oder großartige Reden darüber schwingen. Tatsache aber ist, eines Tages wirst du nicht mehr in deiner Haut stecken. Nichts von alledem, was dein Leben im Augenblick ausmacht, wirst du mehr tun können, noch wirst du imstande sein, für andere etwas zu tun. Wie bleibst du wach dafür, dass dein eigener Tod jeden Augenblick eintreten kann?

Wir denken meistens, wir werden geboren, leben eine bestimmte Anzahl von Jahren, um dann eines Tages zu sterben. Tatsächlich jedoch sind Geburt und Sterben ständige Prozesse. Zen-Lehrer*innen sagen, dass sich Geburt und Tod in jedem Augenblick wiederholen, immer und immer wieder.

Wir können unsere Sinne dafür schärfen, dass wir kontinuierlich geboren werden und sterben, indem wir uns das immer wieder bewusst machen. Wenn du im Garten Unkraut jätest, sei dir bewusst, dass du in deinen Garten hineingeboren wurdest. Bist du mit Unkrautjäten fertig, stirb und werde beim Wegräumen der Gartengeräte wiedergeboren. Nimmst du eine Dusche, sei dir bewusst, dass du unter der Dusche geboren wirst, stirbst, wenn du aus der Dusche trittst, und wiedergeboren wirst, sobald du dich mit dem Handtuch abtrocknest, und so weiter. Nimm dir im Laufe des Tages immer wieder Zeit für diese Praxis.

Genauso kannst du praktizieren, wenn du die Rollen wechselst, die du im Leben einnimmst. Als Freundin geboren, bist du eine Stunde später Mutter und anschließend Arbeitskollegin, und während du in einer Rolle stirbst, wirst du in die andere hineingeboren. Wir wechseln die Rollen in unserem Alltag oft so schnell, dass es sich dabei um einen einzigen, kontinuierlichen Prozess zu handeln scheint, den du dann »ich« oder »mich« nennst. Frag dich, wenn du Geburt-und-Tod auf diese Weise erforschst: Wer ist das, die oder der da so schnell immerzu geboren wird und stirbt?

Als sie auf die Achtzig zuging, traf Helga die Tatsache ihres eigenen Todes plötzlich wie ein Schlag. Aber konnte sie sehen, dass sie tatsächlich von Augenblick zu Augenblick immer wieder geboren wurde und starb? Kannst du das sehen? Die Person, deren Arm Helga ergriff, sah ihr tief und unverwandt in die Augen und bestätigte, was Helga erkannt hatte: »Ja, du wirst sterben«, um dann hinzuzufügen: »Du bist am richtigen Ort.«

Sag mir: Was ist dieser »richtige Ort«?

Hier und jetzt ist der richtige Ort für dein Leben, wie es sich entfaltet. Hier und jetzt ist der richtige Ort für deinen Tod, sollte er eintreten.

»Danke«, sagte Helga. »Danke, danke.«

Es stimmt, nichts ist für uns befreiender als die Bestätigung dessen, was wirklich ist. Ja, du und ich, wir werden sterben. Was heißt das?

Wenn du in jedem Moment geboren wirst und stirbst, wie lebst du diese Tatsache dann in diesem Augenblick?

Vivianne:
Gott anklagen

»Sprich deine Wahrheit
Ohne Schuldgefühle oder Vorwürfe aus.«[55]
Doch selbst wenn du voller Schuldgefühle und Vorwürfe bist,
Im klebrigen Sumpf von Ärger und Klagen –
Genau dort gibt es einen Weg.

Koan

Vivianne erzählte ihrer Lehrerin: »Was mich betrifft, so weiß ich, dass Gott nicht existiert. Trotzdem bin ich wütend auf ihn, weil er mir viel zu früh meine Eltern genommen hat.«

Betrachtung

Eine gute Freundin pflegte zu sagen, dass Menschen, die Zen praktizieren, viel von Nicht-Ich und Unbeständigkeit reden und die Existenz einer beständigen Seele bestreiten, doch in dem Augenblick, in dem sie ein großes Unglück trifft, beten sie zu Gott.

Oder sie klagen Gott an. Möchten wir nicht, wenn etwas Unerwartetes und Schmerzliches passiert, einem allmächtigen Wesen die Schuld daran zuschieben können? Brauchen wir nicht generell jemanden, den wir verantwortlich machen können, wenn sich eine Kluft auftut zwischen dem Leben, wie es ist, und dem Leben, wie es unserer Meinung nach sein sollte, zwischen den Menschen, wie sie sind, und den Menschen, wie wir sie haben wollen? In dieser Kluft warten Ärger, Enttäuschung und Vorwürfe, begleitet von Gefühlen wie Schwäche und Hilflosigkeit. Im dualistischen Denken finden Schwäche und Hilflosigkeit ihr Gegenstück in Autorität, Macht und Kontrolle.

Die zuletzt genannten Eigenschaften schreiben wir einer unbekannten Größe zu, machen daraus ein Spiegelbild unserer selbst und statten es mit den Eigenschaften aus, die das Gegenteil von dem verkörpern, was wir selbst fühlen und empfinden. Die Psychologie spricht hier von Projektionen, manche spirituellen Lehrer*innen von Götzendienst.

Viele mystische Traditionen definieren Gott als das Nichtwissbare. Nichtwissen ist die Quelle aller Manifestationen, dazu gehört auch der Tod geliebter Eltern, Kinder, Tiere, kurzum von allem, was uns lieb und teuer ist. Doch wenn uns ein großes Unglück trifft, reckt der Zweifel sein imposantes Haupt: *Wie ist das möglich? Wie konnte das passieren?* Wenn die Dinge den Rahmen unseres Denkens in den Kategorien von richtig und falsch, gerecht und ungerecht sprengen, zeigen wir oft schnell mit dem Finger auf ein Wesen, dem wir Allmacht verleihen, und sagen: *Wie konntest du das zulassen?*

Wir müssen nicht an Gott glauben, um so zu denken. Wir müssen lediglich am Kummer und an der Empörung festhalten und unsere Lieblingsmonologe über enttäuschte Liebe, zerschlagene Hoffnungen, Unfälle und ähnliche Tragödien ständig wiederholen. Schert sich das Leben auch nur im Geringsten darum? Können alle Wachsamkeit der Welt und das

Anbeten und Einladen göttlicher Wesen jemals verhindern, dass schlimme Dinge geschehen?

Aber was hilft? Mach erst einmal einen tiefen Atemzug. Nimm wahr, wie dein Körper lebt und lebendig ist, ohne um Erlaubnis zu fragen, selbst dann, wenn du tief im Innersten sterben möchtest. Trink eine Tasse Tee. Innerlich fühlst du dich wund und bekümmert und bist sicher, dass du nie wieder glücklich sein wirst. Doch wenn du aufmerksam wahrnimmst, wie tröstlich es ist, heißen Tee zu trinken, kann jeder Schluck dich ruhiger machen und mehr in der Gegenwart ankommen lassen.

Wenn du aufmerksam bleibst, fällt dir vielleicht als Nächstes auf, wie sich dein Gesicht beim Betrachten des Sonnenuntergangs entspannt, wie du den Hund streichelst, der dich mit der Schnauze angestupst hat, und auch wenn du beim Abendessen nicht viel Appetit hattest, die Blaubeeren haben dir geschmeckt. Sind solche Augenblicke voller Kummer, oder ist da noch Platz für heißen Tee, den Sonnenuntergang, den Hund und die Blaubeeren? Es geht nicht darum, Verluste zu leugnen, sondern aus den Geschichten auszusteigen, die du dir dazu erzählst. Wenn mir der Verlust als solcher bewusst bleibt, ist mir immer noch schwer ums Herz, aber ich fühle auch das heiße Badewasser oder den Schock der kalten Nachtluft, die mich empfängt, wenn ich aus der Tür trete.

»Wie geht es dir?«, fragt jemand. Wenn ich meine Geschichte weitererzähle, könnte ich sagen: »Ich kann gar nicht aufhören zu weinen.« Bin ich aufmerksam, könnte die Antwort lauten: »Ich weine viel, rieche den Duft der Blumen, bin schrecklich traurig, telefoniere mit einem geliebten Menschen, schaue zum Himmel hoch, weine wieder, sehe fern, schlafe.« Traurigkeit kommt im Augenblick hoch, Freude kommt im Augenblick hoch wie auch Überraschung, Kummer, Schmerz, Friede und alles weitere. Im Kopf bin ich sicher, dass ich seit Wochen, wenn nicht Monaten unerbittlich trauere, doch wenn ich aufmerksam bin, sehe ich, wie das Leben weitergeht. Zuerst mag es sich stumm und unmerklich regen, doch wenn ich den Lichtstrahl meiner Aufmerksamkeit darauf richte, kann daran kein Zweifel bestehen.

Es gibt hier eine weitere Praxis, in der wir uns üben können. »Ich muss daran erinnert werden, dass die meisten Menschen auf der Welt viel schwerere Lasten tragen als ich, und das mit mehr Demut und Würde, als ich es jemals vermag; dass sie anderen häufiger verziehen haben; dass sie mehr aushalten und sich mit dem Leben viel häufiger versöhnen mussten als ich«, schreibt Bruder Greg Boyle, Begründer der Homeboy Industries, eines sozialen Dienstes für Bandenmitglieder in Los Angeles. »Es macht einen wirklich verrückt, immer wieder damit leben zu müssen.«[56]

Überall stoßen wir auf Schmerz und Verlust. Wenn es uns selbst trifft, scheint es ganz natürlich zu sein, dass wir innerlich aus der Bahn geraten und zusammenbrechen. Doch bist du der einzige Mensch, der plötzlich seine Eltern verliert, an Krebs erkrankt oder bei einem Autounfall verletzt wird? Millionen erleben das. Kannst du es fühlen?

Es ist wichtig, schon vorher zu praktizieren. Wenn in deinem Leben etwas Freudiges passiert, kannst du zu dir sagen:

Ich bin glücklich, mögen alle Wesen glücklich sein. Wenn du einen strahlenden Sommertag erlebst, kannst du sagen: *Ich habe einen wunderschönen Tag, mögen alle so einen Tag erleben.*

Vielleicht fühlt sich das anfangs etwas gekünstelt an, aber du übst dich darin, dein persönliches Universum auszuweiten und immer mehr Menschen, immer mehr Wesen einzubeziehen. Du öffnest dich vorbehaltlos dafür, wie wir uns durch unsere Erfahrungen mit allen und allem vermischen und gegenseitig durchdringen. Es ist ganz natürlich, dass du deinen eigenen Verlust schlimmer findest als den anderer, doch wenn du in der Freude wie im Kummer das Universum einbeziehst, übst du dich darin, beweglicher und durchlässiger zu werden und den Fluss der Energien bewusster wahrzunehmen.

Ein anderer Name dafür ist Gnade. Musst du in bestimmten Gegenden von Los Angeles leben und arbeiten, wie Greg Boyle, um darüber zu staunen, wie stark Menschen sein können? Hast du nicht inzwischen erfahren, dass der Nachbar von gegenüber, der neu eingetroffene Flüchtling, den du im Lebensmittelladen grüßt, und der Pfleger deines Vaters unvorstellbare Tragödien und Verluste erlebt haben und dich trotzdem anlächeln, ihre Kinder großziehen und sich um ihr Leben kümmern? Sehen diese Menschen aus wie Helden?

Wenn du ihre Namen erfährst und ihren Geschichten zuhörst, bereitest du den Boden dafür, mit anderen in Kontakt zu treten und dich mit ihnen zu verbinden. Wenn du dann in deinem Leben Verluste erfährst, wirst du davon zwar mehr betroffen sein als andere, aber sind das wirklich nur deine Verluste?

Vielleicht stellst du fest, dass die Welt mit dir trauert.

»Ich war den ganzen Tag traurig. Ich bin ein neurotisches Nervenbündel. Ich bin manisch-depressiv.«
Sag mir, wo befinden sich in diesem Augenblick deine Füße und Hände? Hast du gefrühstückt? Hast du den Abwasch gemacht? Hast du das Windspiel draußen gehört?

DIE VIELEN TORE
DER PRAXIS

Christina:
Wie erbärmlich ich bin!

Schatten, Schatten an der Wand,
Wer ist die Erbärmlichste im ganzen Land?

Koan

Als Christina sich einer Gruppe von Menschen anschloss, die seit längerer Zeit zusammen praktizierten, fragte sie: »Warum tauschen wir uns nicht über unsere Praxis aus, indem wir abwechselnd kurze Dharma-Vorträge halten?«

Die Gruppenmitglieder regten sich über diesen Vorschlag auf. »Wir können Anweisungen für die Körperhaltung und den Atem geben«, sagten sie, »doch für einen Dharma-Vortrag brauchen wir eine richtige Lehrerin oder zumindest einen Mönch. Wir, die wir in unserem Alltag praktizieren, können das auf keinen Fall machen.«

Christina spürte, wie ihr kalt ums Herz wurde. Sie dachte: »Habe ich auch solche Angst, zu meiner eigenen Praxis zu stehen? Wie erbärmlich wäre ich, wenn das stimmte!«

Betrachtung

Nur du kannst in deiner eigenen Haut leben und auf deinen eigenen Füßen stehen. Welche Autorität sollte dir diese Tatsache sonst bestätigen? Als die Gruppenmitglieder sich über Christinas Vorschlag aufregten, wurde ihr klar, dass sich hinter der

Fassade eines vordergründig gesunden Respekts vor der Tradition eine subtile Angst verbarg, die etwas widerspiegelte, das tief in ihr war. Eine der Schwierigkeiten, mit denen Christina zu kämpfen hatte, bestand darin, dass sie sich heftig dagegen wehrte, sich selbst so, wie sie war, als vollständigen Menschen anzunehmen, in dem die Lebenskraft einen vollkommenen Ausdruck fand. Sie hatte das Gefühl, dass das brave kleine Mädchen, das ständig die Anerkennung und Bestätigung der anderen suchte, trotz ihres fortgeschrittenen Alters und ihrer jahrzehntelangen buddhistischen Praxis immer noch in ihr lebendig war. Als ihr das klar wurde, sagte sie zu sich: »*Wie erbärmlich ich in dieser Hinsicht bin. Wie erbärmlich, dass ich nach all den Jahren der Praxis immer noch nicht bereit bin, voll und ganz zu mir zu stehen!*«

Stimmt das auch für dich? Wie erbärmlich bist du?

Die große Herausforderung auf dem spirituellen Weg besteht darin, dass nur du und niemand anderes erkennen kannst, wer du wirklich bist. Wie Zen-Meister Kodo Sasaki sagt: »Du kannst keinen einzigen Furz für den Typ neben dir lassen. Jeder von uns muss sein eigenes Leben leben.«[57] Wer du bist, hängt nicht davon ab, ob jemand dich schätzt oder nicht, bestätigt oder ablehnt, dir etwas gibt oder nimmt. Niemand kann dein Leben für dich leben – du musst voll und ganz für dich einstehen. Du bist eine einzigartige, vollkommene Manifestation der universellen Lebenskraft; und das gilt auch für andere.

Manche Menschen haben das Gefühl, wer eine Robe trägt oder einen Titel hat, sei ihnen überlegen, wisse mehr als sie oder sei wichtiger als sie. Die wahre Lehrerin stellt alle deine Annahmen auf den Kopf und gibt sie dir zurück, damit du sie überprüfst. Das wird dir wahrscheinlich nicht gefallen, weil du dich dabei möglicherweise unzulänglich und wertlos fühlst. Vielleicht bist du auch einfach nur perplex wie die Schüler des Zen-Meisters Huangbo, der sie *Dreckfresser* nannte und anherrschte: »Wisst ihr nicht, dass es in ganz China keine Zen-Lehrer gibt?« »Und was ist mit Ihnen?«, fragte ein Schüler. Huangbo stieß hervor: »Ich sage nicht, dass es kein Zen gibt, sondern nur, dass es keine Lehrer gibt.«[58] Das stellt nicht in Abrede, dass Weggefährt*innen oder Lehrer*innen ein Schatz sein können.

Christina hatte die Gruppe durch ihren Vorschlag unwissentlich herausgefordert. Zen-Vorträge sollen dich in deinem Selbstgefühl erschüttern und nicht bestärken. Manchmal reißt eine simple Frage ganze Fundamente ein. Genau diese Wirkung hatte Christinas Vorschlag, denn sie konfrontierte die Gruppe mit einem Tabu. Gruppen haben ebenso ihre Schatten wie Einzelpersonen. Manche Themen werden nie angesprochen oder gründlicher erforscht, denn das könnte den Status quo ins Wanken bringen. Eine Person oder Gruppe braucht viel Entschiedenheit und Hingabe, um solche Tabus zu benennen und näher zu betrachten.

Du kannst leicht übersehen, dass Mitglieder einer Gruppe einschließlich deiner selbst eine wegweisende Rolle übernehmen können. Dazu musst du für deine eigene Praxis und die der Gruppe volle Verantwortung übernehmen. Das heißt, Urteile loslassen, die du über andere fällst, bestimmte Seiten von dir zeigen sowie die Verbundenheit und Weisheit respektieren, die jedem Menschen eigen sind. Das Dharma kann im Kreis gemeinsam Praktizierender, die ihre Reise gegenseitig bezeugen und darüber ins Gespräch kommen, so gelehrt werden, dass es für alle bereichernd ist.

Kann eine Gruppe von spirituell Praktizierenden sich so herausfordern, dass die Teilnehmenden zusammen erwachen? Kannst du in dieser Hinsicht eine wahre spirituelle Freundin sein? Wie kannst du ohne Lehrer erkennen, dass du im Begriff bist, die falsche Richtung einzuschlagen? Woher weißt du, ob ihr als Gruppe von Praktizierenden stagniert? Gemeinsam erwachen heißt, dass sämtliche Gruppenmitglieder aufgerufen sind, in Gegenwart der anderen alles in Frage zu stellen, und das gilt auch für die Grundlagen, auf die sich die Gruppe stützt.

Wenn du deine Annahmen beiseitelässt und dich immer wieder jedem Augenblick neu mit Respekt und Gelassenheit zuwendest, wirst du auf keinen Fall »erbärmlich« sein.

*Wann hörst du auf, Anerkennung von außen zu brauchen, und beginnst, darauf zu vertrauen, dass du eine vollständige Manifestation des Lebens selbst bist? Kannst du dich voller Zuversicht mit deinen Weggefährt*innen über die Praxis austauschen und Unterstützung geben und annehmen? Was musst du und was muss deine Gruppe ändern, um diesen Prozess zu fördern?*

Jeffrey:
Dr. Doktor fährt Bus

Je nach den Umständen
Ist alles Medizin,
Ist alles Krankheit.
*Ärzt*innen sind da keine Ausnahme.*

Koan

Dr. Doktor hatte eine ganz gewöhnliche Erkältung, fuhr aber trotzdem mit dem Bus zur Arbeit. Als er anfing, in sein Taschentuch zu husten und zu schniefen, schienen alle Menschen im Bus ebenfalls zu husten und zu schniefen. Schließlich stieg der Arzt an seiner Zielhaltestelle aus.

»Mensch!«, seufzte der Fahrer. »Was würden wir bloß tun ohne unsere gute medizinische Versorgung?«

Betrachtung

Oh, die Stimme der Autorität! Wenn die gute Frau Doktor da ist, erlauben sich manche von uns, ihren Verstand an der Wartezimmertür abzugeben. Wir hören ihr zu, ahmen sie nach, kopieren ihre Eigenarten, gehen und sitzen wie sie und denken, dadurch könnten wir ihr ähnlich werden. Aber wir sind nicht nur alle verschieden, auch wir selbst ändern uns ständig. Wie können wir wissen, was in diesem Augenblick zu tun ist?

So viele Ratschläge prasseln im digitalen Zeitalter auf uns ein. Wir haben Zugang zu Informationen über Vitamine, Gesundheit, Diäten, Körperübungen und darüber, wie wir unsere Falten loswerden können. Wir bekommen Links zu Videos und Clips über die Wohltaten der Meditation, die Praxis der Dankbarkeit, Achtsamkeitstraining und die Wichtigkeit von Weisheit und Mitgefühl. Warum fangen wir uns bei all diesen frei zugänglichen, kostenlosen Ratschlägen, all dem komplexen Wissen, das uns mit einem Mausklick zur Verfügung steht, überhaupt noch eine Erkältung ein? Warum leiden wir mehr denn je an Übergewicht und Stress? Warum fühlen wir uns trotz all dieser Gurus, Expertinnen und TED Talks innerlich oft so leer und isoliert und sind zynisch?

Am Telefon sprach ich neulich mit einem Freund, der nach einem langen, teuren Workshop auf dem Weg zurück nach San Francisco war. Auf der Fahrt auf dem Highway 101, der auf die Golden Gate Bridge zuläuft, fühlte er sich in absoluter Hochform. Er hatte all seine Lehrer*innen ins Herz geschlossen, war so viel offener geworden und das Leben war wie umgewandelt. Doch schon bald hörte ich, wie er sich gereizt über den Verkehr beschwerte, der sich vor der Brücke staute. In kürzester Zeit wurde er immer ärgerlicher und schließlich konnte ich hören, wie er jemanden anbrüllte. »Was ist los?«, fragte ich. »Der beschissene Typ an der Mautstelle hat mir gesagt, ich solle anhalten, weil der Verkehr auf der Brücke stockt. Diese blöden Arschlöcher – weiß denn hier keiner, was zu tun ist?«

Deine Lehrer*innen nehmen in deinem Denken meistens viel Raum ein. Sie haben dir so viel gegeben und vielleicht einige deiner dunklen Ecken beleuchtet. Doch die Praxis für unsere Heilung und die des Planeten besteht nicht automatisch darin, dass wir schniefen und husten wie sie.

Wie übernimmst du Verantwortung für dein Leben? Iss, was du auf dem Teller hast. Tu, was in diesem Moment für dich ansteht. Sei ein verantwortungsbewusstes menschliches Wesen im Umgang mit deinem Mann oder deiner Lebenspartnerin, deinem Kind, den Eltern, einer Kollegin, der Frau, die dir per Telefon etwas verkaufen will und deren Anruf dir nicht gelegen kommt, dem Kassierer in der Bank und dem Hund, der den Komposthaufen durchwühlt.

Vielleicht hast du keinen Titel und keine wichtige Position, aber liegt es nicht in deiner Macht, Entscheidungen für dein Leben zu fällen und Dinge aktiv anzugehen? Wenn du diese Autorität nicht bist, wer dann? Deine Ärztin, dein Lehrer, deine Mutter, der Bankangestellte, ein Guru oder Gott? Sollte eine dieser Personen diese Autorität sein, endet das oft mit Zynismus, der Ablehnung sämtlicher Autoritäten, der Weigerung, überhaupt einen anderen Menschen als Lehrerin oder Vorgesetzten anzuerkennen und zu realisieren, wie wertvoll seine Lehren oder Ratschläge sind.

In einer berühmten Geschichte über Nan-in, einen Zen-Meister des 19. Jahrhunderts, bat ihn ein Professor um Belehrungen über Zen. Der Meister schenkte dem Gast Tee ein und fuhr damit fort, als die Tasse längst voll war und überlief. Als sein Besucher ihn fragte, was er da tue, sagte Nan-in: »Wie kann ich dich irgendetwas lehren, wenn dein Kopf voll von deinen eigenen Meinungen und Gedanken ist? Wenn du etwas lernen willst, musst du zuerst deinen Geist leer machen.«[59]

Mach dich im Kopf frei von blinder Ehrfurcht und automatischem Gehorsam wie auch von Misstrauen und Zynismus, hör genau hin und handele. Dein Leben gehört dir. Taizan Maezumi hat zu seinen Nachfolgern gesagt: *Nimm so viel auf, wie du kannst. Schluck runter, was du brauchst, und spuck den Rest aus.*[60]

Wenn wir einen anderen Menschen imitieren, ganz gleich wie glaubwürdig und begeistert, fangen sich am Ende alle eine Erkältung ein.

»Wenn euer Lehrer euch sagt, ihr sollt vom Dach springen, müsst ihr das tun«, hat ein japanischer Lehrer beim Besuch einer US-amerikanischen Sangha Anfang der 1980er Jahre gesagt. Wenn du diese Worte gehört hättest, was hättest du getan? Wer ist deine Stimme der Autorität?

Ariel:
Modernes Nirvana

Ta täglichdeppitamin ICYMI
ILUVU 4EVA & EVA CU L8R
XOXOXOXOXOXOXOXOXOXOXO
Sag mir, von wem stammt dieses meschugge Kauderwelsch?

Koan

Ein skeptischer Schüler fragte die Lehrerin: »Ist es heutzutage immer noch möglich, ins Nirvana einzugehen?«

Betrachtung

Wenn du wach für die Wahrheit dieses Koans bist, kannst du deine Suchwege wie eine Rakete durch das Netz schießen sehen, kannst nonstop twitternd zwei Millionen Follower gewinnen und deine persönliche Unterschrift unter Millionen von Dokumenten setzen, ohne dass dir die Tinte ausgeht oder deine Hand ermüdet.

Donnerwetter, was für ein Wirbel an Betriebsamkeit! Wie kannst du überhaupt etwas zustande bringen, wenn du dich völlig überfordert fühlst von YouTube-Videos, Instagram, Facebook und Mails, Einladungen, jemandes *Freund*in* oder *Fan* zu sein, zu *linken* und zu *liken*, zu *twittern* oder zu *sharen* und täglich Millionen von Menschen zum Geburtstag zu gratulieren?

In den Sutras heißt es, dass Mara, der Versucher, Buddha, als dieser unter dem Bodhi-Baum saß, mit einer Täuschung nach der anderen bombardierte, die von furchterregenden Dämonen bis zu Maras eigenen wunderschönen Töchtern reichten, um ihn abzulenken, zu verführen oder ihm Angst einzujagen. Unser heutiger Mara liefert uns blinkende Schlagzeilen über die wirtschaftliche Lage, Hassbotschaften in den sozialen Medien, virale Videos und pornografische Websites. Er verkauft uns Rentenzusatzversicherungen, sexy Negligees, akademische Titel und Dharma-Webinare, die uns den Weg zur Erleuchtung aufzeigen.

Was fangen wir mit dieser Informationsflut an? Wie wachen wir auf?

Mehr als je zuvor sind wir heute mit weit entfernten Nationen verbunden, lesen eifrig über Kulturen und Gesellschaften, die völlig anders sind als unsere eigene und von deren Existenz wir noch vor einigen Jahrzehnten so gut wie nichts wussten. Wir verfolgen den Weg der Hurrikans und Erdbeben, die auf der anderen Seite der Erdkugel ihr Unheil anrichten, sehen Raumschiffe durchs All schwirren und informieren uns über aktuelle medizinische Forschungsprojekte, die in weit entfernten Laboren durchgeführt werden. Wir werden elektronisch nicht nur zu politischen Treffen zitiert, sondern auch daran erinnert, uns ein neues Rezept für unsere Medikamente abzuholen, zu Spielen eingeladen, aufgefordert, Nachrichten in die Welt zu schicken, und warnend darauf hingewiesen, dass das Leben, wie wir es kennen, zu einem genau feststehenden Termin enden wird.

Wie beziehen wir Stellung? Wie entscheiden wir, wo wir zustimmen und was wir ablehnen? Was ist mit unseren Gelübden? Haben wir bei diesem permanenten Bombardement mit Anliegen, Aufforderungen und Einladungen nicht manchmal das Gefühl, den Boden unter den Füßen zu verlieren? Wie gehen wir mit der ängstlichen Besorgnis um, die uns bei dieser permanenten Hochgeschwindigkeit und sofortigen Verfügbarkeit manchmal packt?

Und, vielleicht am wichtigsten, worauf richten wir unsere Aufmerksamkeit? Wenn ich online einen Artikel lese, lese ich ihn dann wirklich oder überfliege ich ihn nur, um schnell zum nächsten Artikel überzugehen? Schenke ich den Dingen bewusst meine Aufmerksamkeit oder hake ich die meisten einfach ab? Lebe ich mein Leben oder mache ich lediglich eine Bestandsaufnahme davon?

In der Zen-Meditation sind wir aufgefordert, jedes Mal, wenn wir abschweifen, mit unserer Aufmerksamkeit zum Atem, zum Koan oder ins *Jetzt* zurückzukehren. Das ist ein allmählicher und gründlicher Prozess, doch mit der Zeit können wir erleben, wie Körper und Geist zur Ruhe kommen. Wie behalten wir diese Ruhe in unserem Alltag bei, wenn Telefone, Mails und die verschiedensten Apps unsere Aufmerksamkeit fordern?

Eihei Dogen hat gesagt: »Wo auch immer wir uns gerade befinden mögen, (unser ganzer Körper) ist niemals von uns getrennt.«[61] Wo du auch bist – ob du auf deinem Meditationskissen, dem Schreibtischstuhl oder im Auto sitzt oder am Herd stehst und kochst –, genau dort ist die ganze Welt und tut diese Dinge. Wie erfährst du das? Indem du es praktizierst. Indem du es lebst. Gibt es wirklich einen Grund dafür, ständig nach links oder rechts zu schauen, zum Telefon oder zum Bildschirm zu rennen, dein Gewahrsein zu spalten und dieses kostbare Gut für ein paar Informationsbytes zu verschleudern, die, kaum gelesen, auch schon wieder vergessen sind? Dogen sagt dazu: »Wenn du dein Bemühen zielstrebig ausrichtest, hast du den Weg bereits beschritten.«

Ein Schüler sagte zu Meister Ikkyu: »Bitte schreiben Sie mir etwas von großer Weisheit auf.«
Meister Ikkyu nahm seinen Pinsel zur Hand und schrieb ein Wort: »Aufmerksamkeit.«
Der Schüler sagte: »Ist das alles?«
Der Meister schrieb: »Aufmerksamkeit. Aufmerksamkeit.«
Der Schüler wurde ärgerlich: »Das scheint mir weder tief zu gehen noch scharfsinnig zu sein.«
Als Antwort schrieb Meister Ikkyu einfach: »Aufmerksamkeit. Aufmerksamkeit. Aufmerksamkeit.«
Der frustrierte Schüler sagte mit Nachdruck: »Was bedeutet denn das Wort ‚Aufmerksamkeit'?«
Meister Ikkyu erwiderte: »Aufmerksamkeit bedeutet Aufmerksamkeit.«[62]

Meister Ikkyu kannte dieses Geheimnis bereits, bevor Facebook, Twitter, Instagram und andere heutige Schatzsucher anfingen, gnadenlos Aufmerksamkeit zu fordern. Deine Aufmerksamkeit. Wem oder was willst du sie schenken?

Wir können auch bewusst beschließen, eine Weile nichts und niemand unsere Aufmerksamkeit zu geben, sie auf nichts Bestimmtes zu richten. Wenn wir zum Beispiel einen Weg entlangschlendern oder ziellos umherwandern, haben wir nichts im Sinn, was wir erreichen oder wo wir hinmüssten. Wir spazieren einfach los, schauen uns um, erlauben uns, unsere Aufmerksamkeit auf die Dinge zu richten, die uns auf unserem Weg begegnen, oder auch nicht. Mühelos kommst du in Einklang mit deinem Körper und der Welt, die dich umgibt – du bemerkst Wolken, Sonne, dann wieder Wolken und genießt einen entspannten, erholsamen Nachmittag.

Würdest du in diesem Fall von Zeitverschwendung reden?

Was immer du gerade tust – oder nicht tust –, lass dich ganz darauf ein, tu es von ganzem Herzen. Gib dich deinem Leben rückhaltlos hin. Nicht halbherzig, nicht, während du YouTube-Videos anschaust oder einen Gruß textest. Schneide dein Herz nicht in Hälften oder Viertel, lass es voll und ganz im Hier und Jetzt sein.

Kannst du dir während des Tages Auszeiten nehmen, in denen du dich ganz einer einzigen Sache zuwendest? Kannst du der Aufgabe, die gerade ansteht, deine volle Aufmerksamkeit schenken? Oder dem Essen auf dem Teller vor dir? Wie ist es mit dem Menschen, der vor dir steht?

Shishin:
Der goldene Buddha

Wenn du dem Buddha begegnest,
Wie begrüßt du ihn dann?
Sagst du etwas, kann er dich nicht hören.
Bleibst du still, weiß er nicht, dass du da bist.
Sag mir: Was wirst du tun?

Koan

Eines Nachts hatte Shishin einen Traum. Er und sein Lehrer saßen zusammen im Meditationsraum, als plötzlich in einer Zimmerecke ein goldenes Licht aufleuchtete.

Shishin flüsterte seinem Lehrer zu: »Der Buddha ist da.«

Sein Lehrer lächelte und sagte: »Ja! Lass uns hingehen und den Buddha begrüßen.«

Shishin zögerte nicht. Er stand von seinem Sitz auf und ging dann hinüber zu dem Licht, das so hell war, dass er nicht hineinschauen konnte. Er ließ sich mit dem ganzen Körper auf dem Boden nieder und verbeugte sich ehrerbietig. So hingestreckt daliegend, spürte er, wie ein warmes Licht ihn umspülte und sich in ihm ein tiefer Frieden ausbreitete.

Später fragte ihn sein Lehrer: »Was hat der Buddha dir gegeben, was nicht bereits deins war?«

Betrachtung

Shishin hatte seit Jahren Zazen praktiziert. Er hatte sogar eine Meditationsgruppe gegründet, um mit anderen zusammen zu sitzen, sowie Retreats organisiert und dabei die ganze Zeit noch seine Familie versorgt und seine Kinder großgezogen. Trotzdem litt er an einem tiefen Unbehagen und hatte das Gefühl, kein wirklich guter Zen-Schüler zu sein.

Besonders frustrierte ihn, dass er überhaupt keine Erleuchtungserlebnisse hatte. Groß geworden in einer Zeit, in der solche Erlebnisse unter Zen-Praktizierenden in Amerika als Nonplusultra galten, sehnte er sich nach einer Erfahrung, die ihn so verwandelte, dass er sich nie mehr wertlos fühlen oder dieses innere Unbehagen empfinden würde.

Regelmäßig sitzend, nahm Shishin wahr, dass jeden Morgen beharrlich immer wieder ein Gedanke auftauchte: *Ich bin nicht gut genug.* Dieses lebensverneinende Mantra war die Hintergrundmelodie seines Lebens, ein engmaschiges Narrativ, in dem er sich ständig verfing, eine immer präsente, traumatisierende Stimme. Je mehr Shishin meditierte, desto stärker fühlte er sich dieser Stimme ausgeliefert. Aber sag mir, fehlte Shishin denn überhaupt etwas Grundlegendes?

Glaubst du, dass diese inneren Stimmen, die uns schwächen, durch transzendente Erfahrungen zum Verschwinden gebracht werden? Als mir in meiner eigenen Praxis der Satz *Ich bin nicht genug* bewusst wurde, führte er mich zu dem traurigen inneren Kind, das meine Aufmerksamkeit brauchte. Ich lernte, dieses kleine Mädchen zu fragen, was gerade nicht stimmte, und ihr zu geben, was ihr fehlte. Um was bittet dein inneres Kind dich heute? Hör genau hin, nimm die aufkommenden Gefühle wahr und wende dich entsprechend diesem Kind zu. Auf diese Weise nimmst du dich dieser beharrlichen inneren Stimme an.

Welche Überzeugungen hegst du in Bezug auf dich? Haben sie die Form von negativen Gedanken, die nicht laut ausgesprochen werden, mit denen du aber innerlich ständig im Gespräch bist? Misst du dich an diesen Aussagen, ohne ihre Gültigkeit jemals zu hinterfragen? Stimmt es, was du dir selbst ständig über dich erzählst? Woher weißt du das?

Inmitten seines turbulenten Alltags hielt Shishin an der regelmäßigen Praxis des Sitzens fest. Er wusste, wie man sitzt, also tat er es. Zen-Meister Kodo Sawaki hat gesagt: »Zen ist für gar nichts gut.« Sitze einfach. Das ist ein strenges Rezept, wenn uns ständig kraftraubende Gedanken über die eigene Wertlosigkeit durch den Kopf gehen. Noch bitterer ist diese Medizin, wenn es keinerlei Versprechen oder Anzeichen dafür gibt, dass sich etwas ändert. Aus welchen Gründen praktizierst du? Am besten, du gestehst dir deine Erwartungen offen ein.

In seinem Traum flüsterte Shishin: »Der Buddha ist da.« Wo ist *da*? Im Meditationsraum? Auf der Toilette? Auf der Straße? Überall! Es gibt keinen Ort, an den das Licht des Buddha nicht dringt. Das Licht, das von ihm ausging, war so hell, dass Shishin nicht hinschauen konnte; trotzdem zögerte er nicht, als sein Lehrer sagte: »Lass uns hingehen und Hallo! sagen.« Was für ein gewagter Schritt! Der Buddha ist genau jetzt hier. Wie begrüßt du ihn?

Wer ist der Buddha? Kannst du auf deinen eigenen Körper zeigen und sagen: »Dies«? Mit der Zeit erkennen wir, dass der Buddha nichts anderes ist als unser eigener Körper. Da wir so konditioniert sind, dass wir außen suchen, sind wir verblüfft: Wie kann ich denn der Buddha sein?

Als Shishin sich ehrerbietig niederwarf, spürte er, wie ihn das warme, strahlende Licht und ein Gefühl des Friedens von Kopf bis Fuß durchströmte. Wenn wir uns niederwerfen, lassen wir unsere Selbstbezogenheit zu Boden gleiten und erheben den Herz-Geist des Buddha über unseren Kopf. In meiner eigenen Praxis habe ich mich vor vielen Jahren einmal eine ganze Nacht lang auf diese Weise verneigt und bei jeder Verneigung leise gesungen: »Einssein mit Avalokiteshvara, der Bodhisattva des Mitgefühls.« Plötzlich erschien mir die Bodhisattva selbst. Am nächsten Morgen fragte mich mein Lehrer, der spürte, dass etwas anders war als sonst: »Was ist mit dir passiert?« Als ich es ihm erzählte, sagte er: »Ich habe dir gesagt: Wenn du die Bodhisattvas anrufst, kommen sie.«

In seiner jahrelangen Meditationspraxis hat Shishin inmitten des Unbehagens, das ihn ständig begleitete, den Buddha gerufen, indem er die Körperhaltung des Buddha Shakyamuni einnahm. Eines Nachts schloss sich die Lücke zwischen Shishin und dem Buddha. Als Shishin aus seinem Traum erwachte, stieg er aus dem Bett und setzte sich zum Meditieren hin. Sein ganzes Sein wurde durchflutet vom durch und durch lebendigen Frieden des Buddha.

Später fragte ihn sein Lehrer: »Was hat der Buddha dir gegeben, das nicht bereits zu dir gehörte?«

Bring den Buddha sofort zu mir!

Mach dir eine Überzeugung bewusst, die du in Bezug auf dich selbst hast. Erforsche sie! Welche Überzeugungen hegst du in Bezug auf deine spirituelle Praxis? Erforsche sie! Was will dein inneres Kind von dir? Gib es ihm! Was tut der Buddha in diesem Augenblick?

Myonen:
Der weiße Wolf

Ein Wolf in Großmutters Kleidern:
Große Augen, riesige Ohren, scharfe Zähne –
Und eine Reisende mit roter Haube.
Was für ein blutiges Durcheinander,
Sollten die beiden aufeinandertreffen!

Koan

Bill sah Myonen mit ihren Hunden in den Wald gehen. »Wo gehst du hin?«, fragte er.

»Den weißen Wolf im Wald besuchen.«

»Rede kein dummes Zeug«, sagte Bill. »Alle wissen, dass es in Massachusetts keine Wölfe gibt. Und im Übrigen, weiße Wölfe gibt es nur in der Arktis.«

Myonen betrat den Wald.

Betrachtung

Vor langer Zeit hatte Myonen einmal tief in einem staatseigenen Wald auf einem Stein neben Tümpeln gesessen und über die Bäume hinweg auf einer weit entfernten Lichtung ein großes weißes Tier erblickt. In den vielen Jahren, die sie diesen Ort aufsuchte, hatte sie Rehe, Kojoten und Bären gesehen, aber niemals ein weißes Tier, nicht einmal einen Hund. Sie dachte, vielleicht war das Tier ein weißer Wolf, und hatte seit diesem Erlebnis täglich auf dieser Lichtung nach ihm Ausschau gehalten.

Handeln nicht die großartigsten Geschichten über unser menschliches Leben von der Suche, von Reisen und Forschungsexpeditionen? Ganz gleich, ob wir eine Einsicht, den Heiligen Gral oder einen Schneeleoparden zu finden hoffen, eine Odyssee unternehmen, die Erleuchtung suchen oder nach Hause kommen wollen, wir finden diese archetypischen Erzählungen in den meisten Kulturen und Völkern der Welt. Und selbst wenn wir keine großartigen Pläne oder hochtrabenden Ziele haben, betrachten viele von uns ihr Leben als eine Art Suche oder Entdeckungsreise.

Und brauchen wir nicht bei jeder Suche oder Reise Hilfe? Nicht nur vom rationalen Verstand, sondern auch von irrationalen, scheinbar unsinnigen Dingen. Fast täglich lüftet sich der Vorhang und wir bekommen einen kurzen Einblick in diese Welten. Was zeigt sich uns da? Sind das nicht wunderbare Aspekte von uns selbst und unserer Umgebung? Zauberhaftes passiert da ebenso wie Zufälliges. Fremde machen unheimliche Andeutungen, und wie aus dem Nichts überfluten uns plötzlich bestimmte Erinnerungen. Ein Fremder schickt uns von der anderen Seite des Globus eine Mail, um uns eine Idee zu unterbreiten oder seine Hilfe anzubieten. Ein Reh taucht im Wald auf, schaut mich an und läuft geradewegs auf mich zu, als ich mir gerade Gedanken mache über ein Retreat mit den Ältesten des Stammes der Lakota in deren heiligen Black Hills.

Da wir nicht getrennt sind vom Universum, gibt es keinen Ruf ohne Antwort, aber diese Antwort kommt in der Sprache oder den Sprachen des Universums. Kannst du sie hören? Wie stark bist du von den täglichen Anforderungen, die dich daran hindern, nach links oder rechts zu schauen, in Beschlag genommen? Wie stark hältst du am rationalen Verstand fest? Mit unserem logischen Denken ist nichts verkehrt, doch verlieren wir nicht das Irrationale, Intuitive, Phantastische aus den Augen, wenn wir uns hauptsächlich darauf verlassen? Verpassen wir dann nicht den weißen Wolf im Wald?

Meister Jizo fragte Hogen: »Woher kommst du?«
»Ich bin ohne Ziel auf Pilgerschaft«, erwiderte Hogen.
»Was ist dein Anliegen bei dieser Pilgerschaft?«, fragte Jizo.
»Ich weiß es nicht«, entgegnete Hogen.
»Nicht wissen ist das Intimste«, sagte Jizo daraufhin.[63]

Jizo will mit seiner Frage wissen: Wenn du zu einer Suche oder Reise aufbrichst, was suchst du dann? Kannst du es mit dem analytischen Verstand definieren oder beschreiben? Ist es etwas Sinnvolles?

Das Mysterium wurzelt in der Natur, es ist also kein Wunder, dass viele Meditierende Retreats in Klöstern machen, die in den Bergen liegen oder tief versteckt im Wald. Doch in deiner Praxis kann alles Mögliche auftauchen, sei es ein altes Lied, das dir nicht aus dem Sinn geht, oder eine Erinnerung, die dich hartnäckig verfolgt. Orientiert sich unsere Praxis aber nicht an den Windungen und Wendungen unserer Herzenswünsche, kann sie trocken und kopfbetont werden, da sie nicht die ganze Fülle unseres menschlichen Seins einbezieht. Das heißt nicht, dass wir unser häusliches Leben mit Familie und Arbeit aufgeben müssen. Wir können auch mitten im geschäftigen Treiben unseres Alltagslebens ziellos herumpilgern.

Hat Myonen in den Wäldern von Massachusetts jemals einen weiteren weißen Wolf gesehen? War sein Anblick eine Täuschung? Ein Traum? Ein unerreichtes Ziel? Ist das wirklich wichtig? Inzwischen verfolgt sie aufmerksam die täglichen Veränderungen – wie Bäume nach einem Sturm am Boden liegen, der Fluss ihre Äste auswäscht, Enten in den Tümpeln landen, der Kojote auf dem Pfad vorbeieilt. Da sie das alles seit Jahren täglich beobachtet, nimmt sie gar nicht mehr wahr, wann sie den Wald betritt oder verlässt. Wenn im Winter Schnee den Boden bedeckt, geht sie nur wenige Schritte hinein, schaut kurz zu den großen Kiefern hoch oder wirft einen Blick auf den zugefrorenen Fluss unten und kehrt nach Hause zurück. Mehr als diese wenigen Schritte sind nicht nötig. Es braucht nicht mehr als den Ruf einer Eule; ein Ahornblatt, dessen Zeit abgelaufen ist und das langsam zu Boden trudelt – mehr braucht es nicht.

Warum weit gehen, wo doch jeder Schritt ein Ziel ist?

Gibt es in deinem Leben etwas, das immer wieder erscheint und vergeht und nicht aufhört? Wie folgst du dem?

Butsugen:
Meine Zunge ist wie gelähmt

Wenn du innerlich in Aufruhr gerätst,
Was ist dann zu tun?
Wenn deine Zunge wie gelähmt ist,
Sprich! Sprich!

Koan

Butsugen hatte den dringenden Wunsch, trocken zu werden; also begann er, mehrmals täglich die Treffen der Anonymen Alkoholiker zu besuchen. Man sagte ihm, es wäre sehr wichtig, sich bei diesen Treffen mitzuteilen, aber er war innerlich so aufgewühlt, dass er kein Wort herausbrachte. Er versuchte zu sprechen, doch ihm fehlten die Worte. Eines Abends, als er wirklich am Ende seiner Kräfte war, erzählte eine Frau von sich und fasste in Worte, was auch ihn quälte und ängstigte.

Da lächelte Butsugen trotz seiner Qualen.

Betrachtung

Warum lächelte Butsugen?

Kennst du diesen Zustand, wenn du dich äußern müsstest, dir aber die Worte fehlen? Es ist eine Qual zu schweigen, doch deine Zunge ist wie gelähmt. Dir geht es wie dem Mann, der sich mit dem Mund am Zweig eines Baumes festhält: Seine Hände erreichen keinen Ast, seine Füße nicht den Boden.

Unten steht ein Fremder und ruft: »Was ist der Sinn deines Lebens?« Oder: »Was suchst du eigentlich auf den Treffen der AA, Butsugen?«

Butsugen sehnte sich nach einem Leben ohne Sucht. Wieder und wieder ging er zu den Treffen der AA und fühlte sich immer verletzlicher. Er empfand ein starkes Unbehagen, und zugleich fühlte er sich ohnmächtig, etwas dagegen zu unternehmen. Er konnte die Treffen nicht aufgeben, bekam aber auch den Mund nicht auf – wie die Person in der Geschichte hing er zwischen Baum und Boden.

Wie willst du dich retten? Ganz gleich, wonach du süchtig bist – Alkohol, Tabak, Zucker, Drogen oder Sex –, es erfordert Mut, dir einzugestehen, dass du dich zutiefst danach sehnst, in der Fülle deines Seins Erfüllung zu finden.

Ein Zen-Lehrer hat gesagt: »Wir sind alle süchtig nach dem Selbst.«[64] Was hat es denn auf sich mit der Sucht nach dem egozentrischen Selbst? Ist dieses ständige Kreisen um das eigene Selbst und das erbarmungslose Leiden, das eine Sucht nach sich zieht, nicht allgemein verbreitet? Selbst wenn du nicht von einer Droge abhängig bist – klammerst du dich nicht an ein festes, beständiges Selbst, das der Bezugspunkt für alles ist, was du denkst und tust? Wie willst du dich davor retten?

Unsere Selbstbezogenheit ist so tief verwurzelt, dass es uns wie dem Mann im Baum schwerfällt, an ein Loslassen überhaupt nur zu denken. Du glaubst, das Festhalten rette dich, das Loslassen hingegen würde dich umbringen. Doch sag mir: *Wer* hält fest an *was*? Wenn dir zunehmend bewusst wird, an was genau du dich klammerst, kann es so scheinen, als ob sich das

Problem noch zuspitzte! Lass dir versichern, dass es ein großer Schritt in Richtung Freiheit ist, wenn dir dieses Klammern allmählich immer bewusster wird.

Butsugen war sofort erleichtert, als eine Frau ihren Kummer in Worten fasste, die er ebenfalls benutzt hätte, wäre er imstande gewesen, den Mund aufzumachen. Wenn du dich in einem anderen Lebewesen erkennst, wächst du über deine Grenzen hinaus. »Es war, als lebte sie in mir«, sagte Butsugen. Er musste die für das Trockenwerden erforderliche schwere innere Arbeit trotzdem noch tun, doch die Worte eines anderen Menschen halfen ihm, länger als einen Tag nüchtern zu bleiben. Butsugen hatte wahrhaftig Gründe genug zu lächeln. Doch kannst du mir sagen, warum er lächelte?

Die Reise, trocken zu werden, bewältigen Menschen am besten zusammen mit Gleichgesinnten. Eine heilsame Gemeinschaft ist ein seltenes Geschenk. Wenn du dich in anderen wiedererkennst, kann das zutiefst heilsam sein. So gesehen, kann eine buddhistische Sangha für unsere Selbstsucht die gleiche Funktion haben wie eine AA-Gruppe für Alkoholiker*innen. Manche Zen-Gemeinschaften sind so stark auf Meditation und Stille ausgerichtet, dass die Mitglieder kaum miteinander sprechen. Eine Freundin von mir war von einer Zen-Gruppe zu einem Vortrag eingeladen worden. Als ihr auffiel, dass die Person, die sie eingeladen hatte, nicht anwesend war, erkundigte sie sich nach ihm unter seinem Namen. Niemand wusste, wer das war. Verblüfft beschrieb sie den blauen Transporter, den er fuhr, und schließlich sagten alle: »Ach ja, den Typen, der den blauen Transporter fährt, den kennen wir!«

In vielen Sanghas gibt es heute jedoch Foren wie Versammlungen, Gesprächskreise und andere Zusammenkünfte, welche die Mitglieder darin unterstützen, sich einander mitzuteilen und zuzuhören, um sich in den anderen selbst zu erkennen. Butsugen hat es nie fertiggebracht, der Frau zu sagen, dass sie an jenem Abend seine Rettung war. Inzwischen ist er froh zu wissen, dass auch er für andere eine Rettung sein kann, wenn er ihnen offen mitteilt, wie es ihm in seinem Leben ergeht.

Wie zeigst du dich anderen?

Sprich! Sprich!

Wenn deine Zunge wie gelähmt ist, wie findest du dann einen Ausweg? Erzähl mir von einem Moment, als du dich in einem anderen Menschen wiedererkannt hast.

Kits neue Praxis

Wo findest du auf dem Kompass das Menschsein?
Norden Süden Osten Westen.
Schau nach oben, schau nach unten.
Oder google einfach.

Koan

Kit fragte die Lehrerin: »Welche Praxis soll ich jetzt verfolgen?«

»Tu so, als wärest du ein Mensch«, antwortete die Lehrerin.

»Aber ich bin ein Mensch!«, protestierte Kit.

»Deswegen musst du auch so tun«, entgegnete die Lehrerin.

Betrachtung

Das fünfjährige Kind einer Freundin krabbelte auf allen Vieren herum: »Wau! Wau!«

»Tust du so, als wärst du eine Katze?«

»Nein, du Dumme! Ich tue so, als wäre ich ein Hund.«

»Wie machst du das?«

»Wau! Wau!«

Unser Spiel gefiel mir so sehr, dass ich am nächsten Tag so tat, als wäre ich ein Mensch. Ich stand morgens auf und ging unter die Dusche, machte mir einen Kaffee, meditierte, wünschte meinem Mann einen guten Morgen und fütterte den Hund.

Was meinen wir Menschen, wenn wir sagen, wir seien Menschen? Eine Katze macht *Miau*, ein Hund macht *Wau*, eine Kuh macht *Muh* und ein Mensch macht – was? Ein Känguru springt, ein Falke fliegt, eine Schnecke kriecht, eine Blume blüht – und ein Mensch? Gibt es die eine Eigenschaft, die uns zu Menschen macht?

Im 17. Jahrhundert dachte Descartes, das Denken mache uns zu Menschen. Seitdem haben Wissenschaftler*innen versucht herauszufinden, durch welche weiteren Eigenschaften wir uns von anderen Arten unterscheiden wie Sprache, Empathie, Mitgefühl und die Fähigkeit, Werkzeuge herzustellen. Die Forschung hat jedoch gezeigt, dass auch andere Arten die Dinge können, von denen wir glaubten, dass nur wir dazu imstande wären. Lebensformen mit all ihren Variationen scheinen viel flexibler zu sein, als wir dachten.

Stimmt es, dass alle Falken fliegen und alle Blumen blühen? Und wenn die zukünftigen Falken immer Vogeljunge blieben und die Rosenknospen sich nicht öffneten, wären sie dann keine Falken oder Rosen mehr?

Was macht etwas zu dem, was es ist? Wenn ich sage: »Das ist eine Kerze, das ist Gras, das ist ein Liegestuhl, das ist ein Mann, das ist eine Frau«, weise ich auf bestimmte Aspekte hin, die in meinem Denken typisch sind für eine Kerze, für Gras, einen Liegestuhl und alles weitere. Eine Kerze brennt, Gras ist grün, ein Liegestuhl steht auf der Wiese. Doch wenn das ihre grundlegende Essenz ist, bleibt diese dann nicht unter allen Umständen gleich? Und doch können wir uns Bedingungen vorstellen – etwa ein Hurrikan oder starker Frost –, die Kerzenflammen löschen, das Gras braun werden oder den Liegestuhl durch die Luft fliegen lassen.

Mein Lehrer sagte gern: »Sei einfach ein menschliches Wesen, das ist die beste Praxis.« Doch was ist die Essenz eines menschlichen Wesens? Vielleicht ist die Essenz des Menschseins die Erkenntnis, dass der Mensch keine erkennbare Essenz hat.

Vor vielen Jahren gingen wir zusammen durch Birkenau, einen Gebäudekomplex, der zum Konzentrationslager Auschwitz-Birkenau gehört. Während wir an verfallenen Baracken und den Überresten der Gaskammern und Krematorien vorbeikamen, sagte mein Lehrer: »Wir möchten so gern glauben, dass es etwas gibt, das uns allen gemeinsam ist. Philosophen und Religionsführer suchen danach und möchten gern darauf verweisen: Was ist das Grundlegende? Die einzige Gemeinsamkeit, die ich bei uns allen feststelle, ist unsere Verschiedenheit.«

Wir haben Kriege geführt über Fragen wie die, was den wahren Menschen ausmacht. Schau dir den Aufruhr an, der in Bezug auf das Thema Abtreibung herrscht, schau dir an, was im Namen der Rasse in diesem Land angerichtet worden ist. Können wir uns denn überhaupt bei der Frage einigen, was das Mannsein oder Frausein ausmacht? Wir glaubten einmal, die Unterschiede zwischen den Geschlechtern seien rein biologisch bedingt, doch immer mehr Menschen beanspruchen jetzt eine Geschlechtszugehörigkeit, die weniger auf festen Zuschreibungen und dem Körper beruht, in den sie geboren wurden, als auf ihren Gefühlen. Wir können noch nicht einmal übereinstimmend sagen, was essenziell für eine gute Ernährung oder gute Musik ist.

Gibt es überhaupt Gründe dafür, dass wir uns in diesen Fragen einigen sollten? Wenn wir sagen, dass alles mit allem zusammenhängt, meinen wir, dass alles aufeinander bezogen, vom großen Ganzen abhängig, durch die Umstände bedingt ist. Für welche absolute Wahrheit kämpfen wir da überhaupt? Warum hängen wir Ideen wie »das einzig Wahre« oder »das wirklich Reale« an? Ist alles andere weniger real?

Selbst während ich sage: *Das bin ich wirklich* oder *Das ist mein wahres Ich*, verbinden und trennen sich unzählige Moleküle und Zellen in meinem Körper mit unberechenbarer Geschwindigkeit und verändern mich so schnell, dass mein Bewusstsein gar nicht mitkommt.

Bleibt uns auf diesem Hintergrund etwas anderes übrig, als so zu tun, als ob?

Welches ist dein wahres Ich? Kannst du mit absoluter Gewissheit auf irgendetwas zeigen?

Kodo:
Einsamer Angler

Sieh! Sieh!
Was siehst du, wenn es nichts zu sehen gibt?
Ein uralter Fischer fängt mit seiner Angel eine Hausfrau aus der Vorstadt.

Koan

Als Kodo es sich eines Tages in ihrem Lieblingssessel gemütlich machte und ein Buch durchblätterte, stieß sie auf ein Bild des chinesischen Malers Ma Yuan aus dem 13. Jahrhundert mit dem Titel *Einsamer Angler*. Auf diesem Gemälde sitzt ein Fischer allein am Bug seines Holzboots inmitten eines weitläufigen Sees, seine Angelschnur hängt über dem Rand des Bootes. Kodo rief laut aus: »Das bin ich! Das bin ich, wie ich wirklich bin, aber ich bin das noch nicht! Wie werde ich *das*?«

Betrachtung

Wer bist du? Mein Lehrer Maezumi Roshi wies uns oft an, die Lücke zu schließen zwischen der, die wir zu sein glauben, und der, die wir wirklich sind. »Schließ die Lücke«, pflegte er zu sagen, »zwischen Selbst und dir selbst.« Das Selbst kennt keine Begrenzungen, wie also schließt du die Lücke, um die Trennung aufzuheben, bis kein Gefühl von *du* oder *ich* mehr existiert?

Als Kodo Ma Yuans Bild sah, war sie davon zutiefst berührt. Wie kam es, dass sich eine afroamerikanische Frau in New Jersey so stark angesprochen fühlte von einem Gemälde, das einen alten chinesischen Fischer zeigt? Die Essenz des Lebens, die ursprüngliche Natur als solche, die der Künstler Ma Yuan eingefangen hatte, rief in Kodo eine Resonanz hervor, die sie im ganzen Körper spürte. Es war nicht wichtig, dass das Gemälde aus einem anderen Jahrhundert stammte, einen unbekannten Ort und eine fremde Kultur zeigte und nichts daran etwas von Kodo oder ihrem Leben wiedergab.

Was drang durch all diese Schichten von Zeit, Ort und Person bis zu ihr vor?

Was wurde in Kodo wach?

Ma Yuans Gemälde strömt Ruhe und Stille aus und vermittelt der Betrachterin ein Gefühl unendlicher Weite. In dieser Weite taucht ein einfacher Fischer auf; er ist von dieser Weite weder getrennt, noch hebt er sich davon ab. Er ist Teil ein und desselben natürlichen Gewebes wie die Angelschnur, das Wasser, das ganze Universum. Als Kodo das sah, fühlte sie, wie sich tief in ihrem Inneren etwas regte. Sie spürte sofort, dass sie auf diesem Bild etwas über sich und ihr eigenes Sein entdecken konnte, etwas, das Ma Yuan mit seinem Bild eingefangen hatte. Von diesem Augenblick an bestimmte der Drang, *das* zu erfahren, Kodos ganzes Leben.

Welche Veränderung geschah da mit ihr? Kannst du dich an den Moment erinnern, in dem du dich hingezogen fühltest zu etwas, was über das Übliche, Konventionelle und Materielle und die Trennung von *du* und *ich* hinausgeht? Diese Anziehung führt dich weg von dem selbstbezogenen Lebensstil, der sich an deinen Vorstellungen und Wünschen orientiert. Bekommst du erst einmal eine Ahnung von etwas, das über *du* und *ich* hinausgeht, stellt dich nichts mehr völlig zufrieden. Der Drang, die Natur des Lebens selbst – die Weite bedingungslosen So-*Seins* – zu erfahren, ist eine starke Kraft. Das meinte auch Kodos Frage: Wie kann ich mich in meinem *So-Sein* erfahren?

Wer sucht was? Am Anfang der spirituellen Reise, wie sie in den zehn Bildern *Der Ochs und sein Hirte* dargestellt wird, heißt es in dem betreffenden Vers: »Der Ochse ist in Wirklichkeit nie verloren gegangen.«[65] Der große chinesische Ahne Ma Tsu hat gesagt: »*Das*, was diese Frage stellt, ist deine Schatzkammer. Sie enthält alles, was du brauchst, und nichts fehlt darin. Du kannst dich frei daraus bedienen, warum also suchst du vergeblich nach etwas außerhalb von dir?«[66] Was ist das für eine Schatzkammer, die du bist? Die Alten sagen, sie gehe über das Denken hinaus. Ma Tsu sagt, sie enthalte alles. Was ist das?

Das Herz-Sutra formuliert es mit den berühmten Worten: *Form ist Leerheit, Leerheit ist Form.* Wie kannst du das Nichtbedingte, das ohne Dualismen wie du und ich, richtig und falsch, gut und schlecht ist, erfahren? So wie das Bild Kodos den Blick auf die innere Schatzkammer lenkte, bist auch du aufgerufen, dich auf der tiefsten Ebene zu erkennen. Zen-Meister*innen sagen: »Du sitzt nicht im Zazen, um ein Buddha zu werden. Du sitzt im Zazen, weil du bereits ein Buddha bist.« Deine Schatzkammer wartet darauf, dass du sie entdeckst, öffnest und dich frei daraus bedienst. Sag mir also, wie wirst du sie erkennen?

Vor vielen Jahren machte ich in einem einwöchigen Zen-Sesshin meine ersten Erfahrungen mit Meditation. Während dieses Sesshin erwachte in mir etwas mit solcher Macht, dass ich mich einfach davon führen lassen musste. Zu der Zeit wusste ich nichts über spirituelle Praxis oder die Verwirklichung der eigenen wahren Natur, hatte noch nie die Worte *Buddha erkennt Buddha* und *Buddha ruft Buddha* gehört, und mir fehlten die Worte für diese Erfahrung. Ich beendete meine Ehe, kündigte meine Arbeitsstelle und folgte dem, was sich selbst erfahren musste, was auch immer es war. Wenn es heißt, *Buddha ruft Buddha*, können wir uns dem Sog dieser inneren Dynamik nicht entziehen. Es gibt hier keinen richtigen oder falschen Weg – vielleicht bleibst du zu Hause wie Kodo, verlässt dein Zuhause, wie ich es tat, oder verbindest beides miteinander. Du kannst einfach nicht wissen, wohin der Drang, dein wahres Selbst zu erkennen, dich führen wird.

Ein chinesischer Fischer aus dem 13. Jahrhundert spricht zu einer afroamerikanischen Hausfrau von heute. Mich sprach die Körperhaltung des Buddha an, wie er mit gekreuzten Beinen dasitzt. Welcher Ruf ereilt dich? Deine grundlegende Natur ruft dich beständig, nach Hause zu kommen. Wenn du diese Worte liest, antwortest du wahrscheinlich bereits auf diesen Ruf. Wenn du zu dir nach Hause zurückkehrst, erkennst du, dass du immer zu Hause gewesen bist, dass du einfach als die, die du bist, als *das* in *dem*, in der Schatzkammer selbst, verweilst. Das einzigartige Wesen, das du bist, ist ein vollkommener Ausdruck *da*von; die Hände, die dieses Buch halten, und die Augen, die diesen Zeilen folgen, sind eine vollkommene Harmonie von Form und Leerheit, vollständig und ganz, ohne dass irgendetwas fehlte. Sie können und müssen nicht anders sein, als sie sind.

Zeig dich mir als die Schatzkammer. Wie wirst du deine Schatzkammer nutzen, wenn sie sich öffnet? Wo ist Ma Yuans Fischer jetzt?

Dantikas Traum

Gott, gut, gutt, good, gut, God
Was steckt alles in einem Namen?
Und was machst du, wenn die Wörter dich im Stich lassen
Und kein Ton kommt?

Koan

Dantika hatte einen Traum:

Am ersten Morgen des Retreat weist man sie an, sich auf das Kissen des Zendo-Leiters zu setzen. Zu ihrer Überraschung findet sie dort zwei Glocken vor – die übliche Glocke des Zendo-Leiters und eine zweite, kleinere –, jedoch nur einen Klöppel. Um die erste Meditationsphase einzuläuten, schlägt sie die übliche Glocke, hört aber keinen Ton. Sie versucht es erneut und beschließt dann, die kleinere Glocke zu schlagen. Doch auch diese Glocke gibt keinen Klang von sich. Gehetzt und frustriert schlägt Dantika die Glocke mit solcher Kraft, dass der Klöppel zerbricht.

Sie zeigt den zerbrochenen Klöppel der älteren Schülerin, die neben ihr sitzt, und bittet um Anweisung.

Gutt sagt: »Fang einfach an.«

Betrachtung

Wer oder was ist Gutt? Die ältere Schülerin? Oder bezieht sich das Wort auf *God*, der auf deutsch Gott heißt?

Oder ist es Dantikas *gut*, ihr Darm?

Eine Aufgabe von Zendo-Leiter*innen ist es, den Zendo für die Meditation vorzubereiten und durch Schlagen der Glocke den Anfang und das Ende einer Sitzdauer zu verkünden. In Meditationszentren bringen wir Menschen bei, sich um den Meditationsraum zu kümmern. Sie kommen früher als die anderen, stellen die Heizung an, legen die Kissen aus, und wenn alle sitzen, schlagen sie die Glocke. Nur dass diesmal kein Ton kam.

Dantika versucht es ein zweites Mal und immer noch erklingt kein Ton. Also schlägt sie mit solcher Kraft auf die Glocke ein, dass der Klöppel zerbricht.

Kennen wir nicht alle solche Situationen? Wir tun unser Bestes und halten uns an die Regeln, doch es geht nicht voran. Uns wird gekündigt, unsere Ehe geht in die Brüche, unsere Kinder entwickeln sich anders, als wir erwartet haben. Immer wieder nimmt das Leben beunruhigende Wendungen. In der Asphaltstraße zeigen sich tiefe Risse, Unfälle, Umleitungen, Baustellen, Zerstörungen, komplette Schließungen – und wir sind immer noch überrascht. *Das sollte einfach nicht so sein!* Sobald wir uns einer Sache angenommen haben, taucht etwas Neues auf: eine Glocke, die nicht läutet, ein Klöppel, der zerbricht, ein Auto, das nicht anspringt, ein Loch im Dach.

Jedes dieser Ereignisse ist eine Gelegenheit, die lebendige Unberechenbarkeit dieses Augenblicks zu erfahren. Wir meditieren regelmäßig, um das zu erkennen; manchmal sind wir dabei zu sehr abhängig von Stille und Ungestörtheit. Oft wecken uns »Unglücksfälle« und holen uns aus dem Stumpfsinn, den wir Routine nennen. Können wir sie als Einladung zum Abenteuer betrachten, und sind wir bereit, etwas Neues auszuprobieren, oder reagieren wir frustriert und schämen uns für unsere vermeintlichen »Fehler«?

Wenn Letzteres passiert, kannst du deinen Lehrer oder eine ältere Schülerin um Anleitung bitten. Du kannst auch auf *Gutt* oder *gut* hören, die dir sagen, du sollest einfach anfangen.

Wie fängst du an, wenn die Glocke nicht erklingt?

Lass dir etwas einfallen. Werde kreativ. Sing den Klang der Glocke laut. Klatsch in die Hände oder klopf dreimal auf den Boden. Fang einfach an.

Eines Tages wies Yen Kuan seinen Diener an: »Bring mir meinen Fächer aus Rhinozeroshorn.«
Der Diener sagte: »Der Fächer ist kaputt.«
Yen Kuan sagte: »Wenn der Fächer kaputt ist, bring mir das Rhinozeros zurück.«[67]

Wir sind in jedem Augenblick aufgefordert, innerlich präsent, spontan und dynamisch zu sein und uns von alten Mustern zu lösen. Können wir improvisieren und aus dem Schubladendenken aussteigen? Können wir neue Töne anschlagen oder ein neues Gericht auf den Tisch bringen? Oder ein Rhinozeros herbeizaubern?

»It Don't Mean a Thing (If It Ain't Got That Swing)«, schrieb Duke Ellington: »Es bedeutet nichts, wenn es nicht diesen Schwung hat.« Verlangt nicht jede Situation nach neuem Schwung, nach der kreativen Antwort, die ihr entspricht?

Der kaputte Fächer, die Glocke, die nicht erklingt, der zerbrochene Klöppel – das sind wir. Es betrifft uns alle. An manchen Tagen sind wir am Ende, da können wir nicht läuten, da sagen und tun wir nicht, was üblich ist und von uns erwartet wird. Für einige von uns sind das die Tage, in denen wir nicht aus dem Bett kommen. Andere segeln durch solche Tage.

Warum nicht ganz von vorn beginnen, da wir doch sowieso gebrochen sind? Warum nicht einen neuen Ton anschlagen, einen anderen Weg zur Arbeit nehmen, dich zu deinem Kind in den Sandkasten setzen und dir die Hände schmutzig machen oder ein langes Gespräch mit dem Obdachlosen führen, der dir oft begegnet ist und den du immer ignoriert hast?

»Der Fächer aus Rhinozeroshorn war lange in Benutzung«, heißt es in dem Koan-Vers. »Im Sommer kühl, im Winter warm. Alle haben einen solchen Fächer, warum wissen sie es nicht?« Es gibt einen Fächer, der uns im Sommer Kühlung bringt und im Winter wärmt, wir alle haben ihn. Genau dieser Fächer kann uns bei Wärme frische Luft verschaffen und heiße Luft zum Zirkulieren bringen, wenn es kalt ist. Sag mir, wie fächelst du dir Luft zu? Was sagt Gutt?

In welchen Situationen fühlst du dich befangen und hast Angst, Fehler zu machen? Was ist das Schlimmste, was passieren kann? Was wirst du tun, wenn das Schlimmste passiert?

Penelope sagt die Wahrheit

Sag die Wahrheit: Sag mir, wer führt dich an der Nase herum?
Sag die Wahrheit: Wer führt wen an der Nase herum?
Was ist die Wahrheit? Sag mir, weißt du's?[68]

Koan

Penelope arbeitete als Seelsorgerin mit einer Vorgesetzten zusammen, deren Mann alkoholkrank war. Nach einem besonders peinlichen öffentlichen Vorfall mit dem betrunkenen Ehemann wies Penelope ihre Vorgesetzte auf die Folgen hin, die solche Vorkommnisse für ihre Arbeit als Seelsorgerinnen haben könnten. Die Vorgesetzte nahm Penelopes offen geäußerte Besorgnis eiskalt und ohne mit der Wimper zu zucken hin. Nach diesem Gespräch bekam Penelope auf der Arbeit erhebliche Schwierigkeiten und wurde schließlich in ein anderes Krankenhaus versetzt.
Das alles erzählte sie ihrer Lehrerin. Diese hörte ihr lange aufmerksam zu und fragte sie dann: »Was wäre passiert, wenn du den Mund gehalten hättest?«
Penelope war sprachlos.

Betrachtung

Sagst du die Wahrheit, die ganze Wahrheit und nichts als die Wahrheit?

Penelope galt schon als kleines Mädchen in der Familie als

»Vertreterin der Wahrheit«, die Dinge ansprach, welche sonst niemand auf den Tisch brachte. Auch in ihren Freundschaften, in der Schule und später auf der Arbeit übernahm sie diese Rolle und sprach aus, was andere zwar ebenfalls empfanden, aber nicht laut äußerten. Manchmal hatte das Vorteile, manchmal aber auch nicht. Für Penelope war dieses Verhalten zu einer festen, tief verinnerlichten Gewohnheit geworden.

Als die Lehrerin sie also fragte, »Was wäre passiert, wenn du den Mund gehalten hättest?«, machte das Penelope sprachlos. Sie konnte weder reden noch denken. Diese Frage war wie ein Pfeil, der auf ein Verhalten zielte, das für sie identitätsstiftend war: Sie war die Wahrheitsliebende, die zuverlässig und unter allen Umständen die Wahrheit sagte, ganz gleich mit welchen Folgen. Sie hatte sich über dieses Verhaltensmuster, das sie nie hinterfragt hatte, fast ihr Leben lang definiert.

Sag mir, schlüpfst auch du in bestimmte Verhaltensmuster und verfällst in bestimmte Gewohnheiten, die du nie hinterfragst? Welches Selbstbild hast du bislang nie erforscht?

Bist du ein Mensch, der die Wahrheit ausspricht, oder vermeidest du das eher? Was ist Wahrheit? Mein Lehrer, Bernie Glassman, würde sagen, es gibt alle möglichen Wahrheiten: faktische, mythologische, emotionale, wissenschaftliche, psychologische und spirituelle Wahrheiten. Woher weißt du, dass etwas *wahr* ist? Oder geht es, wie Bernie später sagte, lediglich um deine Meinung?

Manchmal trifft eine simple Frage mitten ins Schwarze und befreit dich von tief verwurzelten Selbstbildern, an denen du festhältst. Welche Überzeugungen dahinterstehen, findest du heraus, indem du deiner eigenen inneren Stimme zuhörst, die zum Beispiel wiederholt sagen könnte: »Ich bin hier die Einzige, die sagt, was wirklich Sache ist.« Was passiert, wenn Verhaltensweisen, die du für absolut richtig, ja geradezu heldenhaft hältst, bei anderen höchst unliebsame Reaktionen auslösen? Vielleicht gehst du auf Abwehr und wirst selbstgerecht, wenn dein Verhalten negative Konsequenzen hat, und das alles unter dem Deckmantel, dass dir die anderen doch am Herzen liegen. Wie kannst du solche konditionierten Verhaltensmuster hinter dir lassen und die Dinge offener und unvoreingenommener betrachten?

Wenn wir Zen praktizieren, lernen wir, innezuhalten und den Gesamtzusammenhang zu sehen – Zeit, Ort, Person und mögliche Reaktionen oder Folgen –, bevor wir sprechen und handeln. Du lernst in Situationen, wo die alte Programmierung dich drängt, den Mund aufzumachen, zu sagen: *Warte!*, und dann zu klären, ob Worte notwendig und, wenn ja, welche angemessen sind. Du kannst dich fragen: »Versuche ich die Situation zu beeinflussen, damit sie sich so gestaltet, wie ich es möchte?« Dient es der Gesamtsituation oder lediglich deinem persönlichen Interesse, wenn der Wunsch in dir hochkommt, bestimmte Umstände oder eine Person zu ändern?

Selbst wenn du lernst, in deinem Alltag angemessener zu sprechen und zu handeln, solltest du dich darauf nicht ausruhen. Stell dir weiterhin die Frage: »*Was ist das?*« Versuche, dich in die Welt anderer Menschen hineinzuversetzen, und sei offen für ihre Realität, ohne ihnen deine Urteile oder Sichtweisen aufzudrängen. Wenn deine Sicht der Dinge dominiert, kannst du die wirkliche Situation nicht sehen. Im Reich der Bodhisattvas, der großartigen Verkörperungen von Mitgefühl und Weisheit, versuchen wir immer, Leiden zu beenden oder zu mildern. Das ist nur dann möglich, wenn du die Umstände und den Gesamtzusammenhang, in dem du dich bewegst, klar vor Augen hast.

Wo immer du gerade bist – kannst du von deinen egoistischen Interessen absehen? Lass dich von dir selbst nicht an der Nase herumführen.

Wie erforschst du die Wahrheit einer anderen Person? Wie verändert das deine Wahrnehmung der Wahrheit?

Gyokuun:
Unterschiedliche Gene

Worum geht es hier überhaupt?
Sitzen und Retreats machen,
Nein sagen, Ja sagen,
Geburt und Tod
Nichts als illusionäre Buchstützen.
Der Rauch von Sandelholz verweht,
Hinterlässt seinen würzigen Duft.

Koan

Gyokuun fragte: »Wie viele Gene sind für die Erschaffung eines Buddha nötig?«

Jemand antwortete: »Eins mehr, eins weniger.«

Betrachtung

Als der Buddha erleuchtet wurde, sagte er, er und die ganze Welt seien erleuchtet. Bezieht sich das nicht auch auf uns? Wir sind alle Buddhas, erwachte Wesen, nur wissen wir es nicht. Warum? Vielleicht weil wir uns genetisch unterscheiden. Aufgrund unserer DNA, unseres Hintergrunds und unserer Kultur unterscheiden wir uns nicht nur vom Buddha Shakyamuni und den großen Zen-Meister*innen aus China und Japan, sondern auch von westlichen Zen-Meister*innen und unseren Mitmenschen.

Und doch sind wir so, wie wir sind, alle erleuchtet.

Auf dem Altar in unserem Wohnzimmer steht eine wunderschöne, aus Holz geschnitzte, vielarmige Kwan Yin, die Bodhisattva des Mitgefühls. Im Laufe vieler Jahre und zahlreicher Umzüge hat sie einige der Arme verloren, die sie braucht, um sich der Welt anzunehmen. Auch ist ihr Oberkörper in drei Stücke gebrochen, die mehrmals geklebt worden sind. Ist sie deswegen weniger eine Buddha als andere?

Und was ist mit meinem eigenen Buddha, der auf dem Altar in meinem Büro steht? Seit er einen Fuß verloren hat, sieht es aus, als balancierte er auf einem Bein. Was ist mit meinem Mann nach seinem Schlaganfall? Oder der Obdachlosen, die draußen auf dem Gehweg Selbstgespräche führt? Dem Quälgeist, der auf Facebook Hassbotschaften verschickt? Oder dem Mörder, der im Todestrakt seine Strafe absitzt, weil er ein Kind umgebracht hat?

Die Zen-Peacemaker haben fast 20 Jahre lang jährliche Retreats in Auschwitz-Birkenau durchgeführt. Dabei haben wir immer die Namen der Menschen gechantet, die dort gestorben sind. In einem Jahr schlug jemand vor, dies auch mit den Namen der Nazischergen zu tun und provozierte damit fast einen Aufstand.

Wie viele Gene sind nötig, um einen Buddha zu erschaffen? Was braucht es, um deine Buddhanatur zu beschädigen – den Verlust einer Hand, eines Fußes, des Denkvermögens? Den Verlust der Freundlichkeit, Fürsorge, Herzlichkeit? Kannst du deine Buddhanatur jemals wirklich verlieren?

Wir unterscheiden uns genetisch, sind verschieden voneinander und sind so, wie wir sind, ganz und vollkommen. Der Buddha wusste das. Wir hingegen nicht. Und so irren wir umher, um unseren Weg zu finden, uns zu finden.

In seinem Gedicht »The Sycamore«[69] (Die Platane) schreibt Wendell Berry über diesen Baum:

»Zäune wurden an ihm befestigt, Nägel in sein Holz geschlagen,
sein Stamm mit Kerben und Schnitzereien traktiert,
Blitze haben ihn verbrannt.
Kein Jahr verging, ohne dass er neue Blätter trieb aus dem,
was unverletzt an ihm blieb.«

Und fügt dann hinzu:
Trotz all des Krümmens und Verbiegens
auf dem langen Weg seines Wachsens
steht er da, aufrecht und
seltsam vollkommen.

Krümmen und verbiegen wir uns nicht alle, selbst da, wo wir versuchen, bessere Ehemänner, Ehefrauen, Eltern und Kinder zu sein? Wenn wir uns anderen zuwenden, dehnen und strecken wir uns manchmal so sehr, dass wir uns selbst aus den Augen verlieren und nicht mehr wissen, was uns entspricht.

Wo kommen wir am besten zur Ruhe? Zu Hause. Wo ist das? »Zu Hause ist in dir oder nirgendwo«, schreibt Herman Hesse. Wir können unser Zuhause überall mit hinnehmen, denn es ist kein bestimmter Ort, kein besonderer Raum, kein

Platz am Feuer. Wir sind ganz, so, wie wir sind, erleuchtet, so, wie wir sind.

Wie erfahren wir das? Indem wir es leben. Nicht nur ich bin so, wie ich bin, erleuchtet, sondern auch diese Tasse Kaffee, mein Kind, das die Treppe hochrennt, um mir von seinem Schultag zu erzählen, meine Mutter, die mich von weither anruft. Buddhanatur manifestiert sich in allen Wesen, fühlenden und nicht fühlenden.

Wie lebe ich mein Leben, wenn ich das erkenne?

Erlebst du dich als jemand mit bestimmten Ecken und Kanten und persönlichen Eigenarten und gerätst in Situationen, die dir nicht behagen? Was von alledem schließt aus, dass du ein Buddha bist?

Chosui:
Alter Bär

»Ein weiser Geselle sagte einmal: Manchmal frisst du den Bären und manchmal, nun, frisst der Bär dich.«

»Ist das irgendsowas Östliches?«[70]

Koan

Chosui sang immer wieder folgenden Refrain:

»Alter Bär, bist du da drinnen?
Alter Bär, bist du da drinnen?«

Betrachtung

Als der Alte Bär im Frühjahr seine Höhle verließ, gab er folgende Erklärung ab: *Meine Praxis besteht darin, dass ich in meiner Haut stecke, nicht in der des Buddha oder meiner Lehrerin. Vor langer Zeit glaubte ich als niedliches Jungtier, ich machte immer alles falsch. Ich musste also zuerst meine Fehler bekennen und die Dinge wieder in Ordnung bringen, bevor mir das Gute wie Honig oder Frauen zustand. Als ich schließlich anfing zu meditieren, verlor sich allmählich der Wunsch, alles richtig machen zu wollen.*

Könnte etwas unangenehmer und quälender sein als das ständige Gefühl, dass mit mir grundsätzlich etwas nicht stimmt? Da ist dieses Loch in der Magengrube oder so viel quälende

Angst in Form von ständiger Selbstkritik, Selbstvorwürfen und Reuegefühlen, dass es kaum auszuhalten ist. Du fühlst dich in deinem eigenen Leben als Zuschauerin. Andere spielen in ihrem eigenen Leben die Hauptrolle, du aber bist in deinem lediglich eine Statistin. Du duckst dich, kannst anderen nicht auf Augenhöhe begegnen oder sprichst so leise, als sollte man dich besser nicht hören. Du fühlst dich fremd in deiner eigenen Haut.

Wenn andere dir Schaden zufügen, ziehst du dann den Schluss, dass mit ihnen etwas nicht stimmt? Wie ist das mit deiner Partnerin, deinem Kind, anderen Familienangehörigen oder Menschen auf der Arbeit? Wenn sie in deinen Augen etwas gut machen, ist dann mit ihnen etwas richtig? Was haben *richtig* und *falsch* mit der Buddhanatur zu tun?

Und was haben richtig und falsch überhaupt mit deinem Wesen oder dem Wesen von irgendjemandem zu tun? Wie fühlst du dich nach einem erfolgreichen Arbeitstag, an dem dir dein Chef zu deinen Leistungen gratuliert hat? Und wie fühlst du dich, wenn man dich kritisiert oder dir überhaupt keine Rückmeldung gibt? Gibt es Maßstäbe für ein menschliches Wesen, die unpassender sein könnten als *richtig/falsch*? Das Leben gründet in der Erfahrung seiner Fülle. Doch stattdessen orientieren sich viele von uns an einer inneren kritischen Stimme, die ständig und gnadenlos auf uns einhämmert, um uns auf das rechte Maß zu reduzieren.

Ist es da ein Wunder, dass wir vermeiden, längere Zeit allein mit uns selbst zu verbringen? Statt unser Leben zu schätzen, vernebeln wir uns die Sinne mit Alkohol oder Drogen, hocken stundenlang am PC oder vor dem Fernseher oder verlieren uns in ständigem Machen und Tun.

Brenzlige Situationen können sehr lehrreich sein. Wenn es dich juckt, kratzt du dich dann sofort? Wenn du innerlich irritiert bist, fällst du dann Urteile oder reagierst?

Als mein Mann seinen schweren Schlaganfall hatte, sah ich ihn zwischen den Anwendungen in seinem Krankenhausbett liegen und auf die gegenüberliegende Wand schauen.

»Woran denkst du?«, fragte ich ihn dann.

»Ich denke nicht«, antwortete er jedes Mal.

»Alles in Ordnung mit dir?«

Seine Antwort bestand in einer ausgreifenden Bewegung mit seinem funktionierenden Arm, die das Zimmer, die belebten Flure, das Licht, die Dunkelheit, das Krankenhaus und seine Umgebung zu umfassen schien.

Während ich alarmiert war und beruhigt werden wollte, nahm er einfach den Platz ein, an den das Leben ihn gestellt hatte, Herzschlag für Herzschlag. Er legte Zeugnis ab von der Frage: *Alter Bär, bist du da drinnen?*

Ich habe im Laufe der Jahre immer wieder einmal Bären im Wald und einmal sogar in unserem Hinterhof beobachtet. Ich kann nur bewundern, wie fest sie in ihrer Mitte ruhen und wie stark und sicher sie selbst dann sind, wenn sie auf ihren beiden Hinterbeinen stehen und nach dem Vogelhäuschen langen. Sie fühlen sich auf ganz natürliche Weise wohl in ihrer Haut. Das macht sie unglaublich beweglich, sodass sie trotz ihres Gewichts schnell rennen, auf Bäume klettern, breite Flüsse durchschwimmen können und sich von einer großen Vielfalt von Pflanzen, Nüssen, Beeren, Früchten, ganz zu schweigen von Insekten und anderen Tieren, ernähren. Und obwohl sie so fest in sich ruhen, sind sie zugleich anpassungsfähig.

Entwickeln wir diese Eigenschaft nicht auch durch Meditation? Lernen wir hier nicht, uns fest in unserer Mitte zu verankern und auf unseren Atem einzustimmen? Lernen wir nicht, still zu sitzen, und wenn wir dann aufstehen, zu tun, was ansteht, unser Leben voll und ganz zu leben, während wir vielfältige Aufgaben bewältigen und viele verschiedene Rollen spielen?

Der Priester Liang-shan war der zweiundvierzigste Patriarch.
Er studierte bei T'ung-an dem Späteren und diente ihm.
T'ung-an fragte ihn: »Was ist los unter der Flickenrobe?«[71]

Ob du die Robe der Zen-Lehrerin trägst, in Geschäftskleidung, dem weißen Kittel einer Krankenschwester, einem T-Shirt oder bloß in deiner eigenen Haut steckst – sind das nicht alles Verkleidungen? Die Frage bleibt die gleiche: Was ist darunter los? Was ist, wenn wir Kategorien wie richtig und falsch, gut und schlecht beiseitelassen?

T'ung-an beantwortete diese Frage mit einem Wort: *Intimität*. Doch du musst deine eigene Antwort finden.

Wir leisten uns selbst ein Leben lang Gesellschaft. Unsere Eltern sterben, unsere Kinder gehen aus dem Haus, Freunde und Ehemänner verlassen uns oder sterben. Zuerst zeigen sich Pickel und Sommersprossen auf unserer Haut, viel später entdecken wir Windpockennarben, Falten, Krampfadern und

Sonnenflecken. Und die ganze Zeit stecken wir unaufhörlich in unserer eigenen Haut, ganz gleich, wie runzlig und faltig sie wird. Was brauchen wir, um uns in unserer Haut wohlzufühlen?

Ein altes jüdisches Gebet, das wir in unsere zen-buddhistische Liturgie aufgenommen haben, lautet:

Das ist unser Leben, all unsere Tage.
Tag und Nacht meditieren wir darüber.

Gibt es Zeiten, in denen du dich unsichtbar fühlst? Ist das ein Zeichen von Demut oder versteckst du dich? Was ist dir unangenehm? Wie vermeidest du Intimität?

Ando füttert ihren hungrigen Geist

Alle hungrigen Herzen rufend
Von überall durch endlose Zeit.
Deine Freude und deinen Kummer
Mache ich mir zu eigen.[72]

Koan

Eines Tages bekam Ando eine Mieterhöhung zugeschickt. Diese Mitteilung löste schmerzliche Erinnerungen an die Zeit aus, als sie im Alter von neun Jahren mit einem Sack Kleider auf die Straße gesetzt worden war. Beim Lesen dieser Nachricht überfiel sie der hungrige Geist des Verlassenwerdens und sie war innerlich aufgewühlt. Ein paar Tage später ging sie zum Mittagessen in ein nahegelegenes Restaurant. In der Warteschlange sah sie einen Obdachlosen, der in seinen Taschen nach Geld für das Essen kramte. Schmutzig, schlecht riechend und verwirrt, wie er war, ignorierten ihn die Umstehenden, und die junge Kassiererin musste sich sichtlich bemühen, freundlich zu dem Mann zu sein. Spontan sagte Ando zu ihr: »Ich zahle sein Essen.« Und plötzlich sah für Ando alles anders aus.

Betrachtung

Wie füttern wir einen hungrigen Geist? Der hungrige Geist ist keine andere Person, sondern deine eigene Unersättlichkeit. Bei der Zeremonie der Speisung der hungrigen Geister, die wir bei den Zen-Peacemaker abhalten, ist die Einladung des hungrigen Geistes ein erster Schritt auf dem Weg, unsere Beziehung zu ihm zu verändern. Auch wenn dieser Hunger dein eigener ist, hast du wahrscheinlich viel Kraft aufgewendet, um ihn in Schach zu halten. Deswegen musst du ihn bewusst einladen. Mit dieser Einladung beginnst du, eine andere Haltung ihm gegenüber zu entwickeln.

Ando war so besessen vom hungrigen Geist des Verlassenwerdens, dass ihre üblichen Bewältigungsstrategien – meditieren, präsent sein für die eigenen Gefühle und Körperempfindungen, Gespräche mit Freund*innen und Familienangehörigen – ihr keine Erleichterung brachten. Was tust du, wenn du dich vor lauter schmerzlichen Gefühlen wie gelähmt fühlst? Greifst du instinktiv zu deiner Lieblingsschokolade, zu Drogen oder Alkohol, um dich zu trösten? Wenn du in deinen eigenen Gefühlen festhängst, wirst du dann zur Stubenhockerin, ziehst dir eine schwachsinnige Fernsehsendung nach der anderen rein oder flüchtest dich in Einkäufe, Schlaf oder Sex? Wie gehst du um mit diesem Aufruhr verwirrender Gedanken und Gefühle?

Da Andro schon lange meditierte, konnte sie offen sein für die Empfindungen, welche die Nachricht von der Mieterhöhung in ihrem Körper-Geist auslösten. Sie erkannte ihren üblichen Reflex, an all diesen Gefühlen und Geschichten festhalten oder sie beiseiteschieben zu wollen. Sie beschloss, sich dieser schwierigen Erfahrung zu stellen. Immer wenn du in der Meditation beschließt, zu deinem Atem zurückzukehren, stärkst du die spirituellen Muskeln, die du brauchst, um dich nicht an Geschichten zu klammern oder damit zu identifizieren. Du entwickelst die Fähigkeit, selbst bei extremem Unbehagen wach zu bleiben. Allein die Körperhaltung beim Meditieren verhilft uns zu Stabilität und Offenheit. Unsere Selbstbezogenheit, die Tendenz, uns Geschichten auszumalen, und die schwierigen Emotionen sind dann immer noch da, doch du bist imstande, inmitten dieses Aufruhrs verletzlich und offen zu bleiben. Die Aufmerksamkeit wird gestärkt, das Gewahrsein geschärft, und die Fähigkeit anzunehmen, was ist, schlägt Wurzeln.

So war es für Ando. Die Heilung von Kindheitstraumen ist eine lebenslange Reise. Du kannst nicht kontrollieren, wer oder was die schmerzlichen emotionalen Erinnerungen auslöst, aber du kannst das geschickte Mittel anwenden, nicht darauf einzusteigen. Nachdem sie mehrere Tage lang offen und verletzlich für ihre innere Verzweiflung geblieben war, was sie sehr angestrengt hatte, ging Ando zum Mittagessen in die Burger Lounge. Dort sah sie einen Obdachlosen – schmutzig, schlecht riechend und verwirrt, der in seinen Taschen nach Geld für das Essen kramte. Dieser Mann war für sie ein Spiegel ihrer eigenen Ängste, verlassen zu werden und obdachlos zu sein, die sie in den letzten Tagen durchlebt hatte. Ohne zu zögern, sagte Ando ruhig zur Kassiererin: »Ich zahle sein Essen.« Bei dieser simplen, spontanen und anonymen Geste spürte Ando, wie ihr innerer Friede zum ersten Mal seit Tagen zurückkehrte, während sich das Gefühl, allein gelassen zu werden, auflöste.

Was änderte sich für Ando?

Was tut sich für dich auf, wenn du in deinem eigenen Leid einem anderen leidenden Wesen begegnest? In der Liturgie für die Speisung der hungrigen Geister lautet eine Zeile: »Eure Not teilend, biete ich euch diese Nahrung dar. Ich hoffe, sie stillt all euren Durst und Hunger.« Im Fegefeuer der letzten Tage hatte sich Andos Herz geöffnet für das Leid dieses Obdachlosen, sodass es empfänglich war für ihrer beider Kummer und Menschsein. Das Restaurant war ziemlich voll, doch Ando ging zielstrebig auf das Leid zu, dass sie direkt vor Augen hatte. Indem sie dem Obdachlosen zu Nahrung verhalf, wurde sie selbst genährt. Dein Hunger und mein Hunger sind ein Hunger, nicht zwei. Was auch immer du fühlen magst, fühlen auch andere.

Zeig mir jetzt, wie du deinen hungrigen Geist fütterst.

Welcher Teil in dir ist unersättlich? Kannst du ihn einladen? Dem Obdachlosen ein Mittagessen zu zahlen war nicht einfach ein Akt der Wohltätigkeit. Warum nicht?

Nomita sieht die Ahnen

Bevor du geboren wurdest,
Bevor deine Eltern geboren wurden –
Wie nennst du das?

Koan

Als Nomita ihre Schwester im Krankenhaus besuchte, begegnete sie im Krankenhausflur einem Fremden und sah eine lange Reihe von Ahnen hinter ihm hergehen.

»Ach«, sagte sie leise zu sich. »Wir sind alle Mischungen aus unseren Ahnen.« Im weiteren Verlauf dieses Tages sah sie endlose Reihen von Ahnen hinter den Menschen hergehen, die ihr begegneten.

Betrachtung

Zen-Meister Guishan erzählte einmal einem Schüler: »Ich, ein alter Mönch, will als Wasserbüffel wiedergeboren werden, im Eingang zu einem Tempel, ab jetzt gerechnet in einhundert Jahren, und auf der einen Körperseite des Büffels werden fünf Worte stehen: *Mönch Guishan, soundso.* Wenn du diesen Wasserbüffel Mönch Guishan nennst, ist er immer noch ein Wasserbüffel. Wenn du ihn einen Wasserbüffel nennst, ist er immer noch Mönch Guishan, soundso. Sag mir, wie nennst du das?«[73] Ja, wie nennst du dieses Leben der vollkommenen Verbundenheit?

Wenn meine Schwester, mein Bruder und ich am Küchentisch plaudern, bin ich jedes Mal verblüfft, wie sehr wir uns in mancher Hinsicht gleichen und wie ähnlich unsere Stimmen klingen. Unsere Ansichten, Gewohnheiten und Vorlieben variieren individuell, und doch gibt es nicht zu übersehende Gemeinsamkeiten. Ich weiß noch, wie es mich einmal amüsierte, dass sich eine meiner Schwestern über unsere Mutter beklagte, denn ihr Gebaren – ihre Stimme, Sprachmelodie und Gestik – war komplett wie das unserer Mutter. Konnte sie das denn nicht sehen?

Die Zen-Tradition kennt viele Geschichten über die Zen-Ahnen – jeder sei auch *mein* Ahne, sagte man mir. Jeder habe gelobt, wach zu werden für die Große Angelegenheit von Geburt und Tod und das erwachte Leben lebendig zu halten. In der Zen-Koan-Schulung lernst du, frei mit den Ahnen zu spielen und zum Beispiel die Kluft zwischen dir und Meister Guishan zu schließen. Genau jetzt, genau hier ist das Fest der Gemeinschaft der Ahnen in vollem Gang. Sie sind alle hier, in diesem deinem Körper, schneiden Karotten, wischen den Fußboden und tippen auf den Tasten des Computers.

In einem Leben vollkommener Verbundenheit bist du eingeladen, dir die ganze Mischpoke der Ahnen mit einem Schluck einzuverleiben. Als sich Karen Branan, eine weiße Journalistin aus den Südstaaten, in ihre Ahnentafel vertiefte, entdeckte sie, dass in ihrer gemischtrassigen Familie ein weißer Ahne einen schwarzen Ahnen gelyncht hatte.[74] Sag mir also: *Was hast du tatsächlich geerbt?* Als meine Dharma-Schwester Jishu starb, habe ich mich gefragt: *Was ist jetzt mit ihrem Gelübde, den Kindern der Armen zu helfen?* Sie hatte sich Tag und Nacht dafür eingesetzt, eine Einrichtung zur Betreuung von Kindern aller Ethnien und Einkommensklassen zu schaffen. Dann begriff ich: Du und ich, wir übernehmen das Gelübde. Du und ich, wir erben die Leidenschaft der Ahnen, anderen selbstlos zu dienen und uns um sie zu kümmern. Wir erben die Fähigkeit, uns auf unser eigenes Leben mitfühlend, klar und intensiv einzulassen. Wir erben das Potenzial zu verwirklichen, wer wir tatsächlich sind.

Als Nomita die lange Ahnenreihe sah, wurde ihr klar, dass die Ahnen immer genau hier sind. Heute können wir mit Hilfe von DNA-Untersuchungen herausfinden, wer die gleichen Gene hat wie wir. Als eine meiner Schülerinnen an Brustkrebs erkrankte, ging sie zu einer humangenetischen Beratung. In dieser Sitzung wurde sie durch ihren DNA-Familienstammbaum geleitet, der Verwandte aufführte, mit denen sie seit Jahrzehnten keinen Kontakt gehabt hatte. »Weißt du«, sagte sie, »sie waren alle zusammen mit mir im Raum. Mir wurde klar, dass wir uns zwar von Menschen abwenden, sie aber nicht aus dem Netz vertreiben können.« Genetische Abstammungslinien sind das eine, aber sag mir: In welchem Menschen, dem du begegnest, erkennst du dich selbst nicht wieder? Dem Familienmitglied, mit dem du nicht mehr sprichst? Der Obdachlosen, die draußen vor deinem Haus in einem Zelt lebt? Den kleinen Kindern, die an der Landesgrenze von ihren Eltern getrennt wurden? Und was ist mit ganzen Gesellschaften und Kulturen, die systematisch diskriminiert werden? Sag mir: Welche Kluft muss geschlossen werden?

Wen siehst du, wenn du in den Spiegel schaust? Wo sind die Ahnen in diesem Augenblick? Was hinterlässt du anderen als dein spirituelles Erbe?

DANK

Wir sind überaus dankbar für die begeisterte Unterstützung und Hilfe, die wir bei der Zusammenstellung dieses Buch mit Koans aus dem Alltag so vieler Menschen, die nicht in einem Kloster oder Tempel leben, erhalten haben.

Zen-Praktizierende aus aller Welt haben Koans aus kritischen Momenten ihres Lebens beigesteuert, Erlebnisse, die schmerzlich waren, sie herausforderten und auf die Probe stellten, aber die auch Augenblicke plötzlichen Verstehens, der Klarheit und Freude enthielten. Sie alle haben erkannt, welche Gelegenheit es ist, im Alltag mit seinen beruflichen und familiären Herausforderungen zu praktizieren.

Überaus wertvoll war für uns auch der Beitrag all derer, die diese Koans noch einmal durchgesehen und unschätzbare Hinweise und Kommentare dazu gegeben haben: Eberhard E. Fetz, Kipp Ryodo Hawley, Ilia Shinko Perez, Rose Pinard, Suzanne Shunryo Webber und Gerry Shishin Wick. Wir danken auch dem Kreis der Priesterinnen und Priester vom Zen Center of Los Angeles, vor allem Betsy Enduring-Vow Brown, Darla Myoho Fjeld und Thomas Dharma-Joy Reichert. Vielen Dank auch an Gemma Sōji Cubero del Barrio.

Unser ganz persönlicher Dank gilt den Sanghas des Green River Zen Center und des Zen Center of Los Angeles für ihre Unterstützung dieses Projekts und dafür, dass sie das Energiefeld schaffen, in dem alle unsere Täuschungen, wieder und wieder gedreht und gewendet, unter Sonne und Regen, zum fruchtbaren Boden für das Erwachen werden.

Eve Myonen Marko	*Wendy Egyoku Nakao*
Massachusetts	*Kalifornien*
2018	*2018*

NACHWORT

»Please bear witness to your life«, schrieb Eve Marko mir einmal in ein Buch: »Bitte lege Zeugnis ab von deinem Leben.«

Ganz gegenwärtig sein im eigenen Leben, ganz da in jedem Moment des Alltags – dazu hat mich diese Widmung damals eingeladen. Und dazu lädt heute dieses Buch uns alle ein.

Ich zähle mich zu den Menschen, denen das Buch gewidmet ist: »Alle, die in diesem Land der Anhaftungen hingebungsvoll in ihrem Alltag praktizieren.« Seit 2011 studiere ich mit den Zen Peacemakers. Die Begeisterung für diesen Weg, mein Wunsch, ihn vollständig zu gehen, brachte mich – wie so viele inbrünstig Praktizierende – schnell in Konflikt mit dem, was mein Alltag ist. Woher die Zeit, woher das Geld nehmen, diese schöne Gelegenheit zur Praxis auch noch wahrzunehmen? Was am Arbeitsplatz, im Freund*innenkreis – wo Spiritualität eher mit Argwohn betrachtet wird – erzählen von den Erfahrungen der Geistesschulung und Herzöffnung?

Diese Fragen sind zu ständigen Begleiterinnen auf dem Weg geworden – meine Alltags-Koans. Ohne eine klassische Koan-Ausbildung absolviert zu haben, mäandere ich als sogenannte Laien-Praktizierende weiter. Dabei tauchen neue Lebensführungs-Koans bei fast jedem Schritt auf.

Zahlreiche Geschichten in diesem Buch haben mich persönlich angesprochen. Doch eine traf mich direkt ins Herz, und ich konnte an ihr die Wirkung der Koans unmittelbar erfahren: »Penelope sagt die Wahrheit.« Auch für mich, wie für Penelope, gehörte es zum Selbstbild, sich als die zu sehen, »die die Wahrheit sagt«, die Ungesagtes wahrnimmt und sich verpflichtet sieht, es zu äußern. Die Frage der Lehrerin, »Was wäre passiert, wenn du den Mund gehalten hättest?«, machte mich so sprachlos, wie die Geschichte es von Penelope berichtet.

Die Elemente der Koan-Arbeit konnte ich direkt erleben:

Innehalten – das gewöhnliche Re/Agieren kommt plötzlich zum Stillstand: Ich fühlte mich wie vor den Kopf gestoßen, hörte auf zu lesen, hielt den Atem an, und als ich von meinem Stehpult aus in den Garten schaute, hatte das Grün eine andere Schattierung als vorher.

Tief schauen jenseits des analytischen Verstandes – während ich meine Fassungslosigkeit zuließ und nicht gleich weiterlas, entfaltete sich in meinem Inneren eine Bilderkaskade von Situationen, in denen ich mein Selbstverständnis als »Wahrheit-Aussprecherin«, als »Verborgenes-ans-Licht-Holende« gelebt habe. Die Frage, »Was wäre passiert, wenn du den Mund gehalten hättest?« drang wie ein Pfeil in jede dieser Erfahrungen ein und stellte meine »Rechtschaffenheit« auf den Prüfstand.

Spielerisch und spontan sein – später kamen mir immer wieder diese »Wahrheits-Situationen« in den Sinn, und ich begann, damit zu spielen, wie die Sache anders weitergegangen wäre, wenn ich damals tatsächlich nichts (oder anderes) gesagt hätte. Das »was wäre, wenn ...« lud meine Kreativität ein, mich in solchen Szenarien anders agieren zu lassen, und mich, während ich mir dabei zusah, neu kennenzulernen.

Sich radikal einlassen – mittlerweile hat die Frage in meinem Leben die Gegenwartsform angenommen: »Was, wenn du *jetzt* den Mund hältst?« Mich radikal auf die Frage einlassen heißt unter anderem, mich bewusst für ein Schweigen in bestimmten Situationen zu entscheiden – auch wenn innere Stimmen laut dagegen sprechen.

Geduld haben – das Ganze dauert an. Die Frage von Penelopes Lehrerin hat sich bei mir festgehakt und weckt immer öfter meine Aufmerksamkeit für Situationen, in denen die Gewohnheit anspringt. Ich nehme dann die beginnende Anspannung wahr, und manchmal löst sie sich wieder auf.

Eine weitere Dimension tut sich auf, wenn wir mit Alltags-Koans in der Gruppe arbeiten: »Die Idee dieses alte, hilfreiche Mittel nicht nur in einem Dialog zwischen zwei Menschen (Lehrer*in und Schüler*in) anzuwenden, sondern es in der Gruppe auszuprobieren, ist neu und birgt viel Potenzial zur Unterstützung des kollektiven Erwachens«, sagte Barbara Wegmüller Roshi einmal zum Ansatz dieses Buches.

In einem Workshop mit Eve Marko am Anfang des Buchvorhabens und einer Online-Studienreihe mit beiden Lehrerinnen kurz nach Erscheinen der englischen Ausgabe konnte ich damit erste Erfahrungen sammeln.

In dem Workshop haben wir experimentell erforscht, wie wir unsere Lebens-Koans verkörpern, wie wir sie als Situationen aus unserem Alltag »darstellen«, uns und anderen leibhaftig »vorstellen« können.

Bei der Online-Reihe haben die Lehrerinnen jeweils ein Koan vorgestellt, es dann spontan beleuchtet und uns Teilnehmende dazu eingeladen, miteinander zu teilen, was das Gehörte in uns wachgerufen hatte.

Auch im Rahmen der Peacemaker-Kreise und der drei Grundsätze der Zen Peacemaker können wir mit diesem Buch unsere eigenen Alltags-Koans praktizieren: Wir können

- ein Koan aus dem Buch vorlesen oder erzählen;
- es während einer Meditation nachklingen lassen und ins Nichtwissen eintauchen;
- uns im Kreisgespräch wertschätzend darüber austauschen und auf diese Weise Zeugnis ablegen von dem, was das Gehörte an Resonanz in uns ausgelöst hat; dann
- die Betrachtungen sowie die abschließenden Fragen und Anregungen von Eve oder Wendy zu diesem Koan vorlesen; und
- während einer Geh-Meditation Handlungsimpulse erspüren, die aus dem Nichtwissen und Zeugnisablegen entspringen, und damit in die Verkörperung der – gehörten oder eigenen – Koans gehen, welche sich dann in unserem Alltag weiter entfalten kann.

Ich freue mich auf die Arbeit mit dem Buch im Kreis von Weggefährt*innen und danke von Herzen Eve Myonen Marko und Wendy Egyoku Nakao sowie allen – insbesondere Ursula Richard und Barbara Wegmüller –, die die deutschsprachige Ausgabe möglich gemacht haben.

Kathleen Hoêtsu Battke

kontakt@zen-peacemakergemeinschaft.de
www.zen-peacemakergemeinschaft.de

ÜBER DIE AUTORINNEN

Roshi Eve Myonen Marko ist ansässige Lehrerin am Green River Zen Center in Massachusetts und eine der Gründungslehrerinnen des Zen-Peacemaker-Ordens. Mit ihrem Ehemann Bernie Glassman arbeitete sie mit Peacemaker in den USA, Europa und dem Nahen Osten. Sie war als Spiritholder bei den Zen Peacemaker Retreats in Auschwitz-Birkenau, Ruanda und in den Black Hills mit Lakota-Ältesten.
Sie bloggt unter www.evemarko.com.

Roshi Wendy Egyoku Nakao ist emeritierte Äbtissin (1999–2019) des Zen Center of Los Angeles (ZCLA). Sie folgte damit auf Roshi Bernie Glassman, der dort bis 1999 als Abt fungierte und sie 1996 zu seiner Dharma-Nachfolgerin ernannte. 1983 wurde sie zur Zen-Priesterin ordiniert und bis zu seinem Tod 1995 von ihrem Wurzellehrer Taizan Maezumi im ZCLA ausgebildet. Derzeit ist sie die leitende Lehrerin und Priesterin des ZCLA.
www.zcla.org

ENDNOTEN

1 *Entangling Vines: A Classic Collection of Zen Koans*, ins Englische übersetzt von Thomas Yuho Kirchner, Wisdom Publications, Boston, MA, 2013, S. 134.

2 Gerichtliche Grundsatzentscheidungen des Obersten Gerichtshofs in den USA in Bezug auf Schwangerschaftsabbrüche und das Wahlrecht, Anm. d. Ü.

3 Maezumi, Taizan: *Appreciate Your Life: The Essence of Zen Practice*, Shambala Publications, Boston, MA, 2001, S. 26 (deutsch: *Das Herz des Zen*, Verlag ganzheitlich leben, Ahrensberg 2010).

4 Dogen, Eihei: *Moon in a Dewdrop: Writings of Zen Master Dogen*, herausgegeben von Kazuaki Tanahashi, North Point Press, San Francisco, CA, 1985, S. 75.

5 Thich Nhat Hanh: *Das Diamantsutra: Der Diamant, der die Illusion durchschneidet*, edition steinrich, Berlin 2011, S. 195.

6 Galway Kinnell: *Astonishment: The Collected Poems*, The Literary Estate of Galway Kinnell, Houghton Mifflin Harcourt Publishing Co., New York, NY, 2017, S. 556.

7 Johannes 12,45.

8 The *Gateless Gate*, übersetzt und mit einem Kommentar von Zen Master Koun Yamada, The University of Arizona Press, Tucson, AZ, 2004, S. 153 (deutsch: *Die torlose Schranke: Mumonkan*, Zen-Meister Mumons Koan-Sammlung neu übertragen und kommentiert von Zen-Meister Koun Yamada, Kösel Verlag, München 1989).

9 MacInnes, Elaine: *The Flowering Bridge: Guidance on Beginning Zen Koans*, Wisdom Publications, Somerville, MA, 2007, S. 53.

10 *The Masnavi*, Buch IV, Geschichte II, übersetzt in Masnavi I Ma'navi: *The Spiritual Couplets of Mauláná Jalálu-D-Dín Muhammad Rúmí* (1898) von Edward Henry Whinfield. Oxford University Press, UK, 2017.

11 *The Blue Cliff Record*, ins Englische übersetzt von Thomas Cleary and J. C. Cleary, Shambhala Publications, Boston, MA, 1977, S. 172 (deutsch: *Die Niederschrift vom blauen Fels, Hekiganroku*, mit Kommentaren von Koun Yamada, Kösel Verlag 2002; *Bi-Yan-Lu. Aufzeichnungen vor smaragdener Felswand*, herausgegeben von Dietrich Roloff, Windpferd, Oberstdorf 2013).

12 Eihei Dogen: *Beyond Thinking: A Guide to Zen Meditation*, herausgegeben von Kazuaki Tanahashi, Shambhala Publications, Boston, MA, 2004, S. 5.

13 Im Buddhismus wird unser Geist, der mit mentalen Objekten zu tun hat, als unser sechster Sinn bezeichnet.

14 »How to Answer a Knock on the Door«, wikiHow, Update vom 18. November 2018, wikihow.com/Answer-a-Knock-on-the-Door, aufgerufen am 26. März 2019.

15 *The Gateless Gate*, a. a. O., S. 53.

16 Thomas Merton: *Conjectures of a Guilty Bystander*, Doubleday, New York, NY, 1966, S. 73.

17 Zenkei Shibayama: *Zen Comments on the Mumonkan*, ins Englische übersetzt von Sumiko Kudo, Harper & Row, New York, NY, 1974, S. 209. (deutsch: *Zu den Quellen des Zen: Die berühmten Koans des Meisters Mumon aus dem 13. Jahrhundert mit Einführung und Kommentar*, Heyne, München 1988).

18 Jacques Lusseyran: *And There Was Light: The Extraordinary Memoir of a Blind Hero of the French Resistance in World War II*, New World Library, Novato, CA, 2014 (deutsch: *Das wiedergefundene Licht: Die Lebensgeschichte eines Blinden im französischen Widerstand*, Klett Cotta, Stuttgart 2019).

19 Sheng-Yen: *Subtle Wisdom: Understanding Suffering, Cultivating Compassion Through Ch'an Buddhism*, Dharma Drum Publications, Elmhurst, NY, 1999, S. 74 f. (deutsch: *Subtile Weisheit: Leid verstehen und Mitgefühl kultivieren durch Chan-Buddhismus*, Fourturtles publications, Zürich, Books on Demand, 2014).

20 Richard Rohr: *Everything Belongs: The Gift of Contemplative Prayer*, The Crossroad Publishing Company, New York, NY, 2003, S. 19 (deutsch: *Wer loslässt wird gehalten: Das Geschenk des kontemplativen Gebets*, Claudius, München 2001).

21 Ernest Hemmingway: *A Farewell to Arms*, Scribner, New York,

NY, 1929, S. 249 (deutsch: *In einem anderen Land*, Rowohlt, Hamburg 2018).

22 *The Blue Cliff Record*, a. a. O., S. 395.

23 John O'Donohue: *Connemara Blues*, Harper Collins Publishers, New York, NY, 2001, S. 23 (deutsch: *Connemara Blues*, Dt. Taschenbuch Verlag, München 2001).

24 Zenkei Shibayama: *Zen Comments on the Mumonkan*, a. a. O., S. 10.

25 Xiangyan, Zhixian, zitiert von Eihei Dogen: *Treasury of The True Dharma Eye*, herausgegeben von Kazuaki Tanahashi, Shambhala Publications, Boston, MA, 2019, S. 444. (deutsche Ausgabe – *Shobogenzo, Die Schatzkammer des wahren Dharma-Auges*, aus dem japanischen Urtext ins Deutsche übersetzt von Ritsunen Gabriele Linnebach und Gudō Wafu Nishijima, 4 Bände, Werner Kristkeitz Verlag, Heidelberg-Leimen, überarbeitete Ausgaben, 2008, 2013, 2014, 2008.

26 J. Call, 2018: *David Grossman at Joint Israeli-Palestinian Memorial Day Ceremony*, aufgerufen am 17. April 2018: en.jcall.eu/featured/david-grossman-at-the-joint-israeli-palestinian-memorial-day-ceremony.

27 *The Record of Transmitting the Light: Zen Master Keizans Denkoroku*, ins Englische übersetzt von Francis Dojun Cook, Wisdom Publications, Sommerville, MA, 2003, S. 29 (deutsch: *Kaizan Zenji: Denko-roku. Die Weitergabe des Lichts*. Angkor, Frankfurt a. M. 2008).

28 *Shobogenzo-zuimonki: Sayings of Eihei Dogen Zenji, recorded by Koun Ejo*, ins Englische übersetzt von Shohaku Okumura, Soto Shu Shumucho, Tokyo, Japan, 2004, S. 140 (deutsch: *Shobogenzo-zuimonki: Unterweisungen zum wahren Buddha-Weg. Eihei Dogen*, aufgezeichnet von Koun Ejo, Werner Kristkeitz Verlag, Heidelberg 2002).

29 Shengyan Sheng-Yen: *The Infinite Mirror: Commentaries on Two Chan Classics*, Shambhala Publications, Boston, MA, 1990, S. 35.

30 *Book of Serenity*, ins Englische übersetzt von Thomas Cleary, Lindisfarne Press, Hudson, NY, 1990, S. 352 (deutsch: *Cong-Rong-Lu, Aufzeichnungen aus der Klause der Gelassenheit*, aus dem Chinesischen übersetzt und kommentiert von Dietrich Roloff, Windpferd Verlagsgesellschaft, Obersdorf 2008).

31 Zenkei Shibayama: *Zen Comments on the Mumonkan*, ins Englische übersetzt von Sumiko Kudo, Harper & Row, New York, NY, 1974, S. 99.

32 Lewis Carroll: *Through the Looking-Glass and What Alice Found There*, The Pennyroyal Press, London 1983, S. 23 (deutsch: *Alice hinter den Spiegeln*, Null Papier Verlag, Düsseldorf 2020).

33 Zenkei Shibayama: *Zen Comments on the Mumonkan*, a. a. O., S. 140.

34 Abraham Joshua Heschel: *The Sabbath: Its Meaning for Modern Man*, Farrar, Straus & Giroux, New York, NY, 2005, S. 220 (Deutsch: *Sabbat: Seine Bedeutung für den modernen Menschen*, Neukirchener Verlag, Neukirchen-Vluyn 1990).

35 Eihei Dogen: *Fukanzazengi*, ins Englische übersetzt von Masso Abbe und Norman Waddell, *The Eastern Buddhist*, Bd. VI, Nr. 2, 1973, S. 122.

36 Eine der Lojong Slogan Cards mit dem Titel *The Seven Points of Training the mind* (auf Deutsch unter *Lojong Slogans* als App z. B. herunterladbar, Anm. d. Ü.).

37 Elaine MacInnes: *The Flowing Bridge*, a. a. O., S. 33.

38 Greg Boyle: »I thought I Could Save Gang Members. I Was Wrong«, *America: The Jesuit Review*, 2017.

39 Dogen Eihei: »Genjo Koan«, ins Englische übersetzt von Robert Aitkin and Kazuaki Tanahashi in: *The Way of Everyday Life: Zen Master Dogen's Genjokan*, durchgesehen von Taizan Maezumi und Francis Dojun Cook, Center Publications, Los Angeles, CA, 1978. (deutsch: *Die Verwirklichung der Wirklichkeit: ‚Genjokoan' – der Schlüssel zu Dogen-Zenjis Shobogenzo*, Shohaku Okumura, Werner Kristkeitz Verlag, Heidelberg, 2014; antaiji.org/de/classics/genjokoan/).

40 ebenda

41 Kosho Uchiyama: *Dogen's Genjo Koan: Three Commentaries*, Counterpoint, Berkeley, CA, 2011, S. 223.

42 Ben Connelly: *Inside Vasubandhu's Yogacara*, Wisdom Publications, Sommerville, MA, 2016, S. 197.

43 *Samyutta Nikaya*, wie abgedruckt in Wes Nisker: *Buddha's Nature: A Practical Guide to Discovering Your Place in the Cosmos*, Bantam, New York, NY, 2000, S. 33.

44 *Heart Sutra*, wie abgedruckt in Bernie Glassman: *Infinite Circle:*

Teachings in Zen, Shambhala Publications, Boston, MA, 2002, S. 3 (deutsch: *Das Herz der Vollendung: Unterweisungen eines westlichen Zen-Meisters*, Theseus, Bielefeld 2012).

45 T. S. Eliot: *Four Quartets*, Gardners Books, Eastbourne 2001, S. 43 (deutsch: »Vier Quartette«, in: *Gesammelte Gedichte*, Suhrkamp, Frankfurt a. M. 1988).

46 Eihei Dogen: *Dogen's Extensive Record: A Translation of the Eihei Koroku*, ins Englische übersetzt von Taigen Dan Leighton und Shohaku Okumura, Wisdom Publications, Boston, MA, 2004, S. 349 (deutsch: *Eihei Koroku*, Angkor, Frankfurt a. M. 2017).

47 *The Lotus Sutra*, ins Englische übersetzt von Burton Watson, Columbia University Press, New York, NY, 1993, S. 229 (deutsch: diverse Ausgaben, die aktuellste: *Lotos Sutra: Das große Erleuchtungsbuch des Buddhismus*, Herder Verlag, Freiburg 2019).

48 Taizan Maezumi: *Appreciate Your Life: The Essence of Zen*, a. a. O., S. 114.

49 Eto Sokuo: *Zen Master Dogen as Founding Patriarch*, ins Englische übersetzt von Shohei Ichimura, North American Institute of Zen and Buddhist Studies, Tokyo 2001, S. 551.

50 Joanne Cacciatore: *Bearing the Unbearable: Love, Loss, and the Heartbreaking Path of Grief*, Wisdom Publications, Somerville, MA, 2017, S. 174.

51 *The Blue Cliff Record*, a. a. O., S. 249.

52 *The Blue Cliff Record*, a. a. O., S. 365.

53 Sojun Ikkyu: »death poem«, in: *Three Zen Masters: Ikkyu, Hakuin, Ryokan*, Kodansha International, New York, NY, 1993, S. 56.

54 Das Lied, das in der Zen-Meditationshalle jeden Abend zum Abschluss gesungen wird.

55 Eine Regel des Peacemaker-Ordens, die besagt, dass wir uns selbst nicht besser machen und andere nicht beschuldigen sollen. (»Ich werde aussprechen was ich als Wahrheit erkenne. Dies ist die Übung mich nicht selbst zu erhöhen und anderen die Schuld zu geben. Ich werde mein Bestes geben und das Resultat annehmen.«)

56 Greg Boyle: *Barking to the Choir: The Power of Radical Kinship*, Simon & Schuster, New York, NY, 2017, S. 132.

57 »*To You*«: *Collection of Sayings by Kodo Sawaki*, zusammengestellt von Uchiyama Kosho, ins Englische und Deutsche (»An

dich«) übersetzt von Muho, veröffentlicht auf der Website des Antai-ji-Friedenstempels: www.antaiji.org.

58 *The Blue Cliff Record*, a. a. O., S. 72.

59 *Zen Flesh, Zen Bones: A Collection of Zen and Pre-Zen Writings*, zusammengestellt von Paul Reps, Doubleday & Company, Garden City, NY, S. 5 (deutsch: *Ohne Worte – ohne Schweigen: 101 Zen-Geschichten und andere Zen-Texte aus vier Jahrtausenden*, Barth, Frankfurt a. M. 2009).

60 Taizan Maezumi: *Appreciate Your Life: The Essence of Zen Practice*, a. a. O., S. xi.

61 Eihei Dogen: *Fukanzazengi*, ins Englische übersetzt von Normal Waddell und Masao Abe, *The Eastern Buddhist*, Bd. 1, Nr. 2, 1973, S. 121.

62 Charlotte Joko Beck: *Nothing Special: Living Zen*, Harper San Francisco, San Francisco, CA, 1994, S. 168 (deutsch: *Einfach Zen*, edition steinrich, Berlin 2011).

63 Gerry Shishin Wick: *The Book auf Equanimity*, Wisdom Publications, Boston, MA, 2005, S. 63.

64 *The Gateless Gate*, a. a. O., S. 31.

65 Yamada Mumon: *Lectures on The Ten Oxherding Pictures*, ins Englische übersetzt von Victor Hori, University of Hawaii Press, Honolulu, HI, 2004, S. 18.

66 Hui Hai: *The Zen Teaching of Instantaneous Awakening: Being the Teaching of Zen Master Hui Hai*, ins Englische übersetzt von John Blofeld, Buddhist Publishing Group, London 1992, S. 107.

67 *The Blue Cliff Record*, a. a. O., S. 583.

68 Eric Patrick Clapton and Bobby Whitlock: »Tell the Truth«, *Live from Madison Square Garden*, Duck/Reprise Records 2009.

69 Wendell Berry: *Openings*, Harcourt, New York, NY, 1980.

70 Ethan und Joel Cohen: *The Big Lebowski*, Working Title Films, United States 1998.

71 Jokin Keizan: *The Record of Transmitting Light: Zen Master Keizan's »Denroku«*, a. a. O., S. 190.

72 Krishna Das: *Chants of a Life Time*, Hay House, CA, 2010, S. 186.

73 *Entangling Vines: A Classic Collection of Zen Koans*, a. a. O., S. 73.

74 John Eligon: »Their Ancestors Were on Opposite Sides of a Lynching. Now They're Friends« *The New York Times*, 4. Mai 2018.

ZEN IN DER EDITION STEINRICH

Bernard Glassman
Anweisungen für den Koch
Lebensentwurf eines Zen-Meisters
Hardcover, 224 Seiten, ISBN 978-3-942085-05-2

David R. Loy
ÖkoDharma
Buddhistische Perspektiven zur ökologischen Krise
Hardcover, 320 Seiten, ISBN 978-3-942085-75-5

Florence Caplow und Susan Moon (Hrsg.)
Das verborgene Licht
100 Geschichten erwachter Frauen aus 2500 Jahren, betrachtet von (Zen-)Frauen heute
Hardcover, 512 Seiten, ISBN 978-3-942085-48-9

Grace Schireson
ZenFrauen
Jenseits von Teedamen, Eisernen Jungfrauen und Macho-Meisterinnen
Hardcover, 416 Seiten, ISBN 978-3-942085-41-0

Zenkei Blanche Hartman
Unbegrenzte Lebendigkeit
Zen-Herzensunterweisungen
Hardcover, 216 Seiten, ISBN 978-3-942085-58-8

Charlotte Joko Beck
Einfach Zen
Hardcover, 368 Seiten, ISBN 978-3-942085-18-2

Anna Gamma
Ruhig im Sturm
Zen-Weisheiten für Menschen, die Verantwortung tragen
Hardcover, 176 Seiten, ISBN 978-3-942085-54-0

Friederike Boissevain
Großes Herz – weiter Horizont
Eine Einführung in die Zen-Praxis
kartoniert, 244 Seiten, ISBN 978-3-942085-70-0

Koun Yamada
Das Tor des Zen
Grundlagen und Praxis
Hardcover, 328 Seiten, ISBN 978-3-942085-55-7

Theresia Raberger
Alles ist *ein* Leben
Gespräche mit der Franziskanerin, Zen-Priesterin und Tierschützerin Theresia Raberger
Hardcover, 176 Seiten, ISBN 978-3-942085-56-4

Shinjinmei
Die Meißelschrift vom Vertrauen in den Geist
Hardcover, 192 Seiten, ISBN 978-3-942085-66-3